U0571397

数字非线性编辑技术

主 编 张晓梅 杨彦栋

北京理工大学出版社
BEIJING INSTITUTE OF TECHNOLOGY PRESS

内 容 提 要

  本书是一本系统介绍非线性编辑的教材,从实际应用出发,从基础到高级,循序渐进地讲述常用非线性编辑软件的各个功能。这些软件有家用级的视频编辑软件会声会影,有专业级的编辑软件Premiere Pro CC,还有音频编辑软件Adobe Audition CC。本书全面地介绍了各个软件的操作流程,共三篇十一章,每章都围绕具体的示例讲解,步骤详细、重点明确,手把手教读者进行实际操作。本书各章重点突出,有利于读者掌握学习重点和学习进度。如果读者对这些软件比较陌生,可以先了解使用软件所需的基本概念和特性;如果读者已经具有一定的编辑基础,则可以将主要精力放在新技巧和技术的使用上。书中给出了大量的提示和技巧,可帮助读者更高效地使用各个非线性编辑软件。

  本书内容丰富,循序渐进,理论与实践相结合,可供教育技术学专业的学生学习或参考,也可供广大影视后期制作人员及广大自学人员参考。

版权专有　侵权必究

图书在版编目(CIP)数据

数字非线性编辑技术 / 张晓梅,杨彦栋主编.--北京:北京理工大学出版社,2022.12

ISBN 978-7-5763-1909-5

Ⅰ.①数… Ⅱ.①张… ②杨… Ⅲ.①数字技术—应用—非线性编辑—教材 Ⅳ.①G222.1

中国版本图书馆CIP数据核字(2022)第235598号

出版发行/北京理工大学出版社有限责任公司

社　　址/北京市海淀区中关村南大街5号

邮　　编/100081

电　　话/(010)68914775(总编室)

    (010)82562903(教材售后服务热线)

    (010)68944723(其他图书服务热线)

网　　址/http://www.bitpress.com.cn

经　　销/全国各地新华书店

印　　刷/北京紫瑞利印刷有限公司

开　　本/787毫米×1092毫米　1/16

印　　张/15

字　　数/354千字

版　　次/2022年12月第1版　2022年12月第1次印刷

定　　价/95.00元

责任编辑/江　立

文案编辑/李　硕

责任校对/刘亚男

责任印制/李志强

图书出现印装质量问题,请拨打售后服务热线,本社负责调换

前 言

　　非线性编辑是将拍摄好的素材，通过三维动画和合成手段制作特技镜头，然后将镜头剪辑到一起，形成完整的影片，并且为影片编配声音。随着影视制作技术的迅速发展，计算机的使用为特技制作提供了更多的手段。

　　本书在教育技术学本科专业数字非线性编辑技术课程多年教学经验的基础上，探索性地总结出一套具有创新性和可操作性的内容体系和教学体系，是一本适用范围广的教材，能够满足数字媒体、教育技术学等专业学生学习视频节目制作的需要。本书的内容不但可以激发学生视频剪辑的兴趣，而且可以提高学生非线性编辑的综合应用能力。

　　在内容体系上，本书以视频节目的编辑方法和技巧为主线，着眼于视频节目编辑能力的培养和实际动手能力的提高，强化专业人才培养特色，将编辑软件的基础知识和视频节目的编配实践融为一体，注重基础知识与实际应用相结合。

　　在编写体系上，本书共三篇十一章，每章都围绕着具体的示例讲解，步骤详细、重点明确，手把手教读者进行实际操作。第一章数字视频基础，分别介绍常见的视频资源和视频编辑的基础知识。第二章数字音频基础，介绍音频资源的基础知识、音频处理软件Adobe Audition CC 2017 的使用、数字音频资源的加工处理方法及实例。第三章会声会影快速入门，介绍会声会影的界面组成和基本操作、项目文件的基本操作、视频和图像素材的捕获。第四章会声会影视频编辑，介绍画面色彩调整，画面的后期处理技巧和剪辑视频素材的技巧。第五章会声会影视频滤镜和视频转场，主要介绍会声会影中视频滤镜、视频转场效果的添加和编辑，以及覆叠效果的制作。第六章会声会影字幕、音频和输出，主要介绍会声会影中字幕的制作，影视节目音乐的设计与处理和节目的输出设置方法。第七章Premiere Pro 入门，介绍 Premiere Pro 软件的启动和界面，获取素材与格式转换的方法。第八章 Premiere Pro 视频编辑，主要介绍 Premiere Pro 中素材编辑和影片剪辑技术。第九章Premiere Pro 视频特效和视频转场，主要介绍 Premiere Pro 中视频滤镜和转场效果的添加和编辑、运动特效的制作。第十章 Premiere Pro 音频控制，介绍 Premiere Pro 中音频控制的方法、调音台的使用方法、音频特效和音频转场的应用。第十一章 Premiere Pro 字幕设计和输出影片，主要介绍 Premiere Pro 中字幕设计窗口的组成、字幕的设计与制作、影片的输出方法。另外，为了使读者更好地掌握各章节内容，每章后面都配有相应的复习思考题。

在理论与实践的结合上，本书遵循"以理论分析为基础，以实践应用为目的"的编写原则，既注重对软件知识的讲解，又强调对影视节目制作基础知识和基本方法、技巧的介绍，具有理论和实践并重的特点。

本书为宁夏高等学校一流学科建设（教育学学科）资助项目（NXYLXK2017B11）成果。全书由宁夏师范学院张晓梅、杨彦栋编写。在书稿完成之际，向给予我们支持和帮助的同事和朋友致以衷心的感谢！同时也向为本书出版付出辛勤工作的责任编辑、书稿的校对表示最诚挚的谢意！

本书在编写的过程中，虽然参阅了大量的专著、资料，但由于编者的能力水平有限，以及编写时间仓促，书中难免存在疏漏和不足之处，恳请广大读者批评指正。

编　者

目 录

第三篇　Premiere Pro

影视编辑基础知识

第一章
数字视频基础

1. 掌握视频编辑的过程。
2. 掌握线性编辑和非线性编辑的定义和特点。
3. 了解常见的视频编辑术语。
4. 了解常见的视音频文件格式。
5. 掌握蒙太奇的定义和功能。

第一节 视频资源

一、视频基本知识

视频文件是指拍摄、记录和再现真实人物、事物和景物的一组连续播放的数字图像（Video）和一段随连续图像同时播放的数字伴音共同组成的多媒体文件。其中的每一幅图像称为一帧（Frame），随视频同时播放的数字声音简称为伴音。由于视频中包含声音信息，因此在对视频进行压缩时，也要对其中的声音信息进行编码和压缩。

二、视频资源的获取

视频资源获取的主要途径如下。

1. 拍摄

利用数字摄像机、带录像功能的数码照相机、手机等直接拍摄获取数字视频图像数据。

2. 资源库中获取

从教学光盘、电影光盘、卡拉 OK 光盘等获取视频图像。

3. 网络下载

视频文件也可以通过网络下载。

4. 屏幕录像

利用屏幕录制工具录制远程教学视频、计算机屏幕播放的视频。屏幕录制软件很多，可以从网络下载，如"屏幕录像专家""EV 录屏""Camtasia Studio""格式工厂"等，图 1-1 所示为 EV 录屏软件的界面。

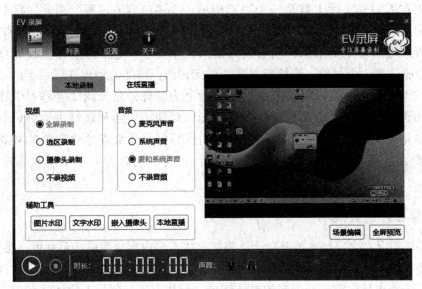

图 1-1 EV 录屏软件的界面

三、编写文字稿本

文字稿本是用文字讲述未来电视节目的基本内容。好的文字稿本可以准确地提供电视节目所需要的视觉形象与环境气氛、对话场景及行为动作等，为节目的成功奠定基础。文字稿本由画面内容和文字说明两部分组成，画面内容只是一个大致的提示，也可以具体描述拍摄对象；文字说明则是画面内容的说明、补充或延伸，除采访语言外，有时直接写成解说词。文字稿本常见的写法如下：

（1）对应式。对应式文字稿本一般采用画面和文字（或解说）左右分开的格式，即在左侧写画面内容，右侧写解说词，中间用竖线分开，一般来说，画面内容不要求写出每个镜头的详细内容，但每一段画面与解说词要相互对应，然后用一横线或空一行再写另一段内容。对应式文字稿本的格式见表 1-1。

表 1-1 对应式文字稿本格式

画面	解说词
护旗兵敬礼、飘扬的国旗魏峨的长城、壮阔的长江	五星红旗，请接受这崇高的敬礼吧，她代表万里长城的每一块砖石，她代表滚滚长江的每一朵浪花

（2）穿插式。穿插式文字稿本把画面内容和解说词穿插在一起写，即写一段画面，接着写一段解说，如此反复。如：

画面：……

解说词：……

画面：……

解说：……

……

文字稿本的写作实际上就是一个完善构思、表述内容的过程。因此，在节目的层次转换和结构的基础上，尤其要加强视觉造型性，即善于挖掘画面的造型功能和叙事功能，运用能够表现在屏幕上的形象，用电视思维来创作稿本。电影编剧必须锻炼自己的想象力，并且养成这样一个习惯，即他所想到的任何东西，都能像表现在屏幕上的一系列形象那样浮现在他的脑海。文字稿本必须以视觉造型为基础，充分调动屏幕美学原则，综合运用声音和画面，合理调度和利用蒙太奇技巧，对现实生活和素材进行提炼、加工，并处理成形象化的文字语言，尤其是画面内容的撰写更应注重视觉化形象的客观描述。纪实的段落要直观可视，写意的段落要有意境，在简明扼要的文字中反映出未来作品的雏形。

四、编写分镜头稿本

分镜头稿本是在文字稿本的基础上，将文字稿本的内容分切成一系列可以摄制的镜头，并将这些镜头依据一定的逻辑关系组成一个个段落。通过对每个镜头的精心设计和段落之间的衔接，表现出导演对节目内容的整体布局、叙述方法、刻画人物性格和表现事物的手段，细节的处理及蒙太奇的表现技法。分镜头稿本是摄像师进行具体拍摄和剪辑师进行后期编辑的依据和蓝图，也是演员和所有创作人员领会导演意图、理解稿本内容、进行再创作的依据，它对一部电视片的质量起决定性的作用。因为"导演设计某个情节时事先就应该考虑如何剪辑这一场戏的各个镜头，应当设法估计未来的剪辑形式，应当使镜头服从于未来的剪辑"。一部电视片通常由若干个段落构成，段落由若干个场面或句子构成，每个场面或句子又由若干个镜头组成。分镜头稿本的格式见表1-2。

表1-2 分镜头稿本格式

作品名称＿＿＿＿＿＿＿＿＿＿＿＿＿　　　导演＿＿＿＿＿＿＿＿＿＿　　　　　年　月　日

镜号	机号	景别	技巧	画面	解说	音乐	效果	时间	备注

下面对各栏做简要说明：

（1）镜号：镜头顺序号。一部电视节目由几十个甚至几百个、上千个镜头组成，为方便拍摄和后期编辑，将一个个具体形象的、可供拍摄的镜头按顺序编号。

（2）机号：设置现场所用摄像机的编号。在多机现场摄制的情况下，将各台摄像机所摄制的信号依次输入特技效果发生器，并根据分镜头稿本的机号进行切换。在单机摄制情况下，机号没有具体意义。

（3）景别：根据主体所处的范围大小和视觉距离的远近（被摄对象和摄像机之间的距离或所用摄像机焦距的不同），可将镜头分为各种景别。景别的确定既要考虑对主体表现情况的需要，又要符合人的视觉规律。常用的景别有大远景、远景、全景、中景、近景、特写和大特写。在一个镜头内如果景别发生变化应加以注明。

（4）技巧：包括拍摄技巧和组接技巧。拍摄技巧有拍摄角度和镜头运动等。常用的拍摄角度有平摄、仰摄、俯摄等；镜头运动方式有推、拉、摇、移、跟、甩、升降等。组接技巧的基本方式有切、淡、化、划、叠印、键等。由于"切"是常用的组接技巧，在"技巧"栏中一般不再注出。

（5）画面：每一个镜头的画面内容。画面一般包括镜头场景、主体及其活动，人物的动作和对话也应列入该栏。画面内容可以用文字描述，也可以用图表来表示。

（6）解说：电视节目的解说词。对应一组镜头的解说词，也包括人物之间的对白，必须与画面密切配合。

（7）音乐：音乐选择及运用的具体要求，要充分发挥音乐渲染气氛、烘托环境、深化情绪、表达节奏的作用，恰当地选择富有表现力的音乐，并设计强弱和起伏变化，注明音乐的内容及起止位置。

（8）效果：指效果声。在相应的镜头段落处标明所用的效果声，如自然音响、特殊音响和机器音响等。它能加强画面真实感，使人身临其境。

（9）时间：镜头的长度，以时、分、秒、帧为单位计算。镜头的长度以确切交代内容、合理展开情节为标准。电视节目的解说词一般控制为 2 ～ 3 字 / 秒，在一些要求声画对应的段落中，镜头的长度通常需要参考解说词而定。

（10）备注：编导的记事栏。可以把拍摄地点、特殊要求、注意事项等在此标明。

五、视频编辑

1. 线性编辑

传统的磁带和电影胶片的编辑方式是由录像机通过机械运动使用磁头将 25 帧 / 秒的视频信号按顺序记录在磁带上，在编辑时必须按顺序寻找所需的视频画面。

线性编辑是以磁带作为存储介质，将视频、音频按照拍摄的时间顺序记录在磁带上，素材的重放必须按照节目内容的先后顺序进行，不能直接跳过某段素材。

线性编辑即磁带的编辑方式，它是利用电子手段，根据节目内容的要求，将素材连接成新的、连续画面的技术。线性编辑的特点如下：

（1）技术成熟，操作简单。线性编辑出现得较早，技术发展很成熟，并且操作非常简单。

（2）节目制作较麻烦。在传统线性编辑过程中，素材的搜索和录制都需要按时间顺序进行，因此，在录制过程中就要在磁带前进、后退中反复地寻找素材，不但浪费时间和精力，而且也容易对磁头、磁带造成相应的磨损。另外，线性编辑是先编辑前一段，再编辑下一段，这样在编辑好的节目中插入、修改、删除素材，就要严格地受到预留时间、长度的限制。

（3）连线较多，投资较高，故障率较高。线性编辑系统通常由 1 ～ 3 台放像机、1 台录像机、视频转场器、调音台、特技机、字幕机、编辑控制器、监视器和监听音箱等设备组成。

2. 非线性编辑

非线性编辑的实现要靠软件与硬件的支持，这就构成了非线性编辑系统。世界上第一台非线性编辑系统在 1970 年诞生于美国，早期的非线性编辑系统并不是建立在数字化的基础上，20 世纪 80 年代才出现了纯数字的非线性编辑系统，20 世纪 90 年代非线性编辑系统进入快速发展时期，进入 21 世纪以来，随着计算机、网络技术的迅猛发展，非线性编辑系统正向着数字化、高清化、网络化、集成化的方向高速发展。

一个非线性编辑系统从硬件上看，可由计算机、视频卡或 IEEE1394 卡、声卡、高速 AV 硬盘、专用板卡（如特技加卡）及外围设备构成。为了直接处理高档数字录像机的信号，有的非线性编辑系统还带有 SDI 标准的数字接口，以充分保证数字视频的输入、输出质量。其中，视频卡用来采集和输出模拟视频，也就是承担 A/D 和 D/A 的实时转换。从软件上看，非线性编辑系统主要由非线性编辑软件及二维动画软件、三维动画软件、图像处理软件和音频处理软件等外围软件构成。随着计算机硬件性能的提高，视频编辑处理对专用器件的依赖越来越小，软件的作用则更加突出。因此，掌握非线性编辑软件就成了关键。非线性编辑系统的出现与发展，一方面，使影视制作的技术含量增加，越来越"专业化"；另一方面，也使影视制作更为简便，越来越"大众化"。就如今的计算机配置来讲，一台家用计算机加装 IEEE1394 卡，再配合一款非线性编辑软件就可以构成一个非线性编辑系统。因此，每个人都可以将感性的 DV 编制成一部部理性的数字作品，成为自己表达情怀、审视社会、挥洒想象的一种新手段。非线性编辑系统原理如图 1-2 所示。

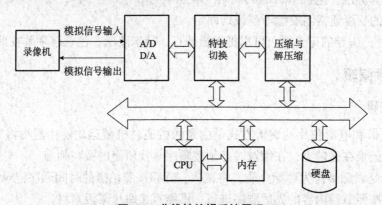

图 1-2 非线性编辑系统原理

非线性编辑是直接从计算机的硬盘中以帧或文件的方式迅速、准确地存取素材，然后进行编辑的方法。它是以计算机为平台的专用设备，可以实现多种传统电视制作设备的功能。与线性编辑相比较，非线性编辑的优点如下：

（1）高质量的图像信号。线性编辑在素材的搜索过程中磁头会对磁带造成磨损，信号质量有一定的衰减，导致图像质量不高，而非线性编辑素材是以数字信号的形式存入计算机的硬盘，信号没有任何的衰减。

（2）强大的制作功能。一套非线性编辑系统的功能可以做特技、字幕、动画，可以非常方便地对素材进行预览、查找、定位、设置出点、入点，也可以兼容各种视音频设备。

（3）工作可靠性高，功能拓展方便。可以联网、网上传送节目、审片、网上编辑。

第二节　视频编辑基础

一、视频编辑术语

（1）分辨率。分辨率是指屏幕图像的精密度，是衡量图像细节表现力的技术参数，是以乘法的形式出现的。常用的分辨率有 640×480、$1\,024 \times 768$、$1\,280 \times 1\,024$、$1\,920 \times 1\,080$、$2\,560 \times 1\,280$、$3\,840 \times 1\,920$、$3\,840 \times 2\,160$、$4\,096 \times 2\,160$ 等多种。其中，前面的数字表示屏幕水平方向显示的点数，后面的数字表示垂直方向显示的点数，数值越大，图像也会越清晰。

（2）帧。帧是指视频或动画中最小单位的单幅影像画面。相当于电影胶片上的每一格镜头。在动画软件的时间轴上表现为一格或一个标记。一帧就是一幅静止的画面。连续的帧就形成动画，如电视图像等。

（3）帧大小。帧大小是指视频或动画序列中所显示图像的大小。

（4）帧速率。帧速率表示视频中每秒播放的帧数。帧速率的高低决定了视频播放的平滑程度。通常所说的帧速率，简单来说，就是在 1 秒内传输图片的帧数，也可以理解为图形处理器每秒能够刷新几次，通常用 fps（frames per second 帧／秒）表示。每一帧都是静止的图像，快速、连续地显示帧便形成了运动的假象。高的帧率可以得到更流畅、更逼真的动画。每秒的帧数（fps）越多，所显示的动作就会越流畅。典型的画面更新率由早期的每秒 6 张或 8 张（帧）至现今的每秒 120 张不等。

（5）关键帧。关键帧是素材中特定的帧。标记关键帧的目的是进行特殊编辑或进行其他操作，以便控制完成的动画流畅回放。

（6）捕获。捕获又称采集，是指将磁带上录制的视频或图像记录到计算机硬盘中的过程。计算机必须安装视、音频采集卡或 IEEE1394 卡。

（7）导入和导出。

1）导入。导入是指将某个数据从一个程序导入另一个程序的过程。

2）导出。导出是在应用程序之间共享文件的过程。

（8）覆叠。覆叠是指在项目中已有的素材上叠加另外的视频或图像素材。

（9）高彩色。高彩色是一种 16 位的图像数据类型，最多可以包含 65 536 种颜色。

（10）宽高比。宽高比是指图像或图形宽度和高度的比例关系。

（11）压缩。压缩是删除多余的数据使文件变小。

（12）杂点。杂点是指影响音频和视频文件的小杂声或噪声。

（13）渲染。渲染是将项目中的源文件生成最终影片的过程。

（14）即时回放。允许用户在不进行渲染的情况下查看整个项目。

（15）片段（clip）。片段原意是一段影片素材镜头，又称剪辑。

（16）过渡（transition）。镜头间的衔接形式叫作过渡，又称转场。无技巧的过渡是切换。

（17）顺序（sequence）。顺序是一些片段（镜头）连接起来形成的一个场景，是一个相对完整的情节，常常包括视频、音频片段和生成的效果。

（18）项目。项目是由一个或多个场景组成的一个编辑片段。多个项目构成一部影片或电视节目。

（19）文件。在数字非线性编辑系统中，所有的素材都以文件的形式存储在记录媒体（硬盘、光盘）中，并以树状目录的结构进行管理。编辑工作主要用到素材文件和工作文件两种文件。工作文件包括用来记录编辑状态的项目文件和管理素材的库文件等。

（20）时间线。时间线是非线性编辑软件里供编辑者监看和进行编辑操作的工作平台、编辑窗口。

（21）索引画面。为了把镜头的第一帧画面和最后一帧画面显示在时间线上，这两帧画面都被称为索引画面。

（22）SMPTE。用"时、分、秒、帧"的形式标记、识别和记录视频数据流中的每一帧，格式是"小时：分钟：秒：帧"。

（23）电视制式。NTSC 和 PAL 属于全球两大主要的电视广播制式，区别主要是系统投射颜色影像的频率有所不同。NTSC 标准主要应用于日本、美国、加拿大、墨西哥等国家和我国台湾地区，其分辨率为 760×480，约 34 万像素，帧频为 29.97 fps。PAL 主要应用于中国大陆、中东和欧洲一带，其分辨率为 720×576，约 40 万像素，帧频为 25 fps。这两种制式是不能互相兼容的，如果在 PAL 制式的电视上播放 NTSC 的影像，画面将变成黑白，反之也是一样。

二、蒙太奇

1. 蒙太奇的定义

蒙太奇（法语：Montage）是音译的外来语，原为建筑学术语，意为构成、装配。蒙太奇经常用于 3 种艺术领域，可解释为有意涵的时空人为的拼贴剪辑手法。蒙太奇最早被延伸到电影艺术中，后来逐渐在视觉艺术等衍生领域广为运用。

2. 蒙太奇的功能

通过蒙太奇手段，电影的叙述在时间和空间的运用上取得极大的自由。一个化出化入的技巧（或者直接的跳入）就可以在空间上从巴黎跳到纽约，或者在时间上跨越几十年。而且通过两个不同空间运动的并列与交叉，可以造成紧张的悬念，或者表现分处两地人物之间的关系，如恋人的两地相思。不同时间的蒙太奇可以反复地描绘人物过去的心理经历与当前的内心活动之间的联系。这种时空转换的自由使电影在很大程度上取得了小说家表现生活的自如。蒙太奇的运用，使电影艺术家可以大大压缩或扩延生活中实际的时间，造成所谓"电影的时间"，而不给人以违背生活中实际时间的感觉。但需要注意的是，蒙太奇不能过长，否则会令人乏味，也不能过短，会让人感觉仓促。

蒙太奇这种操纵时空的能力，使电影艺术家能根据自身对生活的分析，撷取他认为最能阐明生活实质的，最能说明人物性格、人物关系的，乃至最能抒发艺术家自己感受的部分，经过分解与组合，保留下最重要的、最有启迪力的部分，摒弃和省略大量无关轻重的琐屑，去芜存菁地提炼生活，获得最生动的叙述、最丰富的感染力。大卫·格里菲斯在《党同伐异》中表现在法庭上妻子看着无辜的丈夫被判罪的痛苦时，只集中拍摄她痉挛着的双手。《红色娘子军》里，琼花看到地主南霸天，便违反侦察纪律开了枪，紧接着的镜头是队长把缴下来琼花的枪往桌上一拍，避免了向连长汇报的经过。动作是中断了，但剧情是连续的，人物关系是发展的。这种分解与组合的作用，使电影具有高度集中概括的能力，使一部不到两小时的影片能像《公民凯恩》那样介绍一个人的一生，涉及几十年的社会变迁。

蒙太奇还有两个重要作用。一是使影片自如地交替使用叙述的角度，如从作者的客观叙述到人物内心的主观表现，或者通过人物的眼睛看到某种事态。没有这种交替使用，影片的叙述就会显得单调、笨拙。二是通过镜头更迭运动的节奏来影响观众的心理。

蒙太奇的种种功能，使几代电影艺术家、理论家深信"蒙太奇是电影艺术的基础"，"没有蒙太奇，就没有了电影"，认为电影要采用特殊的思维方式——蒙太奇思维方式。

蒙太奇的功能主要有以下几个：

（1）通过镜头、场面、段落的分切与组接，对素材进行选择和取舍，以使表现内容主次分明，达到高度的概括和集中。

（2）引导观众的注意力，激发观众的联想。每个镜头虽然只表现一定的内容，但组接顺序的镜头，能够规范和引导观众的情绪和心理，启迪观众思考。

（3）创造独特的影视时间和空间。每个镜头都是对现实时空的记录，经过剪辑，实现对时空的再造，形成独特的影视时空。

三、常见视频格式

（1）AVI（Audio Video Interleave）即音频、视频交错格式。这种格式的优点是调用方便、图像质量好，缺点是文件体积过于庞大。

（2）MOV 即 QuickTime 影片格式。QuickTime 原本是 Apple 公司用于 Mac 计算机上的一种图像视频处理软件。QuickTime 提供了两种标准图像和数字视频格式。即支持静态的 *.PIC 和 *.JPG 图像格式；支持动态的基于 Indeo 压缩法的 *.MOV 和基于 MPEG 压缩法的 *.MPG 视频格式。

（3）MPEG 即动态图像专家组。MPEG（Motion Picture Experts Group）格式包括了 MPEG-1、MPEG-2 和 MPEG-4 在内的多种视频格式。MPEG-1 被广泛地应用在 VCD 的制作和一些视频片段下载的网络应用上，大部分 VCD 都是用 MPEG-1 格式压缩的，使用 MPEG-1 的压缩算法，可以把一部 120 min 长的电影压缩到 1.2 GB 左右大小。MPEG-2 则是应用于 DVD 的制作，同时在一些 HDTV（高清晰电视广播）和一些高要求视频编辑、处理上也有相当多的应用。使用 MPEG-2 的压缩算法可以将一部 120 min 长的电影压缩到 5 ～ 8 GB 的大小（MPEG-2 的图像质量是 MPEG-1 所无法比拟的）。

（4）ASF（Advanced streaming format，高级流格式）是 Microsoft 为了和 Real Player 竞争而发展出来的一种可以直接在网上观看视频节目的文件压缩格式。ASF 使用了 MPEG-4 的压缩算法，压缩率和图像的质量都很不错。因为 ASF 是以一个可以在网上即时观赏的视频

"流"格式存在的，所以，它的图像质量比 VCD 差一点并不奇怪，但比同是视频 "流" 格式的 RAM 要好。

（5）WMV 是一种独立于编码方式的互联网上实时传播多媒体的技术标准，Microsoft 公司希望用其取代 QuickTime 之类的技术标准以及 WAV、AVI 之类的文件扩展名。WMV 的主要优点在于可扩充的媒体类型、本地或网络回放、可伸缩的媒体类型、流的优先级化、多语言支持、可扩展性。

（6）RM、RA、RAM。RM 是 Real Networks 公司所制定的音频 / 视频压缩规范 Real Media 中的一种，Real Player 能做的就是利用互联网资源对符合 Real Media 技术规范的音频 / 视频进行实况转播。在 Real Media 规范中主要包括 3 类文件，即 Real Audio、Real Video 和 Real Flash（Real Networks 公司与 Macromedia 公司合作推出的新一代高压缩比动画格式）。Real Video（RA、RAM）格式从一开始就是定位在视频流应用方面的，也可以说是视频流技术的始创者。它可以在用 56K MODEM 拨号上网的条件实现不间断的视频播放，可是其图像质量比 VCD 差，如果看过那些 RM 压缩的影碟就可以明显对比出来了。

（7）TGA 文件序列。是 Truevision 公司开发的位图文件格式。一个 TGA 格式静态图片序列可看成视频文件，每个文件对应影片中的每一帧，目前国内大多数非线性编辑系统只能识别 24 位的 TGA 文件。

复习思考题 \\\\

1. 简述视频编辑的过程。
2. 简述线性编辑和非线性编辑的定义和特点。
3. 常见的视音频文件格式有哪些？
4. 简述蒙太奇的定义和功能。

数字音频基础

★学习目标

1. 掌握音频文件的格式及特点。
2. 掌握音频资源的获取方法。
3. 掌握 Adobe Audition CC 2017 软件的操作方法。
4. 掌握音频剪辑的方法。
5. 掌握音频效果器的使用。
6. 掌握歌曲翻唱录制的方法。

第一节　音频资源

一、音频基本知识

1. 了解声音

声音通过物体振动所产生，正在发声的物体被称为声源。由声源振动空气所产生的疏密波在进入人耳后，会通过振动耳膜产生刺激信号，并由此形成听觉感受，这便是人们"听"到声音的整个过程。

（1）不同类型的声音。声源在发出声音时的振动速度称为声音频率，以 Hz 为单位进行测量。通常情况下，人类能够听到的声音频率为 20 Hz ～ 20 kHz。

（2）声音的三要素。在日常生活中会发现，轻轻敲击钢琴键与重击钢琴键时感受到的音量大小会有所不同；敲击不同钢琴键时产生的声音不同；甚至钢琴与小提琴在演奏相同音符时的表现也会有所差别。根据这些差异，人们从听觉心理上为声音归纳出响度、音高与音色3 种不同的属性。

2. 音频信号的数字化处理技术

随着科学技术的发展，无论是广播电视、电影、音像公司、唱片公司还是个人录音棚，都在使用数字化技术处理音频信号。数字化正在成为一种趋势，而数字化的音频处理技术也将拥有广阔的前景。

（1）数字音频技术的概念。数字音频是指把声音信号数字化，并在数字状态下进行传送、记录、重放及加工处理的一整套技术。与之相对应的是将声音信号在模拟状态下进行加工处理的技术，该技术称为模拟音频技术。

（2）数字音频技术的应用。由于数字音频在存储和传输方面拥有很多模拟音频无法比拟的技术优越性，因此，数字音频技术已经广泛地应用于如今的音频制作过程。

二、音频文件的格式及特点

由于音频数字化过程中采用的技术指标不同，产生了不同的音频文件格式，在多媒体教学资源建设中常用的音频文件的格式及特点如下。

1. MP3

MP3 是指 MPEG 标准中的音频部分，即 MPEG 音频层。MP3 根据压缩质量和编码处理的不同分为 3 层，分别对应 "*.mp1" "*.mp2" "*.mp3" 3 种声音文件。需要注意的是：MPEG 音频文件的压缩是一种有损压缩，MPEG3 音频编码具有 10 ∶ 1 ～ 12 ∶ 1 的高压缩率，同时基本保持低音频部分不失真，但是牺牲了声音文件中 12 k ～ 16 kHz 高音频这部分的质量来换取文件的尺寸。相同长度的音乐文件，用 *.mp3 格式来储存，一般只有 *.wav 文件的 1/10，而音质要次于 CD 格式或 WAV 格式的声音文件。由于其文件尺寸小、音质好，所以，在它问世之初还没有其他的音频格式可以与之匹敌，也为 *.mp3 格式的发展提供了良好的条件。

2. WMA

WMA 就是 Windows Media Audio 编码后的文件格式。微软声称，在只有 64 kb/s 的码率情况下，WMA 可以达到接近 CD 的音质。与以往的编码不同，WMA 支持防复制功能，它支持通过 Windows Media Rights Manager 加入保护，可以限制播放时间和播放次数甚至播放的机器等。WMA 支持流技术，即一边读一边播放，因此，用 WMA 格式可以很轻松地实现在线广播。

3. WAV

WAV 是微软公司开发的一种声音文件格式，用于保存 Windows 平台的音频信息资源，被 Windows 平台及其应用程序所支持。"*.WAV"格式支持多种压缩算法，支持多种音频位数、采样频率和声道，标准格式的 WAV 文件和 CD 格式一样，也是 44.1 kHz 的采样频率，速率为 88 kHz/s，16 位量化位数。

4. APE 格式

APE 是 Monkey's Audio 提供的一种无损压缩格式。Monkey's Audio 提供了 Winamp

的插件支持，因此，这就意味着压缩后的文件不再是单纯的压缩格式，而是与 MP3 一样可以播放的音频文件格式。这种格式的压缩比远低于其他格式，能够做到真正无损，所以，获得了不少发烧用户的青睐。在现有的众多无损压缩方案中，APE 是一种有着突出性能的格式，令人满意的压缩比及飞快地压缩速度，成了不少朋友私下交流发烧音乐的一个选择。

5. AAC 格式

AAC（Advanced Audio Coding，高级音频编码技术）是杜比实验室为音乐社区提供的技术。AAC 号称"最大能容纳 48 通道的音轨，采样率达 96 kHz，并且在 320 Kb/s 的数据速率下能为 5.1 声道音乐节目提供相当于 IIU—R 广播的品质"。与 MP3 相比，它的音质比较好，也能够节省大约 30% 的储存空间与带宽。它是遵循 MPEG-2 的规格所开发的技术。

6. MIDI

MIDI（Musical Instrument Digital Interface）乐器数字接口，是 20 世纪 80 年代初为解决电声乐器之间的通信问题而提出的。MIDI 是编曲界最广泛的音乐标准格式，可称为"计算机能理解的乐谱"。它用音符的数字控制信号来记录音乐。一首完整的 MIDI 音乐只有几十 KB 大，而能包含数十条音乐轨道。绝大多数的现代音乐是用 MIDI 加上音色库来制作合成的。MIDI 传输的不是声音信号，而是音符、控制参数等指令，它指示 MIDI 设备要做什么、怎么做，如演奏哪个音符、多大音量等。它们被统一表示成 MIDI 消息（MIDI Message）。传输时采用异步串行通信，标准通信波特率为 $31.25 \times (1 \pm 0.01)$ KBaud。

7. Real Audio

Real Audio（即时播音系统）是 Progressive Networks 公司所开发的软件系统，是一种新型流式音频 Streaming Audio 文件格式。它包含在 Real Media 中，主要用于在低速的广域网上实时传输音频信息。有了 Real Audio 这套系统，一般使用者只要自备多媒体个人计算机、14.4 kbps 数据机（它最低只占用 14.4 kbps 的网路频宽）和 PPP 拨接账号，就可以线上点播转播站或是聆听站台所提供的即时播音。Real Audio 主要适用网络上的在线播放。现在的 Real Audio 文件格式主要有 RA（Real Audio）、RM（Real Media，Real Audio G2）、RMX（Real Audio Secured）等，这些文件的共同性在于随着网络带宽的不同而改变声音的质量，在保证大多数人听到流畅声音的前提下，令带宽较宽敞的听众获得较好的音质。

三、音频资源的获取

常用音频文件获取的主要方法如下：

（1）直接录音。利用声卡和相关的录音软件，可以直接录制 WAV 音频文件。为了保证录音文件的质量，除选择高品质的声卡和麦克风外，还应选用足够高的采样频率和量化精度。在 Windows 环境中运行的"声卡"+"录音机"（Sound Recorder）程序就是最常用的录音平台之一。

（2）专用录音棚录音。在专业录音棚内录音，可减小环境的噪声，获得相当于 CD 唱盘的高保真音质。但这种方法的成本较高，电视节目制作一般很少使用。

（3）网络下载。在互联网上找到教学用的音乐、语文朗读等音频素材，直接下载。

（4）数字音频库中提取音频素材。像数字图形、图像库一样，把存储在 CD-ROM 光盘或磁盘上数字音频库中的音频提取。但要注意 CD 中的音频在计算光驱中打开时找不到具体文件，因此，无法用复制的方法存储下来，需要用专门软件来"抓轨"。常用的"抓轨"工具有 Windows 系统自带的 Windows Media Player 播放器，转轨速度很快，方法是打开 WMP 软件窗口，将默认的"外观模式"切换到"完整模式"；打开 CD，开始播放；单击"翻录"，勾选需要转存的歌曲；单击"翻录音乐"，被选中的歌曲就会逐一转换，并存入计算机指定的文件夹。另外，利用 Real Player 播放器菜单中的"工具"—"CD"—"保存 CD 曲目"功能也可以很方便地"抓轨"，从 CD 中提取出音频素材。

（5）视频文件中分离音频。如果要用到视频中的音频素材时，可以使用专门软件把音频分离出来，如用会声会影、Premiere、Edius 等分离出视频中的音频信息。

第二节　Adobe Audition CC 2017 软件

音频资源的加工处理软件很多，如 Windows 自带的"录音机"、微软公司的 Sound Recorder、创新（Creative）公司的 Wave Studio、Adobe 公司的 Audition 等。近年来，比较流行的音频加工处理软件有 Adobe Audition 和 GoldWave。本书以 Adobe Audition 为软件平台来介绍音频资源的加工处理。

Adobe Audition 是一个专业音频编辑和混合环境，原名为 Cool EditPro，Adobe 公司将其收购后，改名为 Adobe Audition。Adobe Audition 专为声音录制、广播电台和音频节目后期制作的专业人员设计，可提供先进的音频混合、编辑、控制和效果处理功能，最多混合 128 个声道，可编辑单个音频文件。2013 年，Adobe 公司将版本系列改为 CC。

一、Adobe Audition CC 2017 软件的界面

启动 Adobe Audition CC 2017 软件，其界面由标题栏、菜单栏、浮动面板、编辑窗口、"混音器"面板等几部分组成。

（1）标题栏和菜单栏。标题栏位于 Adobe Audition CC 2017 程序窗口的顶部，左侧显示了程序图标和名称，右侧的 3 个控制按钮，主要用于控制界面的显示大小与关闭程序。菜单栏位于标题栏的下方，集合了 Adobe Audition CC 2017 大部分的功能和命令，从左向右依次是文件、编辑、剪辑、效果、收藏夹、视图、窗口和帮助，可以完成 Adobe Audition CC 2017 的各种操作。

（2）"文件"浮动面板。"文件"浮动面板左侧有"打开文件"按钮、"导入文件"按钮、"新建文件"按钮、"插入多轨混音"按钮及"删除"按钮；右侧是"搜索"框；"文件"

浮动面板存放打开、导入或新建的工程文件，并显示这些文件的一些基本信息，如图 2-1 所示。

（3）"媒体浏览器"浮动面板。"媒体浏览器"浮动面板相当于计算机的资源管理器，可以方便用户找到要打开的文件以及新建工程文件的位置，如图 2-2 所示。

图 2-1　"文件"浮动面板　　　　　　　　　　图 2-2　"媒体浏览器"浮动面板

（4）"效果组"浮动面板。记录在音频编辑过程中所使用的效果，如图 2-3 所示。

（5）"标记"浮动面板，如图 2-4 所示。

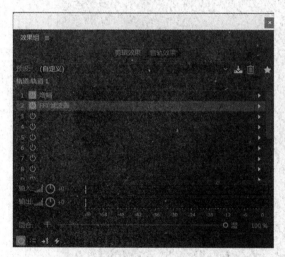
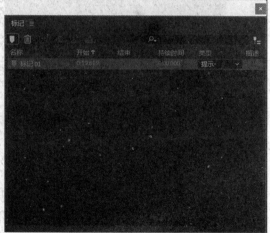

图 2-3　"效果组"浮动面板　　　　　　　　　　图 2-4　"标记"浮动面板

（6）"历史记录"浮动面板。"历史记录"浮动面板与 Photoshop 中的历史记录的功能类似，如图 2-5 所示。

（7）"多轨"编辑窗口。在"多轨"编辑模式下主要是进行多音频合成编辑，如图 2-6 所示。

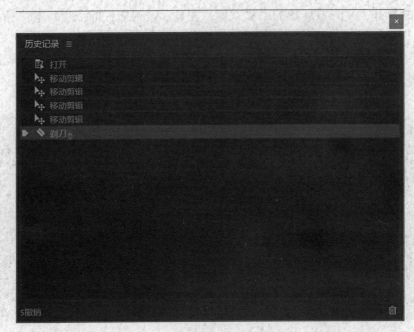

图 2-5 "历史记录"浮动面板

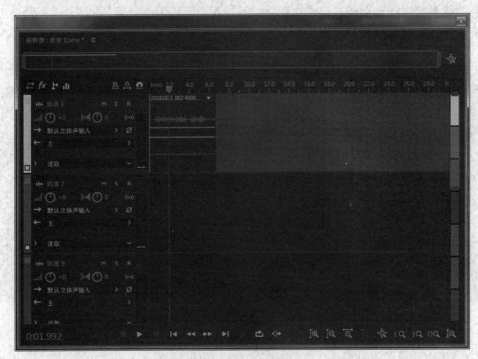

图 2-6 "多轨"编辑器面板

　　（8）"波形"编辑窗口。在"波形"编辑模式下可以对单个音频文件做编辑处理，如图 2-7 所示。

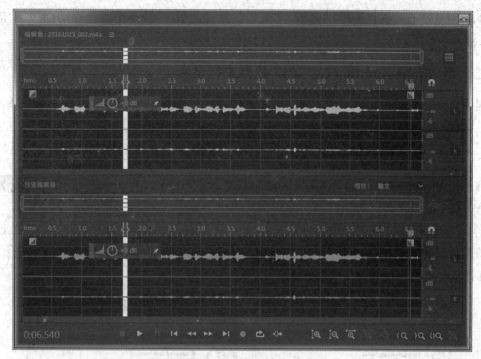

图 2-7　"波形"编辑器面板

（9）"混音器"面板。在"多轨编辑"模式下，对音频信号进行调整和混音，如图 2-8 所示。

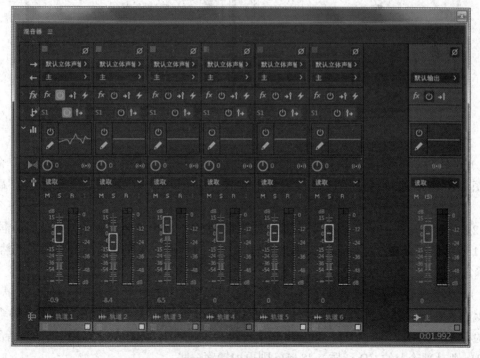

图 2-8　"混音器"面板

浮动面板还有"属性"浮动面板、"电平"浮动面板、"基本声音"浮动面板、"选区/视图"浮动面板等。

二、用 Adobe Audition CC 2017 软件进行录音

利用 Adobe Audition CC 2017 软件可以方便地通过麦克风录制外部声音,与"录音机"不同,Adobe Audition 可以录制立体声,并且保存成多种音频格式。

1. "波形"编辑模式录音

(1)正确接插麦克风,启动 Adobe Audition CC 2017 软件后,单击"波形"按钮 ，进入"波形"编辑模式。

1)对音频硬件进行正确设置。这是正常使用 Adobe Audition 的前提;选择播放设备,要将扬声器设置为启用(一般默认都为启用),然后在"声音"对话框中选择"录制"选项卡,选择一个麦克风,如图 2-9 所示。

图 2-9　音频硬件设置

2)对软件进行设置。执行菜单栏中的"编辑"—"首选项"—"音频硬件"命令,出现图 2-10 所示的对话框,选择设置好的话筒(输入)和扬声器(输出),单击"确定"按钮。

(2)执行菜单栏中的"文件"—"新建文件"命令,弹出"新建音频文件"对话框,如图 2-11 所示,可以在"文件名"文本框中输入文件的名称,选择合适的音频参数,然后单击"确定"按钮,就可以录音了。

1)"采样率":是指录音设备在一秒内对声音信号的采样次数,采样频率越高,声音的还原就越真实,当然文件也就越大。Adobe Audition CC 2017 软件所提供的采样频率很多,常用的有 22.05 kHz、44.1 kHz、48 kHz 三个等级;22.05 kHz 只能达到 FM 广播的声音品质,44.1 kHz 则是理论上的 CD 音质,48 kHz 则更加精确一些。

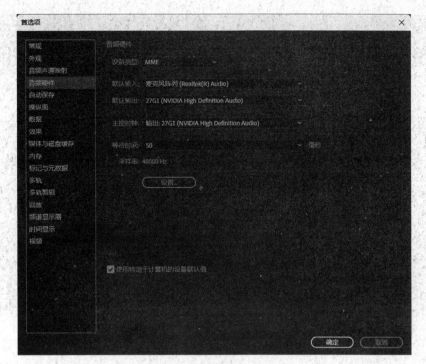

图 2-10 "音频硬件"对话框

2）"声道"：有"单声道""立体声""5.1 声道"。"单声道"缺乏对声音位置的定位；"立体声"是声音在录制过程中被分配到两个独立的声道，声音定位效果好；"5.1 声道"已广泛用于各类传统影院和家庭影院中，一些比较知名的声音录制压缩格式，如杜比 AC-3、DTS 等都是以 5.1 声音系统为技术蓝本。如果只录制人声，选择"单声道"即可。

3）"位深度"：表示音频的精度，有 8 位、16 位、24 位、32 位。CD 一般选择 16 位，电影选择 24 位或 32 位。

（3）单击界面下方"控制条"面板中的红色录音按钮开始录音，如图 2-12 所示。录音时间的长短只与磁盘空间有关，录音过程中可以使用"暂停"键来控制录音的进程。

图 2-11 "新建音频文件"对话框

图 2-12 "控制条"面板

（4）录制完成后，单击"控制条"面板中的"停止"键结束录音。此时录制完毕后的音频文件在编辑轨道上显示出来，如图 2-13 所示。在下方"时间"显示的是录制音频文件的总长度。

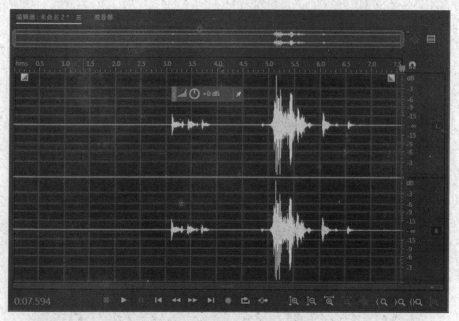

图 2-13　音频录制完毕时的界面

（5）录制完成后，执行菜单栏中的"文件"—"保存"命令，弹出图 2-14 所示的"另存为"对话框，可以更改"采样类型"、文件的"格式"等。

2."多轨"编辑模式录音

单击"多轨"按钮 ▦ 多轨 。弹出"新建多轨会话"对话框，如图 2-15 所示。可以在"文件名"文本框中输入文件的名称，选择合适的音频参数，然后单击"确定"按钮。文件存放的位置建议不要使用默认位置。

图 2-14　"另存为"对话框

图 2-15　"新建多轨会话"对话框

如果只需在一个轨道上进行录音，在"多轨"面板要录制的轨道上单击"录制准备 R"按钮，这时可以看到此轨道上的"电平"在闪烁，证明录音设备和软件正常，就可以录音了。如果计算机配置比较好的声卡，也可以选择"监视输入"，并调好如"回声""变音"等效果。

如果要在多条轨道上进行录音，单击"多轨"面板要录制的多条轨道上的"录制准备 R"按钮，这时可以看到所选轨道上的"电平"都在闪烁，证明录音设备和软件正常，就可以开始录音了。

三、工程项目的基本操作

（1）工程文件的新建。执行"文件"—"新建文件"命令，就可以新建一个工程项目，文件的扩展名默认为 .sesx。

（2）工程文件的保存。执行"文件"—"保存"命令，就可以保存工程文件。

（3）工程文件的打开。执行"文件"—"打开"命令，就可以打开工程文件。

（4）工程文件的导出。执行"文件"—"导出"—"多轨混音"—"整个会话"命令，弹出"导出多轨混音"对话框，如图 2-16 所示。根据需要选择文件保存的位置、文件的格式、混音样式等。

图 2-16 "导出多轨混音"对话框

四、用 Adobe Audition 软件将 MIDI 音乐转换为波形音频

MIDI 音乐不能直接编辑，可以利用 Adobe Auditon 先将 MIDI 音乐转换成波形音频文件，然后再进行编辑。

（1）在"多轨"编辑模式下，执行"文件"—"导入"命令，弹出"导入文件"对话框，导入一个 MIDI 文件，将该文件拖到音频轨道上。

（2）选择任意一条音频轨道作为"录音备用轨道"，单击此轨道的"R"准备录音按钮，弹出一个"保存会话"对话框，保存该会话。

（3）单击界面下方控制条中的红色录音按钮开始录音；录制完成后，单击"停止"按钮结束录音。此时录制完毕后的波形音频文件在录音轨道上显示出来，该文件可以在"单轨"模式下进行编辑，并可保存为 WAV、MP3 等格式。

第三节　数字音频资源的加工处理

在"多轨"编辑模式下，可以对单个音频文件简单编辑也可以对多个音频文件做混合处理。

一、基本编辑与音频剪辑

（1）插入音频文件。可以执行"文件"—"导入"命令或"文件"—"打开"命令，单击鼠标右键，在弹出的快捷菜单中选择"插入到多轨混音中"；或在"文件"浮动面板中选择一个要插入轨道上的音频文件，直接拖拉到某条音频轨道上，如图 2-17 所示。

说明

1）轨道上 M S R 字母：M表示静音；S表示独奏；R是准备录制；I是监视输入。

2）轨道上 ⊿ ⏱ -0.9 ⋈ 0 (•)：第一个是音量调节，数值调大，音量增加，但要注意不要超过电平的标准值，否则会失真；第二个是立体声平衡，调的时候，会出现L和R；第三个合并到单声道。

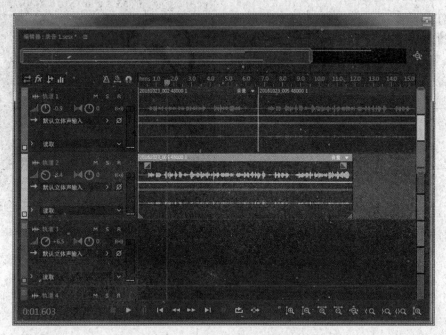

图2-17　插入音频文件和裁剪效果

（2）移动音频文件。选择轨道上的音频文件，按住鼠标左键不放就可以移动轨道上的音频文件。

（3）剪裁音频文件。在轨道时间线上，将编辑线定位到要剪辑的位置，单击鼠标右键，在弹出的快捷菜单中选择"拆分"，或用快捷键Ctrl+K，剪裁后原来的一个音频片段变为两个音频片段，如图2-17所示。也可以在轨道时间线上按住鼠标左键不放，拖动鼠标，选择一个区域，单击鼠标右键，在弹出的快捷菜单中选择"拆分"。

（4）音频片段的合并。选择要合并的音频片段，单击鼠标右键，在弹出的快捷菜单中选择"合并剪辑"即可。

（5）剪裁音频片段的删除。选中要删除的音频片段，按Delete键即可删除。删除音频片段后，轨道上出现一段空白区，如果要让后面的音频快速和前面的连到一起，可以在空白区单击鼠标右键，在弹出的快捷菜单中选择"波纹删除—间隙"即可。

（6）复制音频。选择要复制的片段，通过"复制"和"粘贴"来复制此片段。

（7）淡入淡出设置。选中要设置淡入、淡出的音频片段，用鼠标指针拖动前面◣和后面的◣，就可以设置音频片段的淡入和淡出效果，通过左右、上下拖动，可以将线拖动成曲线或直线，如图2-18所示。

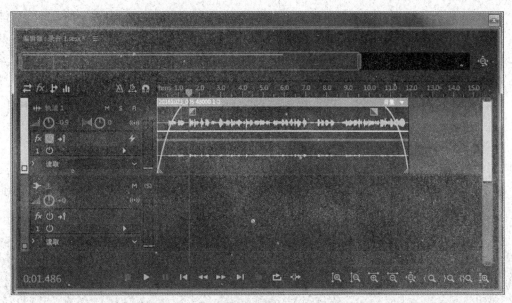

图 2-18　设置淡入淡出

二、音频效果器的使用

音频效果器的使用目的是美化声音。音频效果器的添加方法如下：

（1）选择"效果组"浮动面板中的"预设"效果，如图 2-19 所示。Adobe Audition CC 2017 软件提供了很多的音频预设效果，选择好后，进行试听。如果对"预设"效果不满意，也可以对其进行编辑，在添加的"预设"效果上单击鼠标右键，在弹出的快捷菜单中选择"编辑所选效果"，出现相对应的编辑对话框，如图 2-20 所示，通过调整曲线来进行进一步的调整，直到满意为止。

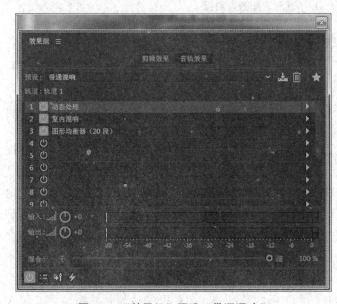

图 2-19　"效果组"预设"带通混响"

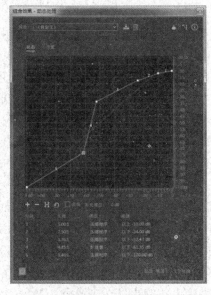

图 2-20　"预设"效果编辑对话框

如果对添加的"预设"效果不满意，也可以移除，在添加的"预设"效果上单击鼠标右键，在弹出的快捷菜单中选择"移除所选效果"或"移除全部效果"即可。

（2）选择"效果组"浮动面板自行添加效果。如果是专业人员，可以在"效果组"浮动面板中自行添加效果。

单击轨道下面的数字"1""2"……所对应的"三角形"，在下拉菜单中选择相应的效果，并在弹出的效果设置对话框中进行相应的调整。这种添加效果的方法可以添加多个效果。下面对几种常用效果进行简单的介绍。

1）"图形均衡器"的使用。执行菜单栏中的"效果"—"滤波与均衡"—"图形均衡器"命令，弹出"组合效果 - 图形均衡器"对话框，如图 2-21 所示，可以进行更精准的调整。

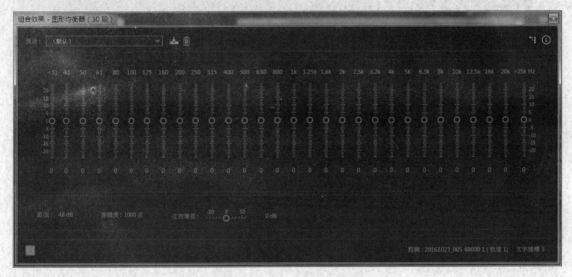

图 2-21 "图形均衡器"面板

通过"图形均衡器"面板上推拉键的分布，可直观地反映出所调出的均衡补偿曲线，各个频率的提升和衰减情况一目了然，它采用恒定 Q 值技术，每个频点设有一个推拉电位器，无论提升或衰减某频率，滤波器的频带宽始终不变。

图形均衡器调音小常识：超低音，20 ～ 40 Hz，适当提升时声音强而有力，能控制雷声、低音鼓、管风琴和贝斯的声音，过度提升会使音乐变得浑浊不清；低音，40 ～ 150 Hz，是声音的基础部分，其能量占整个音频能量的 70%，是表现音乐风格的重要成分，适当提升时低音张弛得宜，声音丰满柔和，不足时声音单薄，过度提升时会使声音发闷，明亮度下降，鼻音增强；中低音，150 ～ 500 Hz，是声音的结构部分，人声位于这个位置，不足时演唱声会被音乐淹没，声音软而无力，适当提升时会感到浑厚有力，提高声音的力度和响度，过度提升时会使低音变得生硬，300 Hz 处过度提升 3 ～ 6 dB，如再加上混响，则会严重影响声音的清晰度；中音，500 Hz ～ 2 kHz，包含大多数乐器的低次谐波和泛音，是小鼓和打击乐器的特征音，适当提升时声音透彻明亮，不足时声音朦胧，过度提升时会产生类似电话的声音；中高音，2 ～ 5 kHz，是弦乐的特征音（拉弦乐的弓与弦的摩擦声，弹拨乐的手指触弦的声音），不足时声音的穿透力下降，过强时会掩蔽语言音节的识别；高音，7～8 kHz，是影响声音层次感的频率，过度提升时会使短笛、长笛声音突出，语言的齿音加重和音色发毛；极高音，8～10 kHz，合适时，节奏清晰可辨。过度提升会使声音不自然，易烧毁高频单元。

2）"混响"的使用。声波在室内传播时，要经过多次反射和吸收，当声源停止发声后，若干个声波混合持续一段时间，这种现象叫作混响，这段时间称为混响时间。混响器是进行音频效果处理的，将主音进行延时后再与主音进行混合。

执行菜单栏中的"效果"—"混响"—"混响"命令，弹出"组合效果 - 混响"对话框，如图 2-22 所示，可以进行更精准的调整。

混响调音小常识：衰减时间是整个混响的总长度，不同的环境会有不同的长度，空间越大、越空旷、物体越少、表面越光滑，衰减时间越长，反之越短。很多人喜欢把混响时间设得很长，其实真正的一些剧院、音乐厅的混响时间并没有我们想象得那么长。例如，波士顿音乐厅的混响时间是 1.8 s，纽约卡内基音乐厅是 1.7 s，维也纳音乐厅是 2.05 s。

对音乐节目来说，混响声虽可增加音乐的丰满度，但它在增加音乐丰满度的同时会降低声音的清晰度和语言的可懂度，因此，这个成分不可没有（太小时会使声音发"干"），也不能过大。

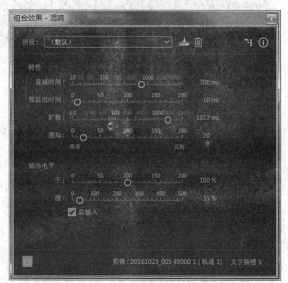

图 2-22 "混响"面板

3）"强制限幅"的使用。执行菜单栏中的"效果"—"振幅与压限"—"强制限幅"命令，弹出"组合效果 - 强制限幅"对话框，如图 2-23 所示，可以进行更精准的调整。

"强制限幅"是随着输入信号电平增大而本身增益减少的放大器。

预测时间：指当信号电平超出所设置的阈值电平时，压限器在多长时间内开始工作。如果启动时间速度太快，可能会稍微影响音乐音头的动态和力度；如果启动时间太慢，又会影响音乐的自然程度和瞬态，还会产生一定的延迟感和浑浊感。因此，两者相比还是要调到启动时间较短一点。

恢复时间：较长的恢复时间有利于信号的平缓过渡，否则恢复时间太短会有突兀感，声音会显得断断续续。

4）"延迟"的使用。延时器是产生混响或回声的效果器。延迟时间可以从 50 ms 到 1 s 以上，时间短产生混响效果；时间长则产生回声；通过延时器之后声音丰富、饱满、有空间感。

执行菜单栏中的"效果"—"延时与回声"—"延时"命令，弹出"组合效果 - 延迟"对话框，如图 2-24 所示，可以进行更精准的调整。

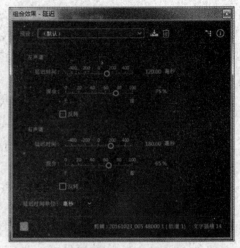

图 2-23 "强制限幅"面板　　　　　　　图 2-24 "延迟"面板

第四节　音频处理实例

一、歌曲翻唱录制

（1）在网上下载伴奏音乐，并保存。

（2）选择"多轨"编辑模式，在导入伴奏音乐的轨道处，单击鼠标右键，在弹出的快捷菜单中执行"插入"—"文件"命令，将伴奏音乐导入"轨道 1"。

（3）在"轨道 2"上进行录制自己的唱声，单击"轨道 2"的"R"准备录音按钮，按红色的录制按钮进行录音。注意：为了使录制效果更好，应将"轨道 1"上伴音的音量调小一点。

（4）录制完毕，应对"轨道 1"上伴音的音量复原。

（5）对"轨道 2"上进行录制的唱声进行添加一些效果，使其更好听。

二、声音噪声去除

（1）打开项目工程文件，在轨道中查看"噪波"，并选择一个区域。执行菜单栏中的"效果"—"降噪/恢复"—"捕捉噪声样本"命令，弹出"捕捉噪声样本"对话框，如图 2-25 所示，单击"确定"按钮。

（2）执行菜单栏中的"编辑"—"选择"—"全选"命令，或按 Ctrl+A 组合键，全部选中。

（3）执行菜单栏中的"效果"—"降噪/恢复"—"降噪处理"命令，弹出"效果 - 降噪处理"对话框，如图 2-26 所示，单击"应用"按钮。

还有一种方法，就是在"效果组"中添加降噪效果。操作与前面的添加效果方法一样，调整成自己满意的效果即可。

降噪处理后，如果发现效果仍然欠佳，可以添加预设效果。

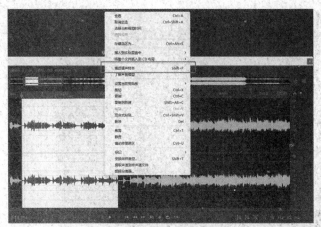

图 2-25　捕捉噪声样本

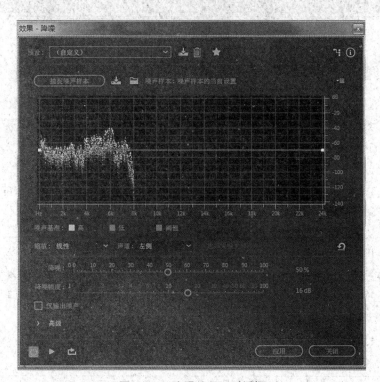

图 2-26　"降噪处理"对话框

三、歌曲人声去除办法

（1）下载一首原唱歌曲。选择"多轨"编辑模式，导入原唱歌曲到轨道。

（2）执行菜单栏中的"编辑"—"选择"—"全选"命令，或按 Ctrl+A 组合键，全部选中。

（3）执行菜单栏中的"效果"—"立体声声像"—"中置声道提取"命令，弹出"组合效果中置声道提取"对话框，如图 2-27 所示，在"预设"中选择"人声移除"，单击"应用"，就可以将原唱中的人声去除。

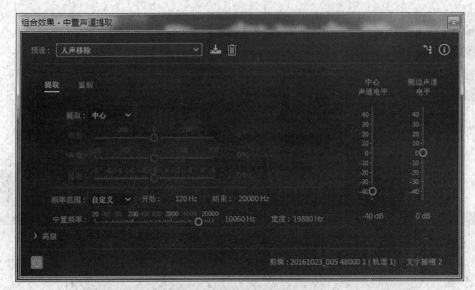

图 2-27 "中置声道提取"对话框

四、混音器的使用

混音器，实际上就是调音台。它将多个音频文件、线路输入音频信号混音后，整合至一个立体音轨（Stereo）或单音音轨（Mono）；混音器的混音输入可以是数字音频文件和线路输入音频信号，输出则为数字音频文件。

在混音的过程中，混音师会将每一个原始信号的频率、动态、音质、定位、残响和声场单独进行调整，让各音轨最佳化，之后再叠加于最终成品上。每路信号输入都有独立的音量调节器，确保音色清晰、动听。

注意　（1）较低的混音电平会使人的耳朵一直处于"灵敏"状态且不易疲劳；太大的混音电平可以使人的全身血液沸腾，但是不利于察觉到电平中的细微变化。

（2）在开始录音时就要为混音做准备。获得优秀混音最关键的要素之一就是在录音时尽量保证各轨道声音干净。

（3）不要把音量调到差不多的位置就不管了，如果有必要，可以微调所有乐章、乐句，甚至音节的平衡。

当要将合成的效果输出时，可以执行"文件"—"导出"—"多轨混音"菜单下的"整个会话"命令，在弹出的"导出多轨混音"对话框中进行输出音频的相关设置，然后单击"确定"按钮后导出一个具有混音效果的音频文件。

五、屏幕录像

（1）利用屏幕录制工具录制远程教学视频、计算机屏幕播放的视频。屏幕录制软件很多，可以到网上下载，如"屏幕录像专家""EV 录屏""Camtasia Studio"等，图 2-28 所示为 EV 录屏的界面。

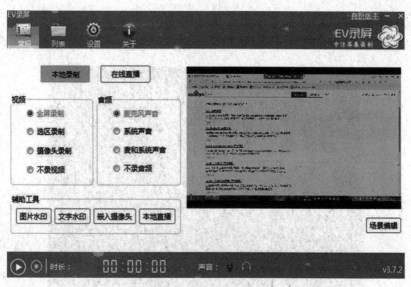

图 2-28　EV 录屏软件的界面

（2）Camtasia Studio 软件。Camtasia Studio 是比较专业的屏幕录像和编辑的软件套装，它提供了强大的屏幕录像、视频的剪辑和编辑、视频菜单制作、视频剧场和视频播放功能等。软件可以方便地进行屏幕操作的录制和配音、视频的剪辑和过场动画制作，并添加说明字幕和水印、制作视频封面和菜单、视频压缩和播放。

1）Camtasia Studio 软件的界面。Camtasia Studio 软件的界面，如图 2-29 所示。

图 2-29　Camtasia Studio 软件的界面

2）Camtasia Studio 软件录制屏幕。执行菜单栏中的"文件"—"新建工程"命令，选择"录制屏幕"，选择全屏或自定义选框，弹出"欢迎使用 – Camtasia Studio"对话框，如

图 2-30 所示。单击红色的"录制"按钮，开始录制，录制完成后，单击"结束"按钮，出现"保存"对话框，进行相关设置后，进行保存。

图 2-30　Camtasia 录像器

Camtasia 录像器能在任何颜色模式下轻松地记录屏幕动作，包括光标的运动、菜单的选择、弹出对话框、层叠窗口、打字和其他在屏幕上看得见的所有内容。除了录制屏幕，Camtasia Recorder 还能够允许在录制的时候在屏幕上画图和添加效果，以便标记出想要录制的重点内容。在录像时，可以增加标记、增加系统图标、增加标题、增加声音效果、增加鼠标效果，也可在录像时画图。它输出的文件格式很多，如常用的 AVI、GIF 格式，还可输出 RM、WMV 及 MOV 格式等。

复习思考题 \\\

1. 简述音频文件的格式及特点。
2. 简述音频资源的获取方法。
3. 简述如何利用 Adobe Audition CC 2017 软件进行录音。
4. 简述 Adobe Audition CC 2017 软件中将 MIDI 音乐转换为波形音频的方法。

第二篇

会声会影

第三章

会声会影快速入门

★学习目标

1. 掌握会声会影的安装和卸载。
2. 掌握会声会影 2018 的启动和退出。
3. 认识会声会影 2018 的界面组成。
4. 掌握项目文件的基本操作。

第一节　会声会影基本操作

在使用会声会影前，首先要学会安装软件，还要了解怎样卸载软件。下面详细介绍软件的安装与卸载。

一、会声会影的安装与卸载

1. 会声会影的安装

在安装会声会影前，首先需要确定使用的计算机是否满足会声会影版本的最低系统要求，然后进行安装。

（1）鼠标左键双击会声会影安装程序文件"系统将会自动运行"，并进入安装向导。

（2）随后安装向导会自动执行初始化操作。

（3）初始化完成后将进入许可证协议窗口，选中"我接受许可协议中的条款"复选框。

（4）单击"下一步"按钮，弹出"设置"对话框，并进行相关设置，如设置当前使用的视频标准、安装位置等。

（5）设置完成后单击"立刻安装"按钮，整个安装过程将以进度条的形式显示。

（6）待安装完成后，将会显示相应的完成信息，勾选中"是，我要立即重启计算机"，单击"完成"按钮即可。重新启动计算机后，就可以正常使用该软件进行操作了。

2. 会声会影的卸载

（1）在计算机的控制面板中选择"卸载或更改程序"选项，如图 3-1 所示。

（2）弹出"设置"窗口，单击"卸载"图标，如图 3-2 所示。

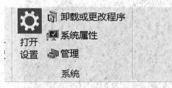

图 3-1　"控制面板"选项

图 3-2　卸载面板

（3）单击"卸载"按钮，系统将卸载会声会影程序，卸载进程将以进度条显示。

（4）提示完成后，单击"完成"按钮，即可退出卸载向导，此时会声会影已成功卸载。

二、会声会影的启动与退出

1. 启动

（1）在 Windows 10 操作系统中执行"开始"—"所有程序"—"Corel Video Studio 2018"命令。

（2）出现会声会影 2018 的启动界面，如图 3-3 所示。

（3）稍等片刻将会自动进入会声会影 2018 的工作界面，可以根据需求对各面板进行调整。

2. 软件的退出

软件退出的方法有如下几种：

（1）单击标题栏最右端的关闭按钮即可退出会声会影 2018。

（2）执行菜单栏中的"文件"—"退出"命令。

图 3-3　启动界面

（3）右键单击会声会影 2018 最上方的空白处，在弹出的快捷菜单中执行"关闭"命令。

（4）如果退出软件之前没有将项目保存，在退出会声会影 2018 时系统将会自动弹出提示信息对话框。单击"是"按钮，选择要保存的路径。保存之后，系统将自动退出会声会影 2018 程序；单击"否"按钮，系统将不会保存项目，直接退出程序，如图 3-4 所示。

三、认识操作界面

会声会影 2018 采用图形化界面，便于操作，可以根据喜好来调节工作窗口。会声会影 2018 的工作界面主要由菜单栏、预览窗口、步骤面板、素材库面板、选项面板和时间轴组成，如图 3-5 所示。

图 3-4 保存与关闭

图 3-5 认识工作界面

1. 菜单栏

在会声会影 2018 中，菜单栏主要由文件、编辑、工具、设置和帮助 5 个菜单组成。

（1）文件：可以执行新建项目、打开项目、保存项目、另存为、将媒体文件插入时间轴、将媒体文件插入素材库，以及退出等命令。

（2）编辑：可以执行撤销操作、重复操作、复制、粘贴、删除、分割素材、多重修整视频、重新映射时间、变速等命令。

（3）工具：可以执行多相机编辑器、运动追踪、DV 转 DVD 向导、遮罩创建器、创建光盘、从光盘镜像刻录、影音快手等命令。

（4）设置：可以执行参数选择、项目属性、智能代理管理器、素材库管理器、轨道管理器、章节点管理器等命令。

（5）帮助：可以执行帮助主题、用户指南、入门、视频教程、检查更新等命令。

2. 预览窗口

预览窗口可以显示当前编辑框的项目、素材、滤镜、效果等，部分视频需要在此进行编辑。预览窗口的界面如图 3-6 所示。

在会声会影 2018 编辑器的预览窗口下，有一排播放按钮和工具。它们主要用于预览和编辑项目中使用的工具。为了更方便地认识这些按钮，下面将详细介绍。

（1）播放按钮：单击该按钮，可以播放导入的视频、影片、项目等素材。按住 Shift 键的同时单击此按钮，可以仅播放修整栏内选定的区间。在播放过程中，单击此按钮，将会停止视频播放。

图 3-6 预览窗口界面

（2）起始帧：单击可以返回视频的起始位置。

（3）结束帧：单击可以移动到视频的结束位置。

（4）上一帧按钮：单击此按钮可以帮助更好地确定裁剪的位置，可以精确地移动素材到前一帧的位置。

（5）下一帧按钮：单击此按钮，可以精确地移动素材到后一帧的位置。

（6）重复按钮：单击此按钮可以循环播放项目、视频和所选区间。

（7）滑块按钮：可以通过拖曳该按钮来预览视频。

（8）开始标记按钮：用于标记素材的起始点。

（9）结束标记按钮：用于标记素材的结束点。

（10）分割素材按钮：将所选的素材分割为两段。

（11）放大按钮：单击此按钮可以在较大的窗口中预览视频素材。

（12）时间码按钮：单击此按钮可以输入确切的时间。

3. 步骤面板

在会声会影 2018 中，编辑器将影片的创建简化为 3 个简单的步骤，可以直接单击步骤面板上的相应按钮在不同步骤之间进行切换，如图 3-7 所示。

（1）捕获：捕获面板可以直接将视频源中的影片素材捕获到计算机，如可以将摄像机磁带和录像机磁带上的素材捕获到计算机上。

（2）编辑：可以为视频套用模板、添加滤镜、转场、字幕、图形等效果，也可

图 3-7 步骤面板

以对视频文件进行编辑、修改。

（3）共享：编辑完视频之后，可以在共享面板中创建视频文件，将影片或视频进行输出保存。

4. 素材库面板

会声会影 2018 中包含了各种各样的媒体素材，它本身自带的媒体素材有视频、照片、转场、字幕、滤镜、装饰、Flash 动画及边框文字等，如图 3-8 所示，可以根据需求利用这些媒体素材。

图 3-8　媒体素材库

单击"添加"按钮，可以创建文件夹，对素材进行分门别类的管理。

（1）导入媒体素材：单击"导入媒体素材"按钮可以导入各种类型的素材文件。

（2）隐藏素材：单击"隐藏素材"按钮可以隐藏视频、静态图像和音频文件。

（3）隐藏标题：可以隐藏素材的标题。

（4）列表视图：可以将素材以列表的形式显示。

（5）缩略图视图：可以将素材以缩略图的形式显示。

（6）排序：可以对素材按不同的参数进行排序。

5. 选项面板

在会声会影 2018 中，选择所导入的视频素材，在素材库下方会发现选项按钮，单击此按钮，会弹出选项面板。选项面板中包含编辑、校正和效果三个部分，如图 3-9 所示。

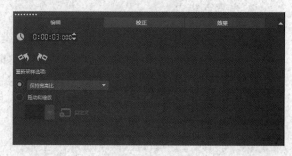

图 3-9　选项面板

（1）在"编辑"选项卡中，一般需要用到的有旋转、速度 / 时间流逝、变速、反转视频、分割音频、依场景分割、多重修剪视频等。

1）旋转：可以对素材进行向左向右旋转操作。

2）速度 / 时间流逝：主要用来设置视频素材的回放速度和持续时间。

3）变速：改变素材的播放速度。

4）反转视频：可以对视频进行反转操作。

5）分割音频：将视频中的声音分离出来。

6）依场景分割：按拍摄场景将视频素材分割为不同的镜头。

7）多重修剪视频：可以设定素材播放的开始和结束位置，将素材分成多段。

（2）"校正"选项卡主要用来调整素材的颜色和镜头校正。

（3）"效果"选项卡常用的是滤镜的设置和变形素材命令，用来调整滤镜的效果和素材形状。

四、认识三种视图模式

会声会影 2018 提供了 3 种视图模式，而且每种视图都带来了不同的便利。

1. 故事板视图

故事板视图是一种只显示视频缩略图的视图方式，利用该视图可以快速地将视频素材添加到影片中。

在会声会影 2018 中，可使用鼠标拖动改变视频素材的位置，将视频素材直接拖曳到故事板中。故事板中的缩略图所代表的是影片中的某个事件，事件可以是视频素材，也可以是转场或静态图像。在缩略图的下方可以直观地看到当前素材的区间，如图 3-10 所示。

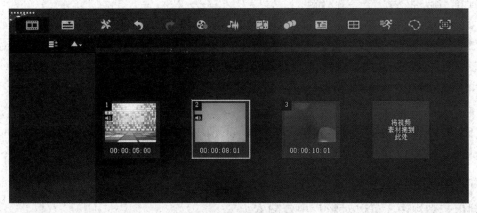

图 3-10　故事板视图

故事板视图提供了更为简单明了的视频编辑模式。在故事板视图中选择某一段视频素材后，可以在预览区对该视频进行修改，从而轻松地实现对视频的编辑操作。

2. 时间轴视图

时间轴视图的编辑模式相对于故事板视图来说，就比较复杂了，但是其功能要比故事板视图强大很多。时间轴视图为影片项目中的素材提供最全面的显示，它按照视频、覆叠、标题、声音和音乐将项目分成多个不同的轨道。

在时间轴视图编辑模式下，可以对标题、字幕、音频等素材进行编辑，并且可以帧为单位进行编辑工作，它是精确编辑视频的最佳形式，也是最常用的编辑模式。在时间轴上方单击时间轴视图按钮便可切换到时间轴视图编辑模式，如图 3-11 所示。

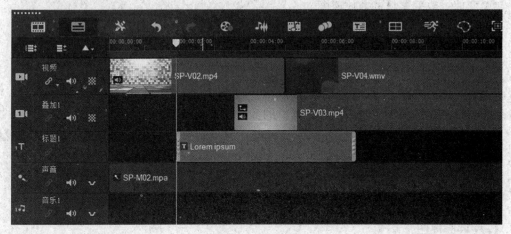

图 3-11　时间轴视图

时间轴提供了浏览不同媒体内容的方式，它可以精确到帧的精度来修改和编辑视频，还可以根据素材在每条轨道上的位置准确地显示事件发生的时间和位置。时间轴分为 5 个不同的轨道。

（1）"视频轨"：可以直接将视频、图像、色彩等素材拖至该轨道，并且可以在该轨道进行编辑，添加转场、字幕等效果。

（2）"叠加轨"：可以在该轨道中添加覆叠素材，做画中画效果。

（3）"标题轨"：添加字幕，在滑轨上确定起始位置后，在预览窗口中输入标题文字，标题文字便会自动添加到"标题轨"，用户可在"标题轨"中对标题进行更改。

（4）"声音轨"：可以将音频文件添加到该轨道中，录制的旁白将会自动添加到"声音轨"，而不会添加到音乐轨。

（5）"音乐轨"：其使用方法和"声音轨"的使用极其相似，但若添加 Smart Sound 自动音乐，则会将素材直接添加到"音乐轨"，并且会自动收尾。

3. 音频视图

利用音频视图，可以对影片中音频素材、旁白或背景音乐的音量级别进行可视化调整。单击时间轴上方的"混音器"按钮，"时间轴"面板将切换至音频视图中，如图 3-12 所示。在该视图中，可以实时地调整项目中音乐轨的音量，也可以调整音乐轨中特定的音量。

图 3-12　音频视图

五、时间轴按钮介绍

时间轴上方的按钮很多，如图 3-13 所示。

图 3-13　时间轴按钮

（1）三种视图模式：故事板视图、时间轴视图、音频视图（前面已说明）。

（2）自定义工具栏：利用该工具栏可以灵活加载工具，如图 3-14 所示。

（3）撤销和重复：进行撤销和还原操作。

（4）录制 / 捕获选项：可以录制和捕获视频、音频，如图 3-15 所示。

图 3-14　自定义工具栏　　　　　　　　图 3-15　录制 / 捕获选项

（5）自动音乐：用于做背景音乐，有各种形式的音乐、各种变调等。它最主要的功能就是会智能收尾，当编辑节目时，音乐的长短又不能刚好匹配画面时，用这里面的音乐就很方便了，可以任意拖动，音乐最后都会完美地收尾。如图 3-16 所示。

图 3-16　自动音乐

（6）运动追踪：会声会影运动追踪是常用的物体跟踪特效，主要有点、区域、多点三种方式，前面两种方式可以用其他素材做匹配动作。最后一种方式只能打马赛克，多应用于商标遮挡，物体标记等。

1）按点跟踪。按点跟踪可以配合添加匹配对象实现对物体的标记。

物体标记的功能的使用方法如下：

①选择按点追踪，勾选添加匹配对象，单击运动追踪按钮，完成之后单击"确定"按钮。

②选择需要的素材将覆叠轨上的原始匹配素材替换即可。

打马赛克的操作方法如下：

选择按点追踪，然后选中马赛克的形状，单击"追踪"按钮即可。

主要用途：标记物体，方便看清标记物所在的位置。

2）按区域跟踪。按区域跟踪可以实现以下功能：

①配合添加匹配对象实现对物体的遮挡。

②选择马赛克为物体打马赛克。

操作方法同按点追踪一样，这里就不再赘述。

主要用途：遮挡物体，或标记物体。

3）多点跟踪。多点追踪的功能就是精确地打马赛克，其具体操作在前文已经讲解过，此处不再赘述。最大的特点就是可以随意移动点的位置，可以最大限度地贴合需要遮盖的物体。如图 3-17 所示。

图 3-17　运动追踪

（7）字幕编辑器：可以在视频的某一点开始添加字幕，如图 3-18 所示。

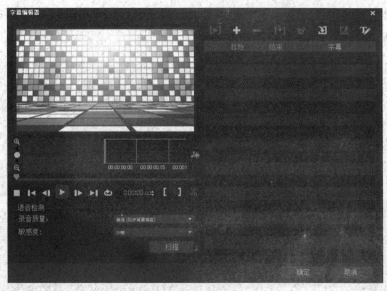

图 3-18　字幕编辑器

（8）多相机编辑器：可以通过从不同相机、不同角度捕获镜头，创建外观专业的视频编辑。只需单击，即可从一个视频素材切换到另一个，与播音室从一个相机切换到另一个相机来捕获不同场景的方法相同，如图 3-19 所示。

图 3-19　多相机编辑器

（9）时间重新映射：改变素材的播放速度（快动作、慢动作、停帧、倒放），与变速、速度 / 时间流逝的功能一样，如图 3-20 所示。

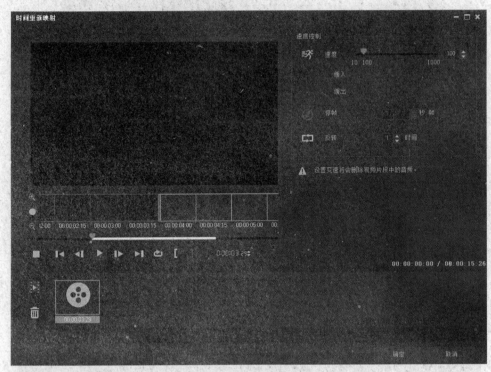

图 3-20　重新映射时间

（10）遮罩创建器：用来抠图（覆叠轨），可以去掉多余部分与视频轨的素材叠加在一起，如图 3-21 所示。

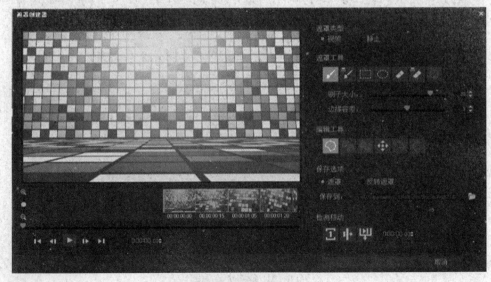

图 3-21　遮罩创建器

（11）摇动和缩放：可以将静态的图像设置为动态显示效果，如图3-22所示。

图 3-22 摇动和缩放

（12）分屏模板创建器：可以自定义即时项目，如图3-23所示。

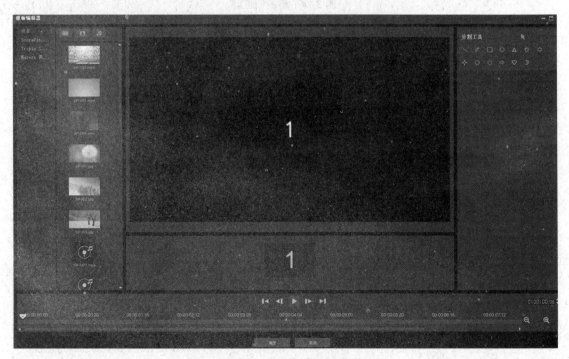

图 3-23 分屏模板创建器

（13）绘图创建器（工具菜单）：可以将绘制图像的过程录制成视频文件，如图3-24所示。

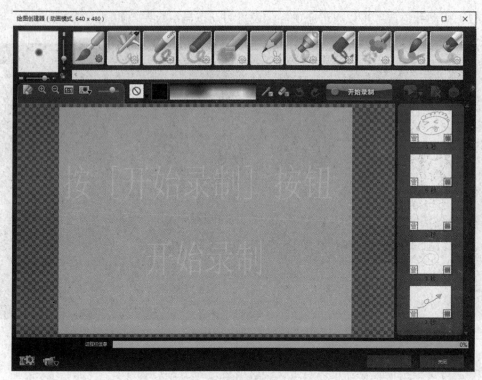

图 3-24　绘图创建器

第二节　项目文件的基本操作

项目文件就是进行视频编辑工作的文件，可以保存视频素材、图像素材、声音素材、背景音乐、字幕及特效等操作时的参数信息，一般的项目保存格式为 *.VSP。

一、创建项目文件

进入会声会影 2018 的工作界面后，执行菜单栏中的"文件"—"新建项目"命令，就可以新建一个项目文件。

二、打开项目文件

在使用会声会影 2018 前，若是有已经保存好的项目文件，可将其打开继续编辑。打开项目文件的具体操作步骤如下，执行菜单栏中的"文件"—"打开项目"命令，在弹出的"打开"对话框中选择要打开的项目文件，单击"打开"按钮，如图 3-25 所示，即可打开所选的项目文件。

图 3-25　打开项目

三、保存项目文件

在视频编辑过程中，保存项目是非常重要的。为了方便编辑，一般在编辑完成后都要保存项目文件，在会声会影 2018 中可以保存视频素材、音频素材、图像及字幕等特效信息。保存项目文件的具体操作步骤如下。

执行菜单栏中的"文件"—"保存"或"另存为"命令。在弹出的"另存为"对话框中，设置文件的保存路径和文件名，单击"保存"按钮即可保存项目文件。

但是这样保存的文件，如果导入的某个素材被移出、重命名或删除时，该文件就会成为脱机文件，因为源文件被删除或者存储位置发生变化，都会导致会声会影素材丢失，出现脱机提示。因此，必须要保存成智能包文件。智能包的保存步骤：在"文件"菜单中选择"智能包"；先保存项目文件，然后选择智能包的样式，文件夹 / 压缩文件，填写项目名称；单击"确定"按钮等待保存即可。

四、创建即时项目模板

在会声会影 2018 中，可以将制作的项目导出为即时项目模板，方便制作相同风格的影片。创建即时项目模板的具体操作步骤如下。

（1）进入会声会影 2018，执行菜单栏中的"文件"—"打开项目"命令，在弹出的对话框中选择一个项目文件。单击"打开"按钮，返回到会声会影 2018 的工作界面，在时间轴上可以发现打开的项目文件。

（2）执行菜单栏中的"文件"—"导出为模板"—"即时项目模板"命令。

（3）弹出"Corel Video Studio"对话框，提示是否保存项目文件，单击"是"按钮。

（4）在弹出的"将项目导出为模板"对话框中，单击模板路径右侧的"浏览"按钮，在弹出的"浏览文件夹"对话框中，设置模板的保存路径，然后单击"确定"按钮，如图 3-26 所示。

（5）返回到"将项目导出为模板"对话框，保存路径将会显示在模板路径对话框中。设置模板文件夹的名称，然后单击"确定"按钮。

图 3-26 导出项目为模板

五、素材库的基本操作

在会声会影 2018 中有许多自带的视频素材，使用前可以预览这些素材查看它们的效果。

1. 添加素材文件

在使用素材之前，需要将素材文件添加到视频轨、标题轨、音乐轨、覆叠轨。

（1）在会声会影 2018 的工作界面中，执行菜单栏中的"文件"—"将媒体文件插入素材库"—"插入照片"命令。

（2）弹出"浏览照片"对话框，从中选择需要插入素材库中的图像文件，单击"打开"

按钮，即可将选择的图像插入素材库。

注意 还可以按 Ctrl+C 组合键复制素材文件；按 Ctrl+V 组合健，将复制的素材粘贴到素材库。

---

2. 删除素材文件

（1）可以在素材库中选择不需要的素材文件，单击鼠标右键，在弹出的快捷菜单中执行"删除"命令。

（2）此时会弹出信息提示对话框，提示是否确认删除图像，确认之后单击"是"按钮，便可删除素材库中所选择的素材文件。

注意 按 Delete 键也能删除素材，或者选择需要删除的素材文件，执行"编辑"—"删除"命令即可删除素材，但是无论执行哪种方法，系统都会默认弹出提示信息对话框，询问是否删除素材文件，单击"是"按钮，素材文件将会被删除，若单击"否"按钮，当前删除素材的操作将被取消。

---

3. 重命名素材

（1）在素材库中选择需要重命名的素材，在名称处单击进入编辑模式。

（2）输入新的名称，然后按 Enter 键确认便可将素材重命名。

六、设置相关参数

在会声会影 2018 中，可以对一些参数进行设置，这样能节省大量时间和提高工作效率。

1. 常规属性

（1）执行菜单栏中的"设置"—"参数选择"命令。

（2）在弹出的"参数选择"对话框中选择"常规"选项卡，显示常规选项参数设置（图 3-27）。该选项卡中主要选项的含义如下。

1）撤销：勾选该复选框，可以在编辑视频素材时，执行菜单栏中的"编辑"—"撤销"命令，撤销上次所执行的操作。在会声会影 2018 中，撤销的参数值范围为 1～99，可以根据需求对撤销值进行设置。

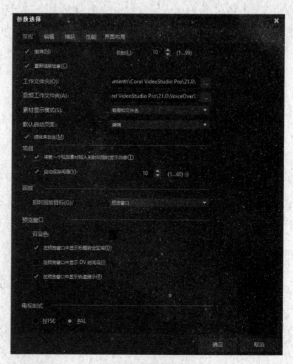

图 3-27 参数选择

2）重新链接检查：勾选该复选框，可自动检查执行项目中的素材与其来源文件之间的关联。若是源文件储存的位置被更改，则会自动弹出提示信息框，通过该对话框，可以将源文件重新链接到素材上。

3）工作文件夹：用来保存编辑完成的项目和捕获的文件夹位置。

4）音频工作文件夹：用来捕获音频的文件夹位置。

5）素材显示模式：在其下拉列表中可以选择视频素材在时间轴上的显示模式，其中包括仅缩略图、仅文件名、略图和文件名显示模式。

6）默认启动页面：打开会声会影时默认的页面。

7）自动保存间隔：设置保存时间后，当遇到死机或在操作过程中发生非法操作而遇到问题时，再次打开项目文件，系统会提示是否加载自动保存的项目内容，其提供了更大的方便，减少了损失。

8）即时回放目标：该选项用于选择回放项目的目标设备。

9）背景色：当视频轨上没有素材时，可根据需要指定窗口的背景色。单击背景色右侧的颜色方框，在弹出的对话框中选择所需要的颜色。

10）在预览窗口中显示标题安全区域：勾选该复选框，创建目标时会在预览窗口中显示标题安全区。标题安全区是预览窗口中的一个矩形选框，用于确保设置文字时位于标题安全区内。

2. 编辑属性

在"参数选择"对话框中，打开"编辑"选项卡，如图 3-28 所示。可对所有效果和素材的质量进行设置，还可以调整导入的图像 / 色彩素材的默认区间及转场等效果的默认区间。该选项卡中主要选项的含义如下。

（1）应用色彩滤镜：此选项可将调色板限制在 NTSC（N）或 PAL（P）之间滤镜色彩空间的空间范围内，以确保色彩有效。

（2）重新采样质量：主要用于所有效果和素材指定质量。在此提供了保持宽高比和调到项目大小两个选项，其效果也是不同的。

（3）默认照片 / 色彩区间：用于设置视频素材和静态图像素材的区间长度，单位为秒。

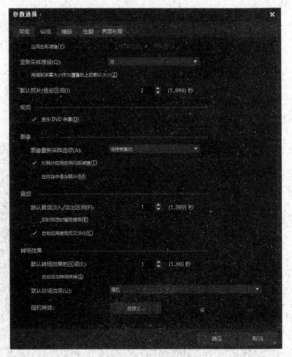

图 3-28 编辑属性

（4）默认音频淡入 / 淡出区间：用于设置两段音频的淡入和淡出区间，此处的区间值为 1 999 s。

（5）默认转场效果的区间：用于指定应用到视频项目中所有素材上的转场效果的区间，时间单位为帧。

3. 捕获属性

在"参数选择"对话框中打开捕获选项卡，在此设置与视频相关的参数，如图 3-29 所示。该选项卡中主要选项的含义如下。

（1）按"确定"开始捕获：勾选该复选框，单击"开始捕获"按钮，会弹出一个对话框，单击对话框中的"确定"按钮才能开始视频捕获，但是一般情况下，此选项是不选择的，单击"开始捕获"按钮即可对视频进行捕获。

（2）从 CD 直接录制：勾选该复选框，便可直接从 CD 播放器上录制歌曲的数字数据，并保留最佳质量。

（3）捕获格式：用于保存已捕获的静态图像的文件格式，并设置其格式样式。单击右侧的下三角按钮，可在弹出的下拉列表中选择文件保存格式，保存的格式分为 BITMAP 和 JPEG。

（4）捕获结束后停止 DV 磁带：当视频捕获完成后，允许 DV 自动停止磁带的回放。

（5）显示丢弃帧的信息：勾选该复选框，可以对丢失帧进行监控。

七、了解项目属性

影片的项目属性包括项目信息、项目模板属性、文件格式、自定义压缩、视频以及音频等。启动会声会影 2018，进入工作界面后执行设置项目内容菜单命令，打开项目属性对话框。

项目属性有 MPEG 项目属性和 AVI 项目属性，这些设置如下所述。

（1）启动会声会影 2018 编辑器，执行菜单栏中的"设置"—"项目属性"命令，弹出"项目属性"对话框，如图 3-30 所示。

图 3-29　捕获属性

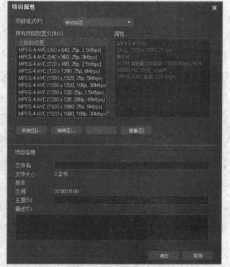

图 3-30　项目属性

（2）单击"编辑"按钮，弹出"配置文件选项"对话框。

（3）打开"常规"选项卡，在标准下拉列表中设置影片的尺寸大小。

（4）打开"压缩"选项卡，设置相关参数，单击"确定"按钮，完成项目属性设置。

1）打开"常规"选项卡，在帧速率下拉列表中选择 25.000 帧 / 秒，在标准下拉列表中选择影片的尺寸大小，如图 3-31 所示。

2）打开"压缩"选项卡，在压缩下拉列表中选择要编辑的视频编码方式，单击配置按钮，在弹出的配置对话框中进行设置，单击"确定"按钮，系统会自动返回到"项目选项"对话框中，单击"确定"按钮，即可完成设置。

图 3-31 配置文件选项

第三节 视频和图像素材的捕获

在进行视频编辑之前，首先需要捕获视频素材。捕获视频素材就是从摄像机、电视、VCD 及 DVD 等视频源中获取视频数据，再通过视频捕获卡或 IEE1394 卡接收和翻译数据，最后将视频信号保存至计算机硬盘。

制作影片时，要将在各个存储介质中的素材文件捕获至会声会影 2018 中进行编辑，下面介绍捕获素材的方法。

一、捕获面板

打开会声会影 2018 后，切换至"捕获步骤"面板。在右侧出现捕获步骤面板，该面板中包含了"捕获视频""DV 快速扫描""从数字媒体导入""定格动画""实时屏幕捕获"按钮，如图 3-32 所示。

图 3-32 "捕获步骤"面板

1. 捕获视频

单击"捕获步骤"面板中的"捕获视频"按钮，即可显示捕获面板，如图 3-33 所示。在捕获面板中，可以对将要捕获的视频进行设置。

图 3-33　捕获视频

（1）区间：数值框用于设置捕获素材的长度，可以在需要调整的数字上单击，当数字处于闪烁状态时，输入新的数字，即可设定捕获素材的长度。

（2）来源：用于显示检测到的视频捕获设备，从中显示所连接的摄像机的类型。

（3）格式：用于保存捕获的文件格式。

（4）捕获文件夹：可以设置捕获文件所保存的文件夹。

（5）按场景分割：可以根据录制的日期、时间及录像带上较大的动作变化将视频文件分割成单独的素材。

（6）选项：可以在弹出的列表中选择捕获选项和视频属性两个选项。

（7）捕获视频：可以从已安装的视频输入设备中捕获视频。

（8）抓拍快照：可以将视频输入设备中的当前帧作为静态图像捕获到会声会影 2018。

（9）禁止音频预览：可以在捕获期间使音频静音，该按钮只有在单击"捕获视频"按钮后才处于可用状态。

执行菜单栏中的"设置"—"参数选择"命令，或者按 F6 键。在弹出的"参数选择"对话框中选择捕获选项卡，在该选项卡下可以对捕获参数进行设置。

2. DV 快速扫描

VCD 光盘在日常工作与生活中已相当普及，较低的成本使其成为广泛应用的一种存储视频的媒介，会声会影 2018 能够对 VCD 光盘中后缀为 .DAT 的文件进行识别，从而进行视频素材的捕获。

（1）将 VCD 光盘放入光驱，此时光驱会自动读取 VCD 光盘，打开"我的电脑"对话框，鼠标右键单击"光盘文件"，在弹出的快捷菜单中执行"打开"命令，打开光盘文件。

（2）在打开的光盘文件中选择后缀为".DAT"的文件，然后将其拖曳至素材库。

（3）将素材库中的光盘文件拖曳至时间轴。

（4）单击预览区中的播放修整后的素材按钮，预览导入的光盘视频效果，如图 3-34 所示。

图 3-34　DV 快速扫描

3. 从数字媒体导入（DVD 光盘中）视频

当前 DVD 光盘已经全面普及，现在个人计算机中配置的光驱都为 DVD 光驱，且使用非常方便。与 VCD 光盘相比，DVD 光盘有着读取速度快和容量大等特点。会声会影 2018同样能够对 DVD 光盘中的内容进行捕获。

（1）将 DVD 光盘放入光驱，此时光驱会自动读取 DVD 光盘。打开会声会影 2018，切换至"捕获步骤"面板，单击"从数字媒体导入"按钮。

（2）此时弹出"导入源文件夹"对话框，从中选择需要导入的 DVD 视频文件，然后单击"确定"按钮。

提示　　会声会影 2018 可以识别正规格式的 DVD 视频文件，对于刻录的其他格式的 DVD 光盘文件会出现无法识别的情况。

（3）在弹出的"从数字媒体导入"对话框中单击"起始"按钮。

（4）单击"起始"按钮后，会出现导入进度条。

1）上移选取的项目：当有多个项目时，单击该按钮可以上移选择的项目。

2）下移选取的项目：当有多个项目时，单击该按钮可以下移选择的项目。

3）删除选取的项目：单击该按钮可以将选取的项目删除。

4）扩展列表大小：单击该按钮可以扩展列表区域的大小，显示更多项目信息。

5）缩减列表大小：单击该按钮可以缩减列表区域的大小，显示正常大小。

（5）进入导入项目界面，在该界面中显示了检测到的可以导入的项目。

（6）单击工作文件夹右侧，弹出"浏览文件夹"对话框，从该对话框中选择需要导入的文件夹，然后单击"确定"按钮。

（7）导入完成后将会弹出"导入设置"对话框，在该对话框中根据需要进行设置，然后单击"确定"按钮。

4. 从可移动磁盘中捕获素材

会声会影 2018 支持从可移动磁盘中捕获素材的功能。

（1）将可移动磁盘（包括 U 盘、移动硬盘、存储卡等存储媒介，用 USB 接口连接）与计算机连接，打开会声会影 2018，并切换至"捕获步骤"面板。单击"从数字媒体导入"按钮，此时会弹出"导入源文件夹"对话框，从中选择需要导入的可移动磁盘文件，然后单击"确定"按钮，弹出"从数字媒体导入"对话框。在弹出的"从数字媒体导入"对话框中单击"起始"按钮。

（2）从"从数字媒体导入"对话框进入"导入项目"的界面，在该界面中显示了检测到的可导入的项目，选中需要导入的项目文件，此时左上角方框内会出现图标，选择完成后单击"开始导入"按钮。

（3）此时工作文件夹的路径为上一次设置的路径，如果对路径进行更改需要重新设置，导入完成后将会弹出"导入设置"对话框，在该对话框中根据需要进行设置，然后单击"确定"按钮。此时选择素材文件即可导入素材库。

（4）在"导入"设置对话框中勾选"应用设置不再咨询"复选框，则下次进行相同操作时不会弹出该对话框，拖曳素材库中导入的文件至时间轴面板。

（5）将素材文件导入时间轴，在预览区中对导入的素材文件进行预览。

5. 实时屏幕捕获

除以上捕获素材的方法外，还可以进行实时屏幕捕获。屏幕捕获就是将计算机屏幕中的内容进行录制，然后在会声会影中进行编辑，如图 3-35 所示。

打开会声会影 2018，切换至"捕获步骤"面板，单击"屏幕捕捉"按钮；弹出"实时屏幕捕获"对话框，在该面板中可直接单击"开始 / 恢复录制"按钮进行录制。如果需要对屏幕录制参数进行设置，则单击"设置"按钮，展开"设置"选项组，如图 3-36 所示，对捕获后的文件设置文件名和存储路径。

图 3-35　实时屏幕捕获

在"设置"选项组中可以对文件和音频进行设置，如果不需要使用快捷键，则取消勾选"启用 F10/F11 快捷键"复选框，在"实时屏幕捕捉"对话框中将捕捉尺度设置为自定义，然后将宽和高分别设为 0 和 600。

设置完成后单击"开始 / 恢复"录制按钮进行录制，录制开始会出现倒计时，结束录制后，录制文件将会自动导入会声会影的素材库。当倒计时完成后才开始录制，单击预览区中的"播放修整后的素材"按钮预览屏幕捕获效果。

二、导入素材

在会声会影 2018 中，除可对摄像机直接捕获的视频素材进行编辑处理外，还可在会声会影 2018 的编辑面板中添加各种不同类型的素材。然后根据需要对素材进行编辑、修整，从而使制作的影片更生动、美观。

会声会影 2018 中，可从导入多种样式的素材文件，包括图像、图形、视频、音频及 Flash 素材。同时还可将导入的素材放置在素材库，方便在以后的制作中随时使用。

视频拍摄完成后，只有将其导入会声会影 2018 才可以进行编辑并添加各种效果。下面介绍导入视频素材的方法。

1. 通过插入视频命令导入

执行菜单栏中的"文件"—"将媒体文件插入到素材库"—"插入视频"命令。在弹出"浏览视频"对话框中选择文件的位置和文件名，然后单击"打开"按钮，如图 3-37 所示，将选择的视频素材文件导入素材库。选择导入素材库的视频文件，单击预览区中的播放修整后的"素材"按钮预览视频效果，即可将选择的视频素材文件导入素材库。

图 3-36　屏幕录制参数设置

图 3-37　浏览视频

2. 通过导入媒体文件按钮导入

单击素材库中的"媒体"按钮，以及单击"导入媒体文件"按钮，在弹出的"浏览媒体文件"对话框，从中选择素材文件，然后单击"打开"按钮，执行插入视频命令，弹出"打开视频文件"对话框中选择素材文件并将其导入时间轴视图。单击预览区中的"播放修整后的素材"按钮预览视频效果。

3. 右键菜单插入

在媒体库面板的空白位置处单击鼠标右键，在弹出的快捷菜单中选择"插入媒体文件"，也可以导入媒体素材。

三、将素材添加至时间轴

（1）在库面板内鼠标右键单击视频素材缩略图，并执行插入"视频轨"命令。

（2）在库面板内选择视频素材后，也可将其直接拖曳至视频轨上。

（3）在 Windows 资源管理器中，选择所要添加的视频文件后，可以将其直接拖曳至视频轨中。

（4）单击工具栏内的"将媒体文件插入到时间轴"按钮后，执行"插入视频"命令，选择视频文件。

复习思考题

1. 简述捕获素材的方法。
2. 声音轨和音乐轨的联系是什么？
3. 简述改变素材播放速度的方法。
4. 简述会声会影 2018 自带视频素材的操作方法。
5. 简述项目属性设置的方法。

第四章

会声会影视频编辑

★学习目标

1. 掌握会声会影的视频和图像素材的捕获方法。
2. 掌握会声会影导入与编辑影片的方法。
3. 掌握会声会影画面色彩调整与后期处理的方法。
4. 掌握会声会影剪辑素材的方法。

第一节　画面色彩调整与后期处理

一、运用会声会影处理视频画面色彩

会声会影提供了专业的色彩校正功能，用户可以轻松地调整素材的亮度、对比度及饱和度等，甚至还可以将影片调成具有艺术效果的色彩。下面介绍校正素材色彩与制作画面色彩特效的操作方法。

1. 改变视频素材整体色调

在会声会影中，如果用户对照片的色调不太满意，可以重新调整照片的色调。具体的操作方法如下。

（1）进入会声会影编辑器，在视频轨中插入一幅图像素材，在"显示选项"面板中单击"校正"标签，单击"色彩校正"按钮，如图 4-1 所示。

（2）执行上述操作后，展开相应选项面板，在"色调"选项右侧的数值框中输入参数，在预览窗口中，可以预览更改色调后的图像素材效果。

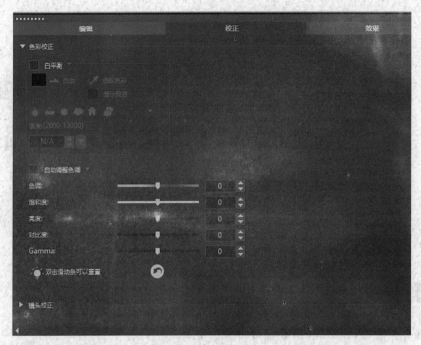

图 4-1　色彩校正

2. 调整视频素材画面亮度

在会声会影中，当素材亮度过暗或过亮时，用户可以调整素材的亮度。具体的操作方法如下。

（1）进入会声会影编辑器，在视频轨中插入一幅图像素材。在预览窗口中可以查看插入的图像素材效果。

（2）单击"显示选项面板"按钮，切换至"校正"标签下的选项面板，展开相应选项面板，在"亮度"选项右侧的数值框中输入参数。在预览窗口中，可以预览更改亮度后的图像效果，如图 4-2 所示。

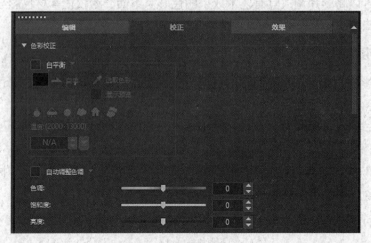

图 4-2　调整画面亮度

亮度是指颜色的明暗程度，它通常使用 –100 ～ 100 的整数来度量。在正常光线下照射的色相被定义为标准色相。一些亮度高于标准色相的，称为该色相的高光；反之则称为该色相的阴影。

3. 增强视频画面的饱和度

在会声会影中使用饱和度功能，不仅可以调整整张照片或单个颜色分量的色相、饱和度和亮度值，还可以同步调整照片中所有的颜色。具体的操作方法如下。

（1）进入会声会影编辑器，在视频轨中插入一幅图像素材，在预览窗口中，可以查看插入的图像素材效果。

（2）单击"显示选项面板"按钮，切换至"校正"标签下的选项面板，在其中单击下拉按钮，展开相应选项面板，在"饱和度"选项右侧的数值框中输入参数。在预览窗口中，可以预览更改饱和度后的图像效果，如图 4-3 所示。

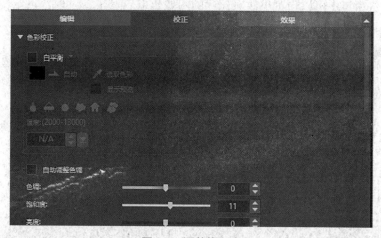

图 4-3　调整饱和度

　注意　在会声会影的选项面板中设置饱和度参数时，饱和度参数值设置得越低，图像画面的饱和度越低；饱和度参数值设置得越高，图像颜色越鲜艳，色彩画面感越强。在会声会影中，如果用户经常需要去除视频画面中的色彩，此时可以将饱和度参数设为 –100，即可去除视频素材的画面色彩。

4. 调整视频画面的对比度

对比度是指图像中阴暗区域最亮的白与最暗的黑之间不同亮度范围的差异。在会声会影中，用户可以轻松对素材的对比度进行调整。具体的操作方法如下。

（1）进入会声会影编辑器，在视频轨中插入一幅图像素材。

（2）在预览窗口中，可以查看插入的图像素材效果。单击"显示选项面板"按钮，切换至"色彩校正"选项面板，在其中单击"色彩校正"按钮，展开相应选项面板，在"对比度"选项右侧的数值框中输入参数，如图 4-4 所示。

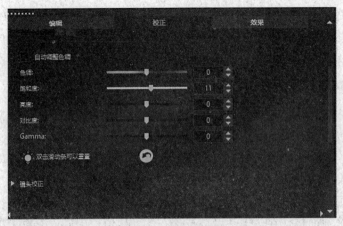

图 4-4　调整对比度

（3）在预览窗口中可以预览更改对比度的图像效果。

5. 制作视频画面钨光效果

钨光白平衡也称为白炽灯或室内光，可以修正偏黄或偏红的画面，一般适用在钨光灯环境下拍摄的照片或者视频素材。具体操作的方法如下。

（1）进入会声会影编辑器，在视频轨中插入一幅图像素材。

（2）在预览窗口中，可以查看插入的图像素材效果。在"色彩校正"选项面板中，单击"色彩校正"按钮，展开相应选项面板。

（3）勾选"白平衡"复选框，单击"白平衡"选项区中的"灯泡"按钮，如图 4-5 所示。执行上述操作后，即可设置为钨光效果。

图 4-5　调整白平衡

 注意　　　在选项面板的"白平衡"选项区中，用户还可以手动选取色彩来设定素材画面的白平衡效果。在"白平衡"选项区中，单击"选取色彩"按钮，在预览窗口中需要的颜色上单击鼠标左键，即可吸取颜色，用吸取的颜色改变素材画面的白平衡效果。

6. 制作视频画面日光效果

日光效果可以修正色调偏红的视频或照片素材，一般适用灯光夜景、日出、日落及焰火等。具体的操作方法如下：

（1）进入会声会影编辑器，在视频轨中插入一幅图像素材。在预览窗口中，可以查看插入的图像素材效果。

（2）在"校正"选项面板中，单击"色彩校正"按钮，进入相应选项面板，勾选"白平衡"复选框，单击"白平衡"选项区中的"日光"按钮。执行上述操作后，即可设置为日光效果。

7. 制作视频画面荧光效果

应用荧光效果可以使素材画面呈现偏蓝的冷色调，同时可以修正偏黄的照片。具体的操作方法如下。

（1）进入会声会影编辑器，在视频轨中插入一幅图像素材，在预览窗口中，可以查看插入的图像素材效果。

（2）在"校正"选项面板中，单击"色彩校正"按钮，进入相应选项面板，勾选"白平衡"复选框，单击"白平衡"选项区中的"荧光"按钮。执行上述操作后，即可设置为荧光效果，预览效果如图 4-6 所示。

图 4-6　使用荧光滤镜对比效果

8. 制作视频画面云彩效果

在会声会影中，应用云彩效果可以使素材画面呈现偏黄的暖色调，同时可以修正偏蓝的照片。具体的操作方法如下。

（1）进入会声会影编辑器，在视频轨中插入一幅图像素材。在预览窗口中，可以查看插入的图像素材效果。

（2）在"校正"选项面板中，单击"色彩校正"按钮，进入相应选项面板，勾选"白平衡"复选框，单击"白平衡"选项区中的"云彩"按钮。执行上述操作后，即可设置为云彩效果。

注意　在选项面板的"白平衡"选项区中，用户还可以单击"选取色彩"按钮，然后在预览窗口中的图像上吸取相应的颜色，即可改变图像的整体色调，制作出梦幻多彩的图像画面效果，使画面更加唯美、漂亮。除使用会声会影处理素材画面外，用户还可以使用 Photoshop 对素材进行后期处理，然后将后期处理过的素材文件导入会声会影编辑面板。

二、编辑与处理视频素材

1. 对视频画面进行变形扭曲

在会声会影的视频轨和覆叠轨中的视频素材上，用户都可以对其进行变形操作，如调整视频宽高比、放大视频、缩小视频等。下面介绍变形视频素材的具体操作方法。

在视频轨选中素材，在预览窗口调整素材的大小和形状。四角上的黄色拖柄用于按比例调整素材大小，四条边上的黄色拖柄用于随意调整素材大小，绿色拖柄可以改变视频画面的形状。具体操作方法如下：

（1）进入会声会影编辑器，在时间轴面板的视频轨中插入一段视频素材。在"属性"面板中，单击"素材变形"按钮。在预览窗口中，拖曳素材四周绿色的控制柄，即可将素材变形成所需的效果，如图 4-7 所示。

图 4-7 素材变形

（2）执行上述操作后，单击"播放"按钮，即可预览视频效果。如果用户对于变形后的视频效果不满意，此时可以还原对视频素材的变形操作。用户可以在预览窗口中的视频素材上单击鼠标右键，在弹出的快捷菜单中选择"重置变形"选项，即可还原被变形的视频素材。

2. 调整视频素材整体的区间

在会声会影中编辑视频素材时，用户可以调整视频素材的区间长短，使调整后的视频素材更好地适用所编辑的项目。具体的操作方法如下：

（1）进入会声会影编辑器，在时间轴面板的视频轨中插入一段视频素材。

（2）单击"显示选项面板"按钮，展开"编辑"选项面板，在其中将鼠标光标拖曳至"视频区间"数值框中所需修改的数值上，单击鼠标左键，即呈可编辑状态，如图 4-8 所示。

（3）输入数值，按 Enter 键确认。执行以上操作后，即可调整视频素材区间长度。用户也可以在"选项"面板中单击"视频区间"数值框右侧的微调按钮，单击导览面板中的"播放"按钮，即可预览视频画面效果。

3. 单独调整视频的背景音量

使用会声会影对视频素材进行编辑时，为了使视频与背景音乐互相协调，用户可以根据需要对视频素材的声音进行调整。具体操作方法如下：

进入会声会影编辑器，在时间轴面板的视频轨中插入一段视频素材。单击"显示选项面板"按钮，展开"视频"选项面板，在"素材音量"数值框中输入所需的数值，按 Enter 键确认，即可调整视频素材的音量大小，如图 4-9 所示。

在会声会影中对视频进行编辑时，如果用户不需要使用视频的背景音乐，而需要重新添加一段音乐作为视频的背景音乐，此时用户可以将视频现有的背景音乐调整为静音。其操作方法很简单，用户首先选择视频轨中需要调整为静音的视频素材，在"选项"面板的"编辑"选项卡内单击"静音"按钮，或者在相应的轨道上单击"静音"按钮，即可完全消除视频素材内的声音。

4. 分离视频画面与背景声音

在会声会影中进行视频编辑时，有时需要将视频素材的视频部分和音频部分进行分离，然后替换成其他音频或对音频部分做进一步的调整。具体的操作方法如下：

进入会声会影编辑器，在"时间轴"面板的视频轨中插入一段视频素材。在"时间轴"面板中选中需要分离音频的视频素材。展开"编辑"选项卡，单击"分割音频"。执行该操作后，即可将视频与音频分离，如图 4-10 所示。

图 4-8　编辑时间状态

图 4-9　音量调整

图 4-10　分割音频

5. 制作视频的慢动作和快动作播放

在会声会影中，用户可通过设置视频的回放速度来实现快动作或慢动作的效果。具体操作方法如下：

进入会声会影编辑器，在"时间轴"面板的视频轨中插入一段视频素材。单击"显示选项面板"按钮，展开"编辑"选项卡。单击"速度 / 时间流逝"按钮，弹出"速度 / 时间流逝"对话框，如图 4-11 所示。在"速度"右侧的数值框中输入参数值，或单击"速度"下方的滑块改变参数，表示制作视频的快动作或慢动作播放效果。

6. 制作视频画面的倒转播放效果

在电影中经常可以看到物品破碎后又复原的效果，要在会声会影中制作出这种效果是非常简单的，用户只要利用"反转视频"的功能，逆向播放一次影片即可。反转视频的含义是从素材的末尾向起始处倒转播放，通常在影片内表现时间和空间的倒流。具体的操作方法如下：

在视频轨中，选择插入的视频素材，鼠标左键

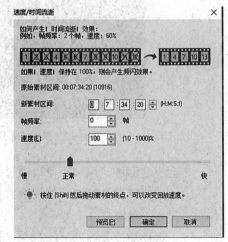

图 4-11　设置速度

双击视频轨中的视频素材，在"编辑"选项卡中选中"反转视频"。执行该操作后，即可反转视频素材，单击"预览"面板中的"播放"按钮，即可在预览窗口中观看视频反转后的效果。

7. 从视频播放中抓拍视频快照

制作视频画面特效时，如果用户对某个视频画面比较喜欢，可以将该视频画面抓拍下来，存于素材库面板。具体的操作方法如下：

在捕获之前，通过执行"设置"—"参数选择"命令对会声会影的默认设置进行简单的调整。捕获格式设置为 JPEG，图像质量为 100。进入会声会影编辑器，在"时间轴"面板的视频轨中插入一段视频素材。在"时间轴"面板中选择需要抓拍照片的视频文件。将时间线移至需要抓拍视频画面的位置。单击时间轴上的"录制/捕获视频"按钮，在弹出的"录制捕获选项"对话框里选择"快照"，如图 4-12 所示。执行操作后，即可抓拍视频快照，被抓拍的视频快照将显示在媒体素材库中。

8. 调节视频中某段区间的播放速度

使用会声会影中的"变速"功能，可以使用慢动作唤起视频中的剧情，或加快实现独特的缩时效果。具体的操作方法如下：

进入会声会影编辑器，在"时间轴"面板的视频轨中插入一段视频素材。执行菜单栏"编辑"命令，在弹出的菜单列表中单击"变速"命令，如图 4-13 所示。

图 4-12　录制/捕获视频

图 4-13　"编辑"菜单

在会声会影中，用户还可以通过以下两种方法执行"变速"功能。

（1）选择需要变速调节的视频素材，在视频素材上单击鼠标右键，在弹出的快捷菜单中选择"变速"选项。

（2）选择需要变速调节的视频素材，展开"编辑"列表，在其中单击"变速"按钮，也可以弹出"变速"对话框。

9. 将一段视频剪辑成多段单独视频

在会声会影中，用户可以将视频轨中的视频素材进行分割操作，使其变为多个小段的视频，为每个小段视频制作相应特效。具体的操作方法如下。

（1）进入会声会影编辑器，在"时间轴"面板的视频轨中插入一段视频素材。

（2）在视频轨中，将时间线移至需要分割素材的位置。在菜单栏中单击"编辑"，在弹出的"菜单"列表中单击分割素材。或者在视频轨中的视频素材上单击鼠标右键，在弹出的快捷菜单中选择"分割素材"。

（3）执行操作后，即可在"时间轴"面板中的时间线位置对视频素材进行分割操作，将其分割为两段。用同样的操作方法再次对视频轨中的视频素材进行分割操作。

（4）素材分割完成后，单击"预览"面板中的"播放"按钮，预览分割视频后的画面效果。

10. 为视频中的背景音乐添加音频滤镜

在会声会影中，当用户导入一段视频素材后，如果发现视频的背景音乐有瑕疵，此时用户可以为视频中的背景音乐添加音频滤镜，使制作的视频更加符合用户的制作要求。具体的操作方法如下：

（1）进入会声会影编辑器，在视频轨中插入一段视频素材。选中声音文件，在"属性"面板中单击"编辑"选项卡，选择"分割音频"。

（2）选中分割后的音频文件，展开"音乐和声音"选项面板，单击"音频滤镜"按钮，如图4-14所示。

（3）在弹出的"音频滤镜"对话框中，选择"嗒声去除"音频滤镜，单击"添加"按钮。即可将"嗒声去除"音频滤镜添加至右侧的"已用滤镜"列表框中。

（4）单击"确定"按钮，即可为视频的背景音乐添加音频滤镜，如图4-15所示。在预览面板中单击"播放"按钮，预览视频画面效果并聆听音乐的声音。

图 4-14　音频滤镜

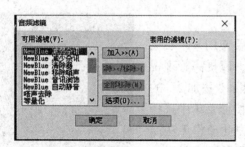 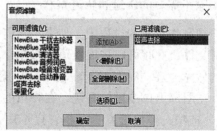

图 4-15　选择"嗒声去除"的音频滤镜

三、管理视频素材

在使用会声会影对视频素材进行编辑时，用户可根据编辑要求对视频轨中的素材进行相应的管理，如移动、删除、复制及粘贴等。

1. 移动与删除不需要使用的素材

在会声会影中，当插入到"时间轴"面板中的素材存在错误时，用户可以根据需要移动"时间轴"面板中的素材顺序，并将不需要的素材进行删除。具体的操作方法如下：

（1）进入会声会影编辑器，执行"文件"—"打开项目"命令，打开一个项目文件。

（2）移动鼠标指针至"时间轴"面板中的素材上，单击鼠标左键选取该素材，并将其拖曳至另一段素材的前方，即可移动素材。

（3）在素材上单击鼠标右键，在弹出的快捷菜单中选择"删除"选项，可将所选择的素材删除。

（4）用户也可以在"时间轴"面板的视频轨中选择需要删除的视频素材后，执行菜单栏"编辑"—"删除"命令，可以删除选择的视频素材。或者在需要删除的视频素材上按Delete键，也可以快速进行删除操作。

2. 制作重复的视频素材画面

在会声会影中，用户可以根据需要复制"时间轴"面板中的素材，并将所复制的素材粘贴到"时间轴"面板或素材库中，这样可以快速制作重复的视频素材画面内容。

（1）进入会声会影编辑器，在"时间轴"面板的视频轨中插入一段视频素材。

（2）移动鼠标指针至"时间轴"面板中的素材上，单击鼠标右键，在弹出的快捷菜单中选择"复制"选项。

（3）执行复制操作后，将鼠标指针移至需要粘贴素材的位置，单击鼠标左键，可将所复制的素材粘贴到时间轴面板中，即可制作重复的视频画面。

3. 在时间轴面板中添加视频轨道

在会声会影的"时间轴"面板中，如果用户需要在视频中制作多个画中画效果，此时需要在面板中添加多条覆叠轨道，以满足视频制作的需要。

在"时间轴"面板中需要添加的轨道图标上单击鼠标右键，在弹出的快捷菜单中选择"轨道管理器"选项，在"轨道管理器"对话框里设置要添加的轨道数，如图4-16所示。

4. 删除不需要的轨道和轨道素材

用户在制作视频的过程中，如果不再需要使用某条轨道中的素材文件，此时可以将该轨道直接删除，以提高管理视频素材的效率。在"时间轴"面板中需要删除"叠加2"的覆叠轨，在图标上单击鼠标右键，在弹出的快捷菜单中选择"删除轨"选项，弹出信息提示框，提示用户此操作无法撤销。单击"确定"按钮，即可将选择的轨道和轨道素材文件同时删除，同时删除轨道和轨道素材。

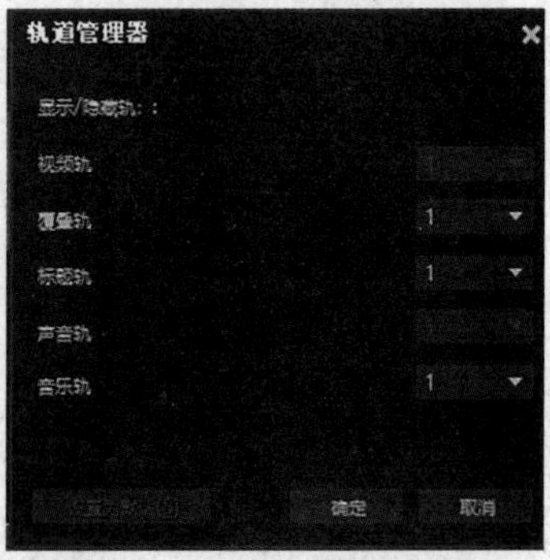

图4-16 "轨道管理器"对话框

5. 组合与取消组合多个素材片段

在会声会影中，用户可以将需要编辑的多个素材进行组合操作，然后对组合的素材进行批量编辑，这样可以提高视频剪辑的效率。编辑完成后，还可以将组合的素材进行取消组合操作，还原单个素材文件属性，具体的操作方法如下：

（1）进入会声会影编辑器，打开一个项目文件。

（2）同时选择视频轨中的两个素材，在素材上单击鼠标右键，在弹出的快捷菜单中选择

"分组"选项，执行操作后，即可对素材进行组合操作。

（3）打开"特殊"滤镜素材库，在其中选择需要添加的"气泡"滤镜效果，如图4-17所示。

图 4-17　选择添加滤镜效果

（4）单击鼠标左键并拖曳至被组合的素材上，此时被组合的多个素材将同时应用相同的滤镜，批量添加滤镜特效，素材缩略图的左上角显示了滤镜图标。

（5）在"预览"面板中单击"播放"按钮，即可预览组合编辑后的素材效果。对素材批量编辑完成后，在组合的素材上单击鼠标右键，在弹出的快捷菜单中选择"取消分组"选项，即可取消组合。

6. 制作图像摇动效果

在会声会影2018中，摇动与缩放效果是针对静态图像而言的，在"时间轴"面板中添加图像文件后，即可在"选项"面板中为图像添加"摇动和缩放"效果，使静态的图像运动起来，增强画面的视觉感染力。

（1）添加自动摇动和缩放动画。使用会声会影默认提供的摇动和缩放功能，可以使静态图像产生动态的效果，使制作出来的影片更加生动、形象。具体的操作方法如下：

1）进入会声会影编辑器，在视频轨中插入一幅图像素材。

2）执行菜单栏"编辑"—"自动摇动和缩放"命令，如图4-18所示。

在会声会影中，用户还可以通过以下两种方法执行"自动摇动和缩放"功能。

①在"时间轴"面板的图像素材上单击鼠标右键，在弹出的快捷菜单中选择"自动摇动和缩放"选项。

②选择图像素材，在"编辑"面板中选中"摇动和缩放"单选按钮。

执行操作后，即可添加自动摇动和缩放效果。单击"预览"面板中的"播放"按钮，即可预览添加的摇动和缩放效果，如图4-19所示。

（2）添加预设摇动和缩放动画。在会声会影中，提供了多种预设的摇动和缩放效果，可根据实际需要进行相应选择和应用。具体的操作方法如下：

1）进入会声会影编辑器，在视频轨中插入一幅图像素材。在预览窗口中，可以预览视频的画面效果。

图 4-18　自动摇动和缩放

2）打开"编辑"面板，选中"摇动和缩放"。单击"自定义"按钮左侧的下三角按钮，在弹出的列表框中选择"摇动和缩放"预设样式。单击"预览"面板中的"播放"按钮，预览预设的"摇动和缩放"动画效果，如图 4-20 所示。

图 4-19　预览添加效果

图 4-20　预设动画效果

（3）自定义摇动和缩放动画。在会声会影中，除可以使用软件预置的摇动和缩放效果外，用户还可以根据需要对摇动和缩放属性进行自定义设置。具体的操作方法如下：

1）进入会声会影编辑器，在视频轨中插入一幅图像素材。在预览窗口中，可以预览视频的画面效果。

2）在"时间轴"面板中，单击"摇动和缩放"按钮。弹出"摇动和缩放"对话框，"预设大小"为自定义。

3）在会声会影中，如果用户只希望设置图像的缩放效果，而不制作图像摇动效果，此时可以在"摇动和缩放"对话框中选中"无摇动"，执行操作后，将只会缩放图像素材，而不会摇动素材画面。

4）弹出"摇动和缩放"对话框，选择第 1 个关键帧，设置"缩放率"为 119，如图 4-21 所示。

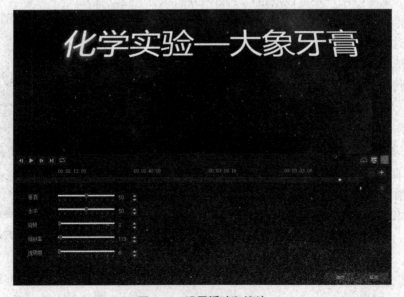

图 4-21　设置摇动和缩放

5）将时间线移至 00:00:01:07 的位置，添加一个关键帧，设置"缩放率"为 247。

6）将时间线移至 00:00:02:07 的位置，添加一个关键帧，设置"缩放率"为 181。选择最后一个关键帧，设置"缩放率"为 103。设置完成后，单击"确定"按钮，返回会声会影编辑器，单击"播放"按钮，即可预览自定义的摇动和缩放效果。

第二节　掌握剪辑视频素材的技巧

在会声会影 2018 中，用户可以对视频素材进行相应的剪辑，剪辑视频素材在视频制作中起着极为重要的作用，用户可以去除视频素材中不需要的部分，并将最精彩的部分应用到视频中。掌握一些常用的视频剪辑方法，可以制作出更为流畅、完美的影片。本节主要介绍在会声会影 2018 中剪辑视频素材的方法。

一、剪辑视频片尾不需要的部分

在会声会影 2018 中，最快捷、最直观的剪辑方式是在素材缩略图上直接对视频素材进行剪辑。下面介绍通过拖曳的方式剪辑视频片尾不需要部分的操作方法。

进入会声会影编辑器，将鼠标指针移至"时间轴"面板中的视频素材的末端位置，按住鼠标左键并向左拖曳至适当位置后，松开鼠标左键，单击"预览"面板中的"播放"按钮，即可预览剪辑后的视频素材动画效果。

二、剪辑视频片头不需要的部分

在会声会影的修整栏中，有两个"修整标记"，在"修整标记"之间的部分代表素材被选取的部分，拖动"修整标记"对素材进行相应的剪辑，在预览窗口中将显示与"修整标记"相对应的帧画面。下面介绍通过"修整标记"剪辑视频片头中不需要部分的操作方法。

（1）进入会声会影编辑器，在视频轨中插入一段视频素材。

（2）将鼠标指针移至"修整标记"上，按住鼠标左键向右拖曳，拖曳至适当位置后，松开鼠标左键，单击"预览"面板中的"播放"按钮，即可在预览窗口中预览剪辑后的视频素材效果。

三、同时剪辑视频片头与片尾部分

在会声会影中，通过"时间轴"剪辑视频素材也是一种常用的方法，该方法主要通过"开始标记"和"结束标记"来实现对视频素材的剪辑操作。下面介绍通过"时间轴"同时剪辑视频片头与片尾素材的操作方法。

（1）进入会声会影编辑器，在"时间轴"面板的视频轨中插入一段视频素材，如图 4-22 所示。

（2）将鼠标指针移至"时间轴"上方的滑块上，鼠标指针呈双箭头形状。按住鼠标左键并向右拖曳至 00:00:01:000 位置后，松开鼠标左键，然后在预览窗口的右下角单击"开始标记"按钮，即可对视频素材的片头部分进行剪辑。

图 4-22　预览视频素材效果

（3）将鼠标指针移至时间轴上方的滑块上，按住鼠标左键并向右拖曳至 00:00:05:000 位置后，松开鼠标左键，单击预览窗口中右下角的"结束标记"按钮，即可对视频素材的片尾部分进行剪辑，如图 4-23 所示。

图 4-23　结束标记

四、将一段视频剪辑成不同的小段

在会声会影中，用户还可以通过"分割素材"按钮，将视频剪辑成不同的小段。具体的操作方法如下：

（1）进入会声会影编辑器，在"时间轴"面板的视频轨中插入一段视频素材。

（2）在"预览"面板的"时间码"中，输入 00:00:02:000，单击"分割素材"按钮或执行"编辑"—"分割素材"命令，如图 4-24 所示。

（3）执行上述操作后，视频轨中的素材被剪辑成两段，在"时间轴"面板中可以查看剪辑后的视频素材。

（4）用同样的方法，再次对视频轨中的素材进行剪辑，剪辑后将不需要的素材删除，单击"预览"面板中的"播放"按钮，即可预览剪辑后的视频效果。

在会声会影中，用户可以将剪辑后的视频片段保存到媒体素材库中，方便以后对视频进行调用，或者将剪辑后的视频片段与其他视频片段进行合成应用。

保存修整后的视频素材的操作非常简单，用户对视频进行剪辑操作后，执行菜单栏"文件"—"保存修整后的视频"命令。执行操作后，即可将剪辑后的视频保存到媒体素材库中，如图 4-25 所示。

图 4-24　分割素材　　　　　　　　　　　　图 4-25　保存到媒体素材库中

五、按场景分割视频技术

在会声会影中，使用按场景分割功能，可以将不同场景下拍摄的视频内容分割成多个不同的视频片段。对于不同类型的文件，场景检测也有所不同，如 DV、AVI 文件，可以根据录制时间及内容结构来分割场景，而 MPEG 文件只能按照内容结构来分割视频文件。

1. 了解按场景分割视频

在会声会影 2018 中，按场景分割视频功能非常强大，它可以将视频画面中的多个场景分割为多个不同的小片段，也可以将多个不同的小片段场景进行合成操作。

选择需要按场景分割的视频素材后，执行菜单栏"编辑"—"按场景分割"命令，即可弹出"场景"对话框，如图 4-26 所示。

在"场景"对话框中，各主要选项含义如下。

（1）"连接"按钮：单击该按钮，可以对多个不同的场景进行连接、合成操作。

（2）"分割"按钮：单击该按钮，可以对多个不同的场景进行分割操作。

（3）"重置"按钮：单击该按钮，可以将已经扫描的视频场景恢复到未分割前的状态。

（4）"将场景作为多个素材打开到时间轴"复选框：勾取该复选框，可以将场景片段作为多个素材插入"时间轴"面板进行应用。

图 4-26　"场景"对话框

（5）"扫描方法"列表框：在该列表框中，用户可以选择视频扫描的方法，默认选项为"帧内容"。

（6）"扫描"按钮：单击该按钮，可以开始对视频素材进行扫描操作。

（7）"选项"按钮：单击该按钮，可以设置视频检测场景时的敏感度值。

（8）"预览"框：在预览区域内，可以预览扫描的视频场景片段。

2. 在素材库中分割多个视频场景

下面介绍素材库中分割视频场景的具体操作方法。

（1）进入媒体素材库，在素材库中的空白位置上单击鼠标右键，在弹出的快捷菜单中选择"插入媒体文件"选项，如图 4-27 所示。

图 4-27　选择"插入媒体文件"选项

（2）弹出"浏览媒体文件"对话框，在其中选择要按场景分割的视频素材，单击"打开"按钮，即可在素材库中添加选择的视频素材。

（3）执行菜单栏"编辑"—"按场景分割"命令，弹出"场景"对话框，其中显示了一个视频片段，单击左下角的"扫描"按钮，如图 4-28 所示。添加选择的视频素材，稍等片刻，即可扫描出视频中的多个不同的场景，如图 4-29 所示。

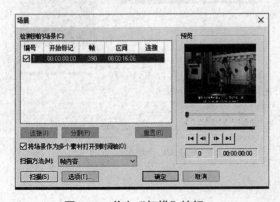

图 4-28　单击"扫描"按钮

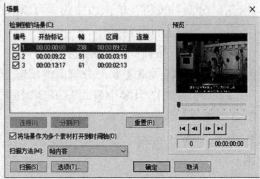

图 4-29　检测到的场景

（4）执行上述操作后，单击"确定"按钮，即可在素材库中显示按照场景分割的多个视频素材，如图4-30所示。

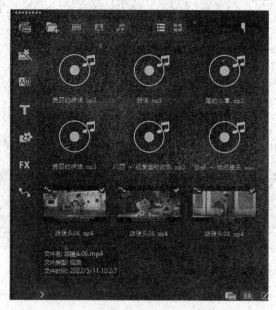

图4-30　按照场景分割的多个视频素材

（5）选择相应的场景片段，在预览窗口中可以预览视频的场景画面，如图4-31所示。

图4-31　预览视频的场景画面

3. 在会声会影的时间轴中按场景分割视频片段

下面介绍在会声会影的时间轴中按场景分割视频片段的具体操作方法。

实例操作：可爱天鹅

（1）进入会声会影编辑器，在"时间轴"面板中插入一段视频素材。

（2）选择需要分割的视频文件，单击鼠标右键，在弹出的快捷菜单中选"按场景分割"，如图4-32所示。

（3）弹出"场景"对话框，单击"扫描"按钮。

（4）执行操作后，即可根据视频中的场景变化开始扫描，扫描结束后将按照编号展示出分割的视频片段，分割完成后，单击"确定"按钮。

（5）返回会声会影编辑器，在"时间轴"面板中显示了分割的多个场景片段，效果如图4-33所示。选择相应的场景片段，在"预览"窗口中可以预览视频的场景画面，效果如图4-34所示。

图 4-32　按场景分割

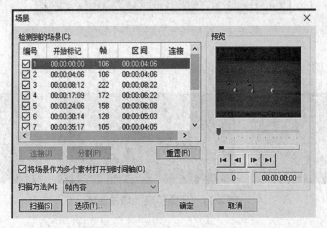

图 4-33　分割的多个场景片段

图 4-34　预览视频的场景画面

六、多重修整视频素材

用户如果需要从一段视频中间一次修整出多个片段，可以使用"多重修整视频"功能。该功能相对于"按场景分割"功能而言更为灵活，用户还可以在已经标记了起点和终点的修整素材上进行更为精细的修整。下面介绍多重修整视频素材的具体操作方法。

1. 了解多重修整视频

进行多重修整视频操作之前，应先将视频素材添加至素材库，然后将素材拖曳至故事板，在视频素材上单击鼠标右键，在弹出的快捷菜单中选择"多重修整视频"，如图 4-35 所示。

图 4-35　选择"多重修整视频"选项

执行上述操作后，即可弹出"多重修整视频"对话框，拖曳对话框下方的滑块，即可预览视频画面，如图 4-36 所示。

图 4-36　"多重修整视频"对话框

在"多重修整视频"对话框中，各主要选项含义如下：

（1）"反转选取"按钮：可以反转选取视频素材的片段。

（2）"向后搜索"按钮：可以将时间线定位到视频第1帧的位置。

（3）"向前搜索"按钮：可以将时间线定位到视频最后1帧的位置。

（4）"自动检测电视广告"按钮：可以自动检测视频片段中的电视广告。

（5）"检测敏感度"选项区：该选项区包含低、中、高3种敏感度设置，用户可根据实际需要进行相应选择。

（6）"播放修整的视频"按钮：可以播放修整后的视频片段。

（7）"修整的视频区间"面板：在该面板中显示了修整的多个视频片段文件。

（8）"设置开始标记"按钮：可以设置视频的开始标记位置。

（9）"设置结束标记"按钮：可以设置视频的结束标记位置。

（10）"转到特定的时间码"：可以转到特定的时间码位置，用于精确剪辑视频帧位置时非常有效，如图4-37所示。在"多重修整视频"对话框中，设置"快速搜索间隔"为0:00:08:00，单击"向前搜索"按钮，即可快速搜索视频间隔。

2. 标记视频片段

下面介绍在"多重修整视频"对话框中标记视频片段的操作方法。

在"多重修整视频"对话框中进行相应的设置，可以标记视频片段的起点和终点用以修剪视频素材。在"多重

图4-37 转到特定的时间码

修整视频"对话框中，将滑块拖曳至合适位置后，单击"设置开始标记"按钮，确定视频的起始点。

单击"预览"窗口下方的"播放"按钮，播放视频素材，至合适位置后单击"暂停"按钮，单击"设置结束标记"按钮，确定视频的终点位置，此时选定的区间即可显示在对话框下方的列表框中，完成标记第一个修整片段起点和终点的操作，单击"确定"按钮。

返回会声会影编辑器，在"预览"面板中单击"播放"按钮，即可预览标记的视频片段效果。

3. 删除所选片段

下面介绍在"在多重修整视频"对话中删除所选片段的操作方法。

在"多重修整视频"对话框中，将滑块拖曳至合适位置后，单击"设置开始标记"按钮。然后单击"预览"窗口下方的"播放"按钮，查看视频素材，至合适位置后单击"暂停"按钮，单击"设置结束标记"按钮，确定视频的终点位置，此时选定的区间即可显示在对话框下方的列表框中，单击"修整的视频区间"面板中的"删除所选素材"按钮。

4. 更多修整片段

下面介绍在"多重修整视频"对话框中修整多个视频片段的操作方法。

实例操作：美丽天鹅

（1）进入会声会影编辑器，在视频轨中插入一段视频素材。

（2）选择视频轨中插入的视频素材，执行"编辑""多重修整视频"命令。执行操作后，弹出"多重修整视频"对话框，单击右下角的"设置开始标记"按钮，标记视频的起始位置。

（3）单击"播放"按钮，播放至合适位置后，单击"暂停"按钮，单击"设置结束标记"按钮，选定的区间将显示在对话框下方的列表框中。

（4）单击"播放"按钮，查找下一个区间的起始位置，至适当位置后单击"暂停"按钮，单击"设置开始标记"按钮，标记素材开始位置。

（5）单击"播放"按钮，查找区间的结束位置，至合适位置后单击"暂停"按钮，然后单击"设置结束标记"按钮，如图4-38所示，确定视频素材的结束位置，在"修整的视频区间"列表框中将显示选定的区间。

图 4-38 单击"设置结束标记"按钮

（6）单击"确定"按钮，返回会声会影编辑器，在视频轨中展示了刚刚剪辑的五个视频片段。切换至故事板视图，在其中可查看剪辑的视频区间参数。

（7）在"预览"面板中单击"播放"按钮，预览剪辑后的视频画面效果。

5. 精确标记片段

下面介绍在"多重修整视频"对话框中精确标记视频片段进行剪辑的操作方法。

实例操作：镜头介绍

（1）进入会声会影编辑器，在视频轨中插入一段视频素材。

（2）在视频素材上单击鼠标右键，在弹出的快捷菜单中选择"多重修整视频"选项。

（3）执行操作后，弹出"多重修整视频"对话框，单击右下角的"设置开始标记"按钮，标记视频的起始位置，在"转到特定的时间码"文本框中输入 0:00:03:00，即可将时间线定位到视频中第 3 秒的位置处。

（4）单击"设置结束标记"按钮，选定的区间将显示在对话框下方的列表框中。继续在"转到特定的时间码"文本框中输入 0:00:05:00，即可将时间线定位到视频中第 5 秒的位置处，单击"设置开始标记"按钮，标记第二段视频的起始位置。

（5）继续在"转到特定的时间码"文本框中输入 0:00:07:00，即可将时间线定位到视频中第 7 秒的位置处，单击"设置结束标记"按钮，标记第二段视频的结束位置，选定的区间将显示在对话框下方的列表框中。

（6）单击"确定"按钮，返回会声会影编辑器，在视频轨中展示了刚刚剪辑的两个视频片段，如图 4-39 所示。

（7）切换至故事板视图，在其中可查看剪辑的视频区间参数，如图 4-40 所示。

图 4-39　两个视频片段

图 4-40　剪辑的视频区间参数

（8）在预览面板中单击"播放"按钮，即可预览剪辑后的视频画面效果。

6. 重新映射时间精修视频片段

在会声会影编辑器中，使用"时间重新映射"功能，可以帮助用户更加精准地修整视频的播放速度，制作出视频的快动作或慢动作特效。下面介绍应用重新映射时间精修视频片段的操作方法。

在会声会影中，用户使用"时间重新映射"功能精修视频素材前，首先需要打开"时间重新映射"对话框，下面介绍打开该对话框的方法。

（1）进入会声会影编辑器，在"时间轴"面板的视频轨中插入一段视频素材，如图 4-41 所示。

（2）在菜单栏中，执行"编辑"—"重新映射时间"命令，如图 4-42 所示。

（3）执行操作后，弹出"时间重新映射"对话框，在其中可以编辑视频画面。

下面介绍使用"时间重新映射"功能精修视频画面的具体操作方法。

（1）通过"重新映射时间"命令，弹出"时间重新映射"对话框，将时间线移至 0:00:00:06 的位置处。

（2）在窗口右侧单击"停帧"按钮，设置"停帧"的时间为 3 秒，表示在该处静态停帧 3 秒的时间，此时窗口下方显示了一幅停帧的静态图像。

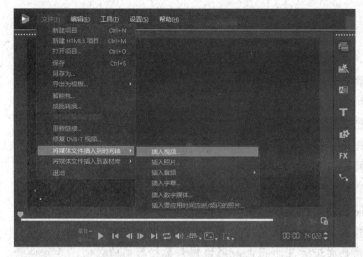

图 4-41　插入一段视频素材

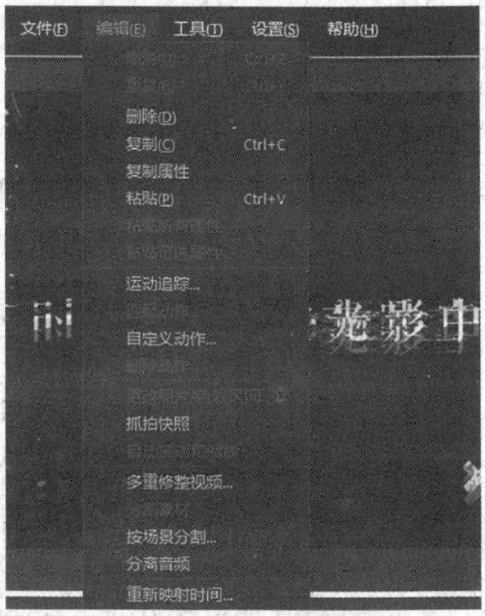

图 4-42　单击"重新映射时间"命令

（3）在预览窗口下方，将时间线移至 0:00:03:09 的位置处，在窗口右上方设置"速度"为 50，如图 4-43 所示，表示以慢动作的形式播放视频。

图 4-43　播放速度

（4）在预览窗口下方，设置"速度"为 50，向右拖曳时间线滑块，将时间线移至 0:00:03:17 的位置处。

（5）再次单击"停帧"按钮，如图 4-44 所示，设置"停帧"的时间为 3 秒，在时间线位置再次添加一幅停帧的静态图像。

（6）视频编辑完成后，单击窗口下方的"确定"按钮，返回会声会影编辑器，在视频轨中可以查看精修完成的视频文件，如图 4-45 所示。在导览面板中单击"播放"按钮，预览精修的视频画面。

图 4-44　添加静态图像

图 4-45　预览精修视频

复习思考题 ///

1. 捕获面板中包含了哪些内容？

2. 简述会声会影捕获视频的步骤。

3. 如何从 DVD 光盘中捕获视频？

4. 如何将完整的视频分割开并从中插入新的视频？

5. 如何精确控制素材播放时间？

6. 如何完全消除素材内的声音？

7. 如果想要改变视频素材整体色调和调整视频素材画面的亮度，如何操作？

8. 请同学们动手实践：将视频素材画面分别制作为日光效果和荧光效果。

9. 对视频做以下处理：对视频画面进行变形扭曲；调整视频素材整体的区间；单独调整视频背景的音量。

10. 将一段视频剪辑成多段单独视频，并为视频中的背景音乐添加音频滤镜。

11. 什么是按场景分割技术？场景检测的类型有哪些？

第五章

会声会影视频滤镜和视频转场

★学习目标

1. 掌握视频滤镜的添加和编辑方法。
2. 掌握转场效果的添加。
3. 掌握调整转场效果的方法。
4. 掌握收藏和使用收藏夹转场的方法。
5. 掌握添加和剪辑覆叠素材。
6. 掌握添加多条覆叠轨的方法。
7. 掌握遮罩和色度键设置的方法。
8. 掌握添加装饰的方法。
9. 掌握使用视频滤镜的方法。

第一节   应用视频滤镜

在会声会影 2018 中，视频滤镜是一种应用于媒体素材上的特效片段，视频滤镜既可应用于视频素材，也可应用于静态图像素材。能够通过改变视频素材的外观和样式，从而制作出变化多端的视频作品，使视频更加绚丽，达到增强影片视觉冲击力、增加欣赏效果的目的。本节主要介绍视频滤镜的基础知识。

一、滤镜效果简介

视频滤镜是指可以应用到视频素材中的效果，它可以改变视频文件的外观和样式。会声会影 2018 提供了多达 13 大类共有 70 多种滤镜效果以供选择，分别为二维映射、三维纹理映射、调整、相机镜头、Corel FX、暗房、焦距、自然绘图、"NewBlue 样品特效"滤镜特效、"NewBlue 快速调色"滤镜特效、"NewBlue 动态效果"滤镜特效、特殊、标题效果滤镜，如图 5-1 所示。

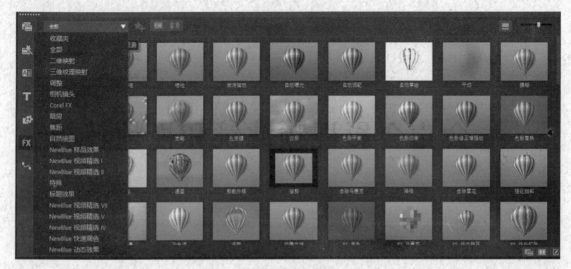

图 5-1　各种滤镜集

运用视频滤镜对视频进行处理，可以掩盖一些由于拍摄造成的缺陷，并可以使画面更加生动。通过这些滤镜效果，可以模拟各种艺术效果，并对素材进行美化。图 5-2 所示为原图与应用滤镜后的效果。

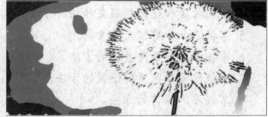

图 5-2　原图与应用滤镜后的对比效果

下面介绍滤镜"属性"面板：

当用户为素材添加滤镜效果后，展开滤镜"属性"面板，如图 5-3 所示，在其中可以设置相关的滤镜属性。

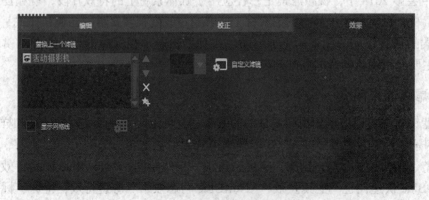

图 5-3　"属性"选项面板

在"属性"面板中，各选项含义如下：

（1）替换上一个滤镜：勾选该复选框，将新滤镜应用到素材中时，将替换素材中已经应用的滤镜。如果希望在素材中应用多个滤镜，则不勾选此复选框。

（2）已用滤镜：显示已经应用到素材中的视频滤镜列表。

（3）上移滤镜：单击该按钮可以调整视频滤镜在列表中的显示位置，使当前所选择的滤镜提前应用。

（4）下移滤镜：单击该按钮可以调整视频滤镜在列表中的显示位置，使当前所选择的滤镜延后应用。

（5）删除滤镜：选中已经添加的视频滤镜，单击该按钮可以从视频滤镜列表中删除所选择的视频滤镜。

（6）预设：会声会影为滤镜效果预设了多种不同的类型，单击右侧的下三角按钮，从弹出的下拉列表中可以选择不同的预设类型，并将其应用到素材中。

（7）自定义滤镜：单击"自定义滤镜"按钮，在弹出的对话框中可以自定义滤镜属性。根据所选滤镜类型的不同，在弹出的对话框中设置不同的选项参数。

（8）显示网格线：勾选该复选框，可以在预览窗口中显示网格线效果。

二、滤镜基本操作

视频滤镜可以说是会声会影 2018 的一大亮点，越来越多的滤镜特效出现在各种影视节目中，它可以使美丽的画面更加生动、绚丽多彩，从而创作出非常神奇的、变幻莫测的完美好莱坞大片的视觉效果。下面主要介绍视频滤镜的基本操作。

1. 添加单个视频滤镜

如果需要制作特殊的视频效果，可为素材添加相应的滤镜。具体的操作方法如下：

（1）进入故事板视图中，在下拉列表中鼠标右键单击，在弹出的快捷菜单中执行"插入照片"命令，插入一幅图像素材。

（2）单击"滤镜"按钮，切换到滤镜素材库，单击画廊右侧的下拉菜单按钮，在下拉菜单中选择"标题效果"滤镜选项。

（3）在滤镜素材库中选择"雨点"，按住鼠标左键将"雨点"滤镜拖曳至时间轴视图中的素材图像上。

（4）松开鼠标左键，为素材图像添加滤镜效果，单击预览面板中的播放按钮，即可预览添加的滤镜效果。如图 5-4 所示。

图 5-4 原图与应用雨点滤镜后的对比效果

实例操作：自动草绘

进入会声会影编辑器，在故事板中插入一幅图像素材。单击"滤镜"按钮切换至"滤镜"素材库，在其中选择"自动草绘"滤镜效果，按住鼠标左键并拖曳至故事板中的图像上方，添加滤镜效果。插入一幅图像素材，单击预览面板中的"播放"按钮，即可预览视频滤镜效果，如图 5-5 所示。

图 5-5　原图与应用自动草绘滤镜后的对比效果

2. 添加多个视频滤镜

在会声会影 2018 中，可以添加多种滤镜效果，使素材效果更加丰富。当用户为一个图像素材添加多个视频滤镜效果时，所产生的效果是多个视频滤镜效果的叠加。会声会影允许用户最多只能在同一个素材上添加 5 个视频滤镜效果。具体的操作方法如下：

（1）在故事板视图中插入素材图像。

（2）在滤镜素材库中，选择双色调滤镜，并将其拖曳至时间轴视图中的素材图像上。

（3）使用相同的方法将自动调配和油画滤镜添加到图像上，最终的显示效果如图 5-6 所示。

双色调滤镜效果　　　　自动调配和油画滤镜　　　　预览视频滤镜效果

图 5-6　预览视频滤镜效果

实例操作：天鹅

进入会声会影编辑器，在故事板中插入天鹅图像素材。单击"滤镜"按钮切换至"滤镜"素材库，在其中选择"翻转"滤镜效果。

按住鼠标左键并拖曳至故事板中的图像素材上，松开鼠标左键，即可在"效果"选项面板中，查看已添加的视频滤镜效果。采用同样的方法为图像素材再次添加"视频摇动和缩放"和"云彩"滤镜效果，在"效果"面板中查看滤镜效果。单击导览面板中的"播放"按钮，预览多个视频滤镜效果，如图 5-7 所示。

图 5-7　预览视频滤镜效果

3. 选择滤镜预设样式

为素材添加滤镜后，若系统所指定的滤镜预设模式制作的画面效果不能满足需求，还可以重新为使用的滤镜效果指定预设模式。

在会声会影 2018 中，一般视频滤镜都会提供多个预设滤镜模式，可以根据需要选择预设滤镜模式。所谓预设样式，是指会声会影通过对滤镜效果的某些参数进行调节后，形成一个固定的效果，并嵌套在系统中，用户可以通过直接选择这些预设样式，快速地对滤镜效果进行设置。选择不同的预设样式，图像画面所产生的效果也会不同。

用户可以使用会声会影中提供的各种滤镜预设样式，使画面更加符合用户的要求。具体的操作方法如下：

（1）进入会声会影编辑器，打开一个项目文件。

（2）选择故事板视图中的图像。

（3）单击"属性"面板中滤镜列表框右侧的菜单按钮，从弹出的下拉菜单中选择需要的滤镜模式。

（4）单击预览面板中"播放"按钮，预览滤镜效果的预设模式。

4. 自定义视频滤镜

在会声会影 2018 中，为了使制作的影片更加丰富多彩，可以根据需要自定义视频滤镜效果。在会声会影中每种视频滤镜的属性均不相同，针对不同的视频滤镜效果所弹出的"自定义"对话框的名称及其中的属性参数均有所不同。对视频滤镜效果进行自定义操作，可以制作出更加精美的画面效果。具体的操作方法如下：

（1）在故事板视图中插入一幅素材图像，为图像添加"彩色笔"滤镜。

（2）单击"属性"面板中的自定义滤镜按钮。

（3）弹出"彩色笔"对话框，设置程度为 70。

（4）先单击"确定"按钮，再单击预览面板中"播放修整后的素材"按钮，预览自定义视频滤镜效果。

实例制作：小花

（1）进入会声会影编辑器，打开一个项目文件。在"滤镜"面板中，单击"相机镜头"，选择"镜头闪光"滤镜，按住鼠标左键，并将其拖曳添加至素材上。

（2）单击素材，打开"效果"属性面板，单击自定义滤镜。单击"确定"按钮，即可自定义视频滤镜效果。

（3）单击预览面板中的"播放"按钮，预览自定义滤镜效果。

5. 替换之前的视频滤镜

在会声会影 2018 中，还可以选择其他视频滤镜替换现有的视频滤镜。

当用户为素材添加视频滤镜后，如果发现某个视频滤镜未达到预期的效果，此时可将该视频滤镜效果进行替换。具体的操作方法如下：

（1）导入素材文件，添加一种滤镜特效。

（2）在"属性"面板中选中替换上一个滤镜的复选框，在滤镜素材库中选择"气泡"滤镜。

（3）按住鼠标左键，拖曳"气泡"滤镜至时间轴视图中的素材图像上，松开鼠标，滤镜效果将自动替换成"气泡"滤镜效果。

（4）单击预览面板中的"播放"按钮，预览替换的气泡滤镜效果。

实例制作：水珠涟漪

（1）进入会声会影编辑器，插入一幅图像素材，添加"FX 涟漪"视频滤镜，效果如图 5-8 所示。

（2）在"效果"选项面板中，选中"替换上个滤镜"如图 5-9 所示。

图 5-8　添加 FX 涟漪效果

图 5-9　替换上一个滤镜

注意　　　替换视频滤镜效果时，一定要确认"效果"面板中的"替换上一个滤镜"复选框处于选中状态，因为如果没有选中该复选框，那么系统并不会用新添加的视频滤镜效果替换之前添加的滤镜效果，而是同时使用两个滤镜效果。

（3）在"滤镜"素材库中，选择"镜像"滤镜效果。

（4）按住鼠标左键，并将"镜像"滤镜效果拖曳至故事板中的图像素材上方，即可替换上一个视频滤镜，在"效果"面板中可以查看替换后的视频滤镜效果，如图 5-10 所示。

（5）单击预览面板中的"播放"按钮，预览替换视频滤镜后的图像画面效果，如图 5-11 所示。

6. 删除不需要的视频滤镜

在会声会影 2018 中，如果对某个滤镜效果不满意，此时可以将该视频滤镜删除。用户可以在选项面板中删除一个或多个视频滤镜。具体的操作方法如下：

（1）打开一个项目文件。

图 5-10　替换后的视频滤镜效果

图 5-11　替换视频滤镜后的图像画面效果

（2）进入"属性"面板，选择"双色调"滤镜。

（3）单击滤镜列表框右下角的删除滤镜按钮。

（4）单击预览面板中"播放修整后的素材"按钮，预览删除滤镜后的视频效果。

7. 使用滤镜调整视频画面色调

在会声会影中，如果视频拍摄时白平衡设置不当，或者现场光线情况比较复杂，拍摄的视频画面会出现整段或局部偏色现象，此时可以利用会声会影中的色彩调整视频滤镜有效地解决这种偏色问题，使其还原为正确的色彩。具体的操作方法如下：

调整 1：调整视频画面曝光度不足

使用"自动曝光"滤镜只有一种滤镜预设样式，主要是通过调整图像的光线来达到曝光的效果，适合在光线比较暗的素材上使用。下面介绍使用"自动曝光"滤镜调整视频画面色调的操作方法。

实例制作：天鹅戏水

（1）进入会声会影编辑器，在故事板中插入天鹅图像素材，在预览窗口中可以预览插入的图像素材效果。

（2）按住"滤镜"按钮，在"滤镜"素材库中，单击窗口上方的"画廊"按钮，在弹出的列表框中选择"暗房"选项，打开"暗房"素材库，选择"自动曝光"滤镜效果。

（3）按住鼠标左键并将"自动曝光"效果拖曳至故事板中的图像素材上方，松开鼠标左键，即可添加"自动曝光"滤镜。单击预览面板中的"播放"按钮，预览"自动曝光"滤镜效果，如图 5-12 所示。

图 5-12　预览"自动曝光"滤镜效果

调整 2：调整视频的亮度和对比度

在会声会影中，如果图像亮度和对比度不足或过度，此时可通过"亮度和对比度"滤镜效果，调整图像的亮度和对比度。下面介绍使用"亮度和对比度"滤镜调整视频画面的操作方法。

实例制作：花之美

（1）进入会声会影编辑器，在故事板中插入一幅花卉图像素材。在预览窗口中可预览插入的图像素材效果。

（2）在"暗房"滤镜素材库中，选择"亮度和对比度"滤镜效果，按住鼠标左键并将其拖曳至故事板中的图像素材上方，添加"亮度和对比度"滤镜。

（3）打开"效果"面板，在其中单击滤镜列表框右方的"自定义滤镜"，弹出"亮度和对比度"对话框，在其中设置"亮度"为 –15、"对比度"为 10。选择最后一个关键帧，设置"亮度"为 35、"对比度"为 10。设置完成后，单击"确定"按钮，返回会声会影编辑器，单击预览面板中的"播放"按钮，即可预览调整亮度和对比度后的视频滤镜效果，如图 5-13 所示。

图 5-13　应用滤镜前后的图像画面效果

调整 3：调整视频画面的色彩平衡

在会声会影中，用户可以通过应用"色彩平衡"视频滤镜，还原照片色彩。下面介绍使用"色彩平衡"滤镜的操作方法。

实例制作：荷花朵朵

（1）进入会声会影编辑器，在故事板中插入所需的图像素材。在预览窗口中可预览插入的图像素材效果。

（2）打开"暗房"素材库，在其中选择"色彩平衡"滤镜效果。

（3）按住鼠标左键，并将"色彩平衡"滤镜效果拖曳至故事板中的素材图像上，在"效果"面板中单击"自定义滤镜"，如图 5-14 所示。

（4）弹出"色彩平衡"对话框，选择第 1 个关键帧，设置"红"为 10、"绿"为 50、"蓝"为 –20。用同样的方法设置第 2 个关键帧相应的参数。

（5）设置完成后，单击"确定"按钮，返回会声会影编辑器，即可完成"色彩平衡"滤镜效果的制作，在预览窗口中可预览"色彩平衡"滤镜效果。

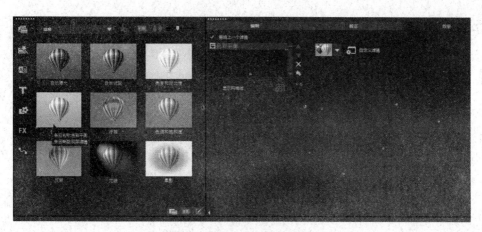

图 5-14　单击"自定义滤镜"

调整 4：消除视频画面的偏色问题

若素材图像添加"色彩平衡"滤镜效果后，还存在偏色的现象，用户可在其中添加关键帧，以消除偏色。下面介绍消除视频画面偏色的操作方法。

实例制作：色彩平衡

（1）进入会声会影编辑器，在故事板中插入所需的图像素材。在预览窗口中可预览插入的图像素材效果。

（2）为素材添加"色彩平衡"滤镜效果，在"效果"面板中单击"自定义滤镜"按钮，弹出"色彩平衡"对话框，在其中将时间指示器移至 00:00:02:00 的位置处，选择需要添加帧的位置。单击"添加关键帧"按钮，添加关键帧，设置"红"为 44、"绿"为 76、"蓝"为 72，单击"确定"按钮，如图 5-15 所示。

图 5-15　设置各参数

（3）返回会声会影编辑器，单击预览面板中的"播放"按钮，即可预览滤镜效果。

五、制作常见的专业视频画面特效

会声会影为用户提供了大量的滤镜效果，用户可以根据需要应用这些滤镜效果，制作出精美的视频画面。接下来介绍运用视频滤镜制作视频特效的操作方法。

1. 特效 1：制作海底漩涡视频特效

在会声会影中，"漩涡"视频滤镜是指为素材添加一个螺旋形的水涡，按顺时针方向旋转的一种效果，主要是运用旋转扭曲的效果来制作梦幻般的彩色漩涡画面。具体的操作方法如下：

实例制作：漩涡

（1）进入会声会影编辑器，在故事板中插入一幅图像素材。在"滤镜"素材库中，单击窗口上方的"画廊"按钮，在弹出的列表框中选择"二维映射"。

（2）在"二维映射"滤镜组中，选择"漩涡"滤镜效果，按住鼠标左键并将其拖曳至故事板中的图像素材上，为其添加"漩涡"滤镜。单击导览面板中的"播放"按钮，预览制作的视频漩涡滤镜效果，如图 5-16 所示。

图 5-16　预览漩涡滤镜效果

2. 特效 2：制作水波荡漾视频特效

"水流"滤镜效果主要用于在画面上添加流水的效果，仿佛通过流动的水观看图像。具体的操作方法如下：

实例制作：溪水

（1）进入会声会影编辑器，在故事板中插入一幅图像素材。

（2）在"滤镜"素材库中，选择"二维映射—水流"滤镜效果，按住鼠标左键并将其拖曳至故事板中的图像素材上方，添加"水流"滤镜。

（3）单击导览面板中的"播放"按钮，预览制作的水波荡漾效果，如图 5-17 所示。

图 5-17　预览水流滤镜效果

3.特效 3：制作视频的放大镜特效

在会声会影中，"鱼眼"滤镜主要是模仿鱼眼效果，当图像素材添加该效果后，会像鱼眼一样放大突出显示出来，类似放大镜放大图像的效果。具体的操作方法如下：

实例制作：金鱼

（1）进入会声会影编辑器，在故事板中插入一幅图像素材。

（2）在"滤镜"素材库中，单击窗口上方的"画廊"按钮，在弹出的列表框中选择"三维纹理映射"选项，"鱼眼"滤镜效果，按住鼠标左键并将其拖曳至故事板中的图像素材上方，添加"鱼眼"滤镜。

（3）在导览面板中，可以预览制作的视频放大镜效果，如图 5-18 所示。

图 5-18　预览鱼眼滤镜效果

4.特效 4：制作聚拢视觉冲击特效

在会声会影中，"往内挤压"滤镜效果主要是指从图像的外边向中心挤压变形，给人带来强烈的视觉冲击。具体的操作方法如下：

实例制作：蒲公英

（1）进入会声会影编辑器，在故事板中插入一幅图像素材。

（2）在"滤镜"素材库中，单击窗口上方的"画廊"按钮，在弹出的列表框中选择"三维纹理映射"选项。选择"往内挤压"滤镜效果，按住鼠标左键并拖曳至故事板中的图像素材上方，添加"往内挤压"滤镜。

（3）单击导览面板中的"播放"按钮，预览制作的聚拢视觉冲击画面效果，如图 5-19 所示。

图 5-19　预览聚拢的视觉冲击画面效果

5. 特效 5：制作视频周围羽化特效

在会声会影中，"晕影"滤镜效果主要用于描述人物晕影的形状，羽化后呈圆形显示。用户也可以通过设置滤镜的预设样式制作视频画面周围呈方形的羽化效果。具体的操作方法如下：

实例制作：背影

（1）进入会声会影编辑器，在故事板中插入一幅图像素材。

（2）在"滤镜"素材库中，单击窗口上方的"画廊"按钮，在弹出的列表框中选择"暗房"选项。选择"晕影"滤镜效果，按住鼠标左键并将其拖曳至故事板中的图像素材上方，添加"晕影"滤镜。

（3）在"效果"选项面板中，单击"自定义滤镜"的下三角按钮，在弹出的列表框中选择第 2 排第 1 个滤镜预设样式，执行操作后，在预览窗口中可以预览制作的视频周围呈方形羽化的效果，如图 5-20 所示。

在"效果"选项面板中，单击"自定义滤镜"的下三角按钮，在弹出的列表框中选择第 1 排第 2 个滤镜预设样式。执行操作后，在预览窗口中可以预览制作的视频周围呈圆形羽化的效果，如图 5-21 所示。

图 5-20　方形羽化效果　　　　　　　图 5-21　圆形羽化效果

6. 特效 6：制作唯美视频色调

在会声会影中，应用"发散光晕"滤镜，可以制作出非常唯美的 MTV 视频画面色调特效。具体的操作方法如下：

实例制作：MTV 视频画面

（1）进入会声会影编辑器，在故事板中插入一幅图像素材。

（2）在"滤镜"素材库中，单击窗口上方的"画廊"按钮，在弹出的列表框中选择"相机镜头"选项。在"相机镜头"滤镜组中选择"发散光晕"滤镜效果，按住鼠标左键，并将其拖曳至故事板中的图像素材上方，添加"发散光晕"滤镜。

（3）单击导览面板中的"播放"按钮，预览制作的视频画面色调效果，如图 5-22 所示。

图 5-22　唯美 MTV 视频画面色调效果

7. 特效 7：制作视频云彩飘动特效

在会声会影中，"云雾"滤镜主要用于在视频画面上添加流动的云彩效果，可以模仿天空中的云彩。具体的操作方法如下：

实例制作：云彩飘动

（1）进入会声会影编辑器，在故事板中插入一幅图像素材。

（2）在"滤镜"素材库中，单击窗口上方的"画廊"按钮，在弹出的列表框中选择"特殊"选项。在"特殊"滤镜组中选择"云彩"滤镜效果，按住鼠标左键，并将其拖曳至故事板中的图像素材上方，添加"云彩"滤镜。在"效果"选项面板中，单击"自定义滤镜"左侧的下三角按钮，在弹出的列表框中选择第 2 排第 1 个滤镜预设样式。

（3）单击"播放"按钮，预览制作的视频云彩飘动特效，如图 5-23 所示。

图 5-23　视频云彩飘动效果

8. 特效 8：制作细雨绵绵画面特效

在会声会影中，"雨点"滤镜效果可以在画面上添加雨丝的效果，模仿大自然中下雨的场景。具体的操作方法如下：

实例制作：雨丝效果

（1）进入会声会影编辑器，在故事板中插入一幅图像素材。

（2）在"特殊"滤镜素材库中选择"雨点"滤镜效果，按住鼠标左键并将其拖曳至故事板中的图像素材上方，添加"雨点"滤镜。

（3）单击预览面板中的"播放"按钮，预览细雨绵绵画面特效，如图 5-24 所示。

图 5-24　细雨绵绵画面特效

9. 特效 9：制作雪花纷飞画面特效

使用"雨点"滤镜效果不仅可以制作出下雨的效果，还可以模仿大自然中下雪的场景。具体的操作方法如下：

实例制作：冬日雪景

（1）进入会声会影编辑器，在故事板中插入一幅图像素材。

（2）在"滤镜"素材库中，单击窗口上方的"画廊"按钮，在弹出的列表框中选择"特殊"选项，在"特殊"滤镜组中选择"雨点"滤镜效果。

（3）按住鼠标左键并将"雨点"滤镜效果拖曳至故事板中的图像素材上方，添加"雨点"滤镜，在"效果"选项面板中单击"自定义滤镜"按钮。弹出"雨点"对话框，选择第 1 个关键帧，设置"密度"为 300、"长度"为 5、"宽度"为 50、"背景模糊"为 60、"变化"为 40。选择最后一个关键帧，设置"密度"为 320、"长度"为 5、"宽度"为 75、"背景模糊"为 15、"变化"为 65。

（4）单击"确定"按钮，即可制作雪花纷飞画面特效，如图 5-25 所示。

图 5-25　冬日雪景画面特效

10. 特效 10：制作电闪雷鸣画面特效

在会声会影中，"闪电"滤镜可以模仿大自然中闪电照射的效果。具体的操作方法如下：

实例制作：夜幕降临

（1）进入会声会影编辑器，在故事板中插入一幅图像素材。

（2）在"滤镜"素材库中，在"画廊"选择"特殊""闪电"滤镜效果，按住鼠标左键并将其拖曳至故事板中的图像素材上方，添加"闪电"滤镜，并设置预设样式。

（3）单击导览面板中的"播放"按钮，预览电闪雷鸣画面特效，如图5-26所示。

图5-26 电闪雷鸣画面特效

11. 特效11：制作人像局部马赛克特效

在会声会影中，使用"修剪"滤镜与"马赛克"滤镜可以制作出人像局部马赛克特效，具体的操作方法如下：

（1）进入会声会影编辑器，在故事板中插入一幅图像素材。在预览窗口中，可以预览素材的画面。

（2）切换至时间轴视图模式，将视频轨中的素材复制到覆叠轨中。

（3）在预览窗口中的覆叠素材上单击鼠标右键，在弹出的快捷菜单中选择"调整到屏幕大小"。

（4）单击"滤镜"按钮，切换至"滤镜"素材库，单击窗口上方的"画廊"按钮，在弹出的列表框中选择"二维映射"，在"二维映射"滤镜组中选择"修剪"滤镜效果。

（5）按住鼠标左键，并将"修剪"滤镜效果拖曳至覆叠轨中的图像素材上，松开鼠标，添加滤镜效果。

（6）展开"效果"选项面板，在其中单击"自定义滤镜"按钮。弹出"修剪"对话框，在下方设置"宽度"为20、"高度"为17、"填充色"为白色，调整修剪区域。选择第2个关键帧，设置相同的参数和修剪区域。设置完成后，单击"确定"按钮，在"效果"选项面板中单击"遮罩和色度键"按钮，进入相应选项面板。在其中勾选"应用覆叠选项"复选框，设置"类型"为"色度键"，"针对遮罩的相似度"为0，吸取颜色为白色，对覆叠素材进行抠图操作。

（7）设置完成后，为覆叠轨中的素材添加"马赛克"滤镜，在"效果"选项面板中单击"自定义滤镜"按钮。在弹出"马赛克"对话框中将"宽度"和"高度"均设置为25，并为第2个关键帧设置相同的参数。设置完成后，单击"确定"按钮，即可完成人像局部的马赛克特效制作。

第二节 转场效果

镜头之间的过渡和素材之间的转换称为转场。在会声会影中，转场就是一种特殊的滤镜效果，运用转场效果可使素材之间的过渡更加生动、自然。

一、认识转场效果

会声会影 2018 提供了 17 个大类、上百种转场效果，如图 5-27 所示，可以有效、合理地利用这些转场效果使影片呈现出高品质、专业化的视频效果。在视频编辑工作中，素材与素材之间的连接称为切换。一般使用的方法就是一个素材与另一个素材紧密结合，使素材自然过渡，不过这种方法比较生硬，在影片中也比较罕见。还有一种方法就是在素材与素材之间添加一种特殊的效果，使素材之间产生更加自然、流畅和平滑的过渡。若转场效果运用得当，可以提高其观赏性和流畅性，提高艺术档次。相反，若运用不当，会使观众产生错觉，或者产生画蛇添足的效果，极大地降低了影片的观赏价值。

由于转场效果用于素材之间的过渡，因此，必须将转场添加到两个素材之间。一般添加转场的视频都是在故事板视图中编辑，以便更好地分辨转场效果的位置。

1. 自动添加转场效果

拖动素材至时间线上，系统会自动在两段素材之间添加设定的转场。具体的操作方法如下：

（1）进入会声会影 2018 工作界面后，执行菜单栏中的"设置"命令，如图 5-28 所示。

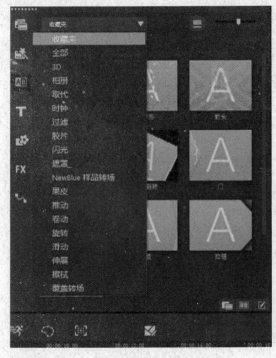

图 5-27 转场特效

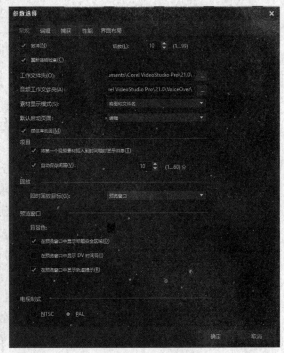

图 5-28 参数选择

（2）在弹出的参数选择对话框中选择"编辑"选项卡，然后勾选"自动添加转场效果"复选框，单击"确定"按钮。

（3）返回到故事板视图单击鼠标右键，在弹出的快捷菜单中执行"插入照片"命令。

（4）在弹出的"浏览照片"对话框中，按住 Ctrl 键选择素材文件，单击"打开"按钮。

（5）返回到故事板视图，此时可以发现两个素材之间会自动添加一个转场效果。

（6）单击预览面板中的"播放"按钮，预览添加转场后的效果。

使用默认的转场效果主要用于帮助初学者快速且方便地添加转场效果，若要灵活地控制转场效果，则需取消选中参数，而勾选对话框中"编辑"选项卡下的"自动添加转场效果"复选框，以便于手动添加转场。

2. 手动添加转场效果

会声会影 2018 提供了默认的转场效果，将素材添加到项目时，系统会自动在素材之间添加转场效果。具体的操作方法如下：

（1）进入会声会影 2018 工作界面，单击故事板"视图"按钮，切换至故事板视图，在素材库中选择一张图片，将其拖曳至故事板中。

（2）重复上一步操作，在故事板中继续插入素材，然后单击"转场"按钮，单击"画廊"右侧的下三角表按钮，在弹出的下拉列表中选择"遮罩"选项。

（3）选择"遮罩 C"，将其拖曳到两个素材中间。

（4）单击预览面板中的播放修整后的素材按钮，预览添加转场后的效果，如图 5-29 所示。

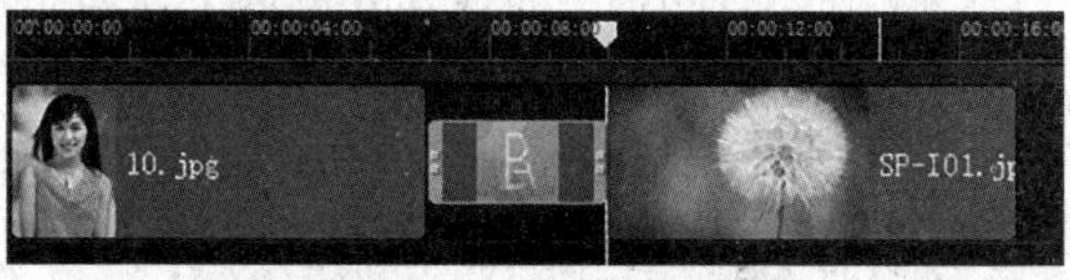

图 5-29　转场效果添加

二、应用转场效果

1. 应用当前效果

（1）打开软件，进入会声会影 2018 的工作界面，在故事板中单击鼠标右键，在弹出的下拉列表中执行插入三张照片命令，插入素材图片。

（2）单击"转场"按钮，在"画廊"下拉列表中选择"擦拭"选项。

（3）选择"箭头"转场效果，单击"对视频轨应用当前效果"按钮，箭头转场效果会自动添加在三个素材图片之间。

（4）单击预览面板中的播放修整后的素材按钮，在预览区预览添加转场后的效果。

2. 应用随机效果

（1）进入会声会影 2018 的工作界面，在故事板视图中单击鼠标右键，在弹出的快捷菜单中执行"插入照片"命令。

（2）在弹出的浏览照片对话框中按住 Ctrl 键选择两张素材图片。

（3）单击"打开"按钮，即可将选中的素材导入故事板视图，然后单击"转场"按钮，切换至转场素材库，单击对视频轨应用随机效果按钮，转场效果便会自动添加到两个素材图片之间。

（4）单击预览面板中的"播放修整后的素材"按钮，在预览区预览添加转场后的效果。

三、移动转场效果

在素材图片之间添加转场效果后，还可以根据喜好移动转场效果。具体的操作方法如下：

（1）进入会声会影 2018 工作界面，单击故事板"视图"按钮，切换至故事板视图，在媒体素材库中选择三张不同的素材图片，将其拖曳至故事板视图。

（2）单击"转场"按钮，切换至转场素材库，在"画廊"下拉列表中选择"滑动"选项，将"网孔转场"效果直接拖曳到素材之间。

（3）在故事板视图中选中添加的转场效果，按住鼠标左键的同时，将其拖曳至第一幅图片素材与第二幅图片素材之间。

（4）松开鼠标左键即可移动转场效果，单击预览面板中的"播放"按钮，预览移动后的转场效果。

在会声会影 2018 中，如果用户需要在多个素材之间移动转场效果，调整转场效果的位置，则可先选择需要移动的转场效果，然后将其拖曳至合适位置，即可移动转场效果。

实例制作 1：移动转场

（1）进入会声会影编辑器，单击"打开项目"命令，打开一个项目文件。

（2）在预览面板中单击"播放"按钮，预览视频转场效果。

（3）在"时间轴"面板或故事板中，选择第 1 张图像与第 2 张图像之间的转场效果，按住鼠标左键，并将其拖曳至第 2 张图像与第 3 张图像之间。松开鼠标左键，即可移动转场效果。在预览面板中单击"播放"按钮，预览移动转场效果后的视频画面。

实例制作 2：替换转场

（1）进入会声会影编辑器，打开一个项目文件，在预览面板中单击"播放"按钮，预览现有的转场效果。

（2）切换至"转场"素材库，单击窗口上方的"画廊"按钮，在弹出的列表框中选择"果皮"，打开"果皮"转场组，在其中选择"拉链"转场效果，如图 5-30 所示。

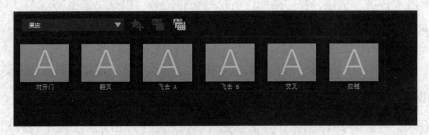

图 5-30 "果皮"转场

在"转场"素材库中选择相应转场效果后，单击鼠标右键，在弹出的快捷菜单中选择"对视频轨应用当前效果"选项，弹出"提示"对话框，提示用户是否要替换已添加的转场效果，单击"是"按钮，也可以快速替换视频轨中的转场效果。选择好的转场效果后，按住鼠标左键，并将其拖曳至视频轨中的两幅图像素材之间已有的转场效果上方。松开鼠标左键，即可替换之前添加的转场效果。在预览面板中单击"播放"按钮，预览替换之后的转场效果。

四、替换转场效果

在素材之间添加转场效果后，还可以根据喜好对转场效果进行替换。具体的操作方法如下：

（1）在故事板视图中添加素材图片，单击"转场"按钮，切换至转场素材库，在"画廊"下拉列表中选择"滑动"选项，将"网孔转场"效果拖曳到素材图片中间。

（2）单击"转场"按钮，切换至转场素材库，在"画廊"下拉列表中选择"擦除"选项，选择"棋盘转场"效果，将其拖曳至故事板视图中的转场效果上。

（3）松开鼠标左键，"棋盘转场"效果将替换原有的转场效果，然后单击预览面板中的"播放修整后的素材"按钮，即可预览替换后的转场效果。

五、删除转场效果

在会声会影 2018 中，还可以对不需要的转场效果进行删除。可以通过故事板视图删除，即将鼠标指针放置在转场效果上单击鼠标右键，在弹出的快捷菜单中执行"删除"命令，即可删除当前的转场效果；也可以选择在收藏夹中手动删除不需要的转场效果。单击"转场"按钮，切换至转场素材库，选择"溶解"转场效果单击鼠标右键，在弹出的快捷菜单中执行"删除"命令，即可在素材库中将转场效果删除。

六、设置转场属性

在将素材库中的转场效果添加到故事板视图中的素材图像之后，在"选项"面板中可显示转场效果的相关属性，可以对相应的选项进行设置。如果对这些转场不满意的话，还可以通过相应的设置使其符合要求。

1. 转场属性面板

"转场"属性面板主要用来对转场效果进行属性设置，它主要由边框、色彩、区间、柔化边缘组成，如图 5-31 所示。

面板中的各个参数所对应的转场效果不同，下面将对"转场"属性面板中的各个参数进行介绍。

（1）区间：在会声会影中，区间是以"时：分：秒：帧"的形式显示在所选素材上所应用效果的时间值，可以通过修改此时间码的值来调整转场效果的持续时间。修改时间值的方法是单击区间值，当数字处于闪烁状态时，输入适当的时间值，按 Enter 键确认操作即可。

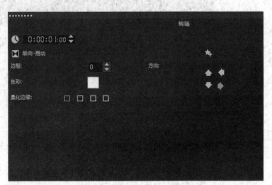

图 5-31 "转场"属性面板

（2）边框：用于设置转场边框的宽度。当数值框中输入 0 时，则可以删除已有的边框。在会声会影 2018 中，边框宽度的最大值为 10。

（3）色彩：用于设置转场效果的边框颜色，单击右侧的颜色框，在弹出的"颜色"对话框中选择"Corel 色彩选取器"或"Windows 颜色选取器"选项，可以根据爱好来设置颜色。

（4）柔化边缘：共有 4 个样式，而且每个样式所对应的转场效果也不同，柔化边缘一般用于指定转场效果和素材之间的融合度。

（5）方向：用于指定转场效果的方向，可以根据需求来选择。

2. 设置转场边框属性

将素材库中的转场效果添加到故事板视图之后，在选项面板中即可显示该转场效果的相关属性，以便对相应的选择进行设置。转场效果的属性值，还可以通过右侧的微调按钮来调数值的大小。单击上三角按钮，可以调整数值大小。

（1）设置转场的边框效果。会声会影 2018 提供了上百种转场效果，用户可以为许多转场效果设置相应的边框样式，从而为转场效果锦上添花，加强效果的审美度。具体的操作方法如下。

实例制作：圆形擦拭

1）进入会声会影编辑器，在故事板中插入两幅素材图像。在两幅素材图像之间添加"擦拭—圆形"转场效果，如图 5-32 所示。

2）在预览面板中单击"播放"按钮，预览视频转场效果，如图 5-33 所示。

图 5-32　添加"擦拭—圆形"转场效果　　　　图 5-33　预览视频转场效果

3）在"转场"属性面板的"边框"数值框中输入 2，设置边框大小，如图 5-34所示。

4）在预览面板中单击"播放"按钮，预览设置边框后的转场动画效果。

（2）设置转场的边框颜色。"转场"属性面板中的"色彩"选项区主要用于设置转

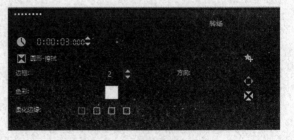

图 5-34　设置边框大小

场效果的边框颜色。该选项提供了多种颜色样式，用户可根据需要进行相应的选择。

打开上一例的效果文件，选择需要设置的转场效果，在"转场"属性面板中，单击"色彩"选项右侧的色块，在弹出的"颜色"面板中选择黄色，如图 5-35 所示。此时转场边框的颜色已更改为黄色，如图 5-36 所示。

图 5-35 选择黄色

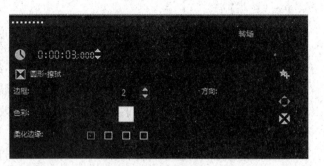
图 5-36 更改为黄色

单击"播放"按钮，即可预览更改颜色后的转场边框效果，如图 5-37 所示。

3. 柔化转场边缘

通过设置柔化边缘选项可以将连接边缘进行柔化，使连接条在两段图片素材之间平滑过渡。柔化边缘选项共 4 种柔化类型，分别是无柔化边缘（默认的边框）、弱柔化边缘、中等柔化边缘和强度柔化边缘。具体的操作方法如下：

（1）在故事板视图中插入两张素材图片。

图 5-37 更改颜色后的转场边框效果

（2）为其添加擦拭字形的转场效果。

（3）在"转场"属性面板中对图片进行无柔化边缘、弱柔化边缘、中等柔化边缘和强度柔化边缘。

4. 调整转场时间长度

可以在柔化转场边缘和调整边框的基础上对转场效果的时间进行设置，以满足效果的美观性。

调整转场的时间长度有以下三种方法。转场的默认时间为 1 s，用户可根据需要设置转场的播放时间。

方法一：在选项面板中区间数值的位置单击鼠标左键，当数值处于闪烁的状态下输入转场效果要持续的时间，按 Enter 键确认，便可设置转场的时间长度。

方法二：按 F6 键，在弹出的参数选项对话框中单击"编辑"选项卡，在转场效果选项组中单击默认转场效果区间右侧的数值编辑框，输入转场要持续的时间，单击"确定"按钮，便可设置转场的时间长度。

方法三：在时间轴视图模式下，将鼠标指针置于转场的左边缘或右边缘，当鼠标指针变成右向箭头时，按住鼠标左键向右拖曳转场效果，完成此操作后，松开鼠标便可设置转场的

A

时间长度。

实例制作：改变转场区间

（1）进入会声会影编辑器，打开一个项目文件，选择转场效果。"转场"属性面板的"区间"数值框中输入 0:00:02:000。在"时间轴"面板中，可以预览调整区间后的转场效果。

（2）在预览面板中单击"播放"按钮，预览设置转场时间长度后的画面效果。

5. 改变转场切换的方向

在会声会影中，为时间轴中的素材添加相应的转场效果后，在"转场"属性面板中，用户还可以根据需要改变转场效果的运动方向，使其效果更自然。具体的操作方法如下。

实例制作：改变转场切换方向

（1）进入会声会影编辑器，执行"文件"—"打开选项"命令，打开一个项目文件。在预览面板中单击"播放"按钮，预览视频转场效果，如图 5-38 所示。

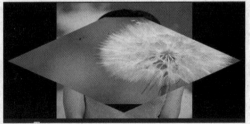

图 5-38 预览视频转场效果

（2）在视频轨中选择需要设置方向的转场效果，在"转场"属性面板的"方向"选项区中，单击"向内"按钮，如图 5-39 所示。

（3）执行操作后，即可改变转场效果的运动方向，在导览面板中单击"播放"按钮，预览更改方向后的转场效果，如图 5-40 所示。

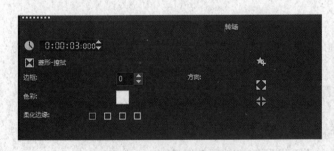

图 5-39 单击"向内"按钮　　　　图 5-40 预览更改方向后的转场效果

七、收藏和使用收藏夹转场

（1）在转场素材库中，单击添加"转场"按钮或鼠标右键单击要添加到收藏夹中的转场效果，添加到收藏夹，如图 5-41 所示。

（2）应用收藏夹转场效果。与应用素材库中转场的方法相同，直接从收藏夹拖动转场至两段素材之间。

八、实例制作

实例制作 1：动物世界

（1）进入会声会影编辑器，在故事板中插入两幅图像素材。单击"转场"按钮，切换至"转场"素材库，单击窗口上方的"画廊"按钮，在弹出的列表框中选择"3D"选项。

（2）"三维"转场素材库中，选择"飞行木板"转场效果。按住鼠标左键并拖曳至故事板中的两幅图像素材之间，添加"飞行木板"转场效果。

在预览面板中单击"播放"按钮，预览"飞行木板"转场效果，如图 5-42 所示。

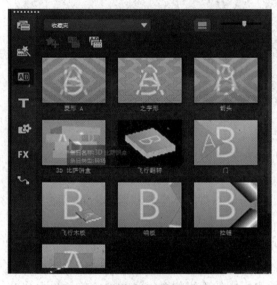

图 5-41　收藏夹中的转场效果　　　图 5-42　预览"飞行木板"转场效果

实例制作 2：制作影视单色过渡画面

在会声会影中，用户还可以在故事板中添加单色过渡画面，该过渡效果起到间歇作用，让观众有想象的空间。下面主要介绍制作影视单色过渡画面的方法。

单色 1：制作单色背景画面

在故事板中添加单色画面的操作方法很简单，只需选择相应的色彩色块，并将其拖曳至故事板中即可。具体的操作方法如下：

（1）进入会声会影编辑器，在故事板中插入一幅图像素材，在预览窗口中预览插入的图像效果。

（2）单击"图形"按钮，切换至"图形"选项卡，在"色彩"素材库中选择蓝色色块，如图 5-43 所示。按住鼠标左键并将其拖曳至故事板中，添加单色画面，如图 5-44 所示。

单击"转场"按钮，切换至"转场"选项卡，选择"交叉淡化"转场效果。

按住鼠标左键并将其拖曳至故事板中的适当位置，添加"交叉淡化"转场效果，如图 5-45 所示。

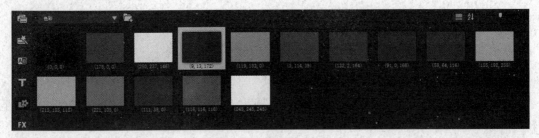

图 5-43　选择蓝色色块

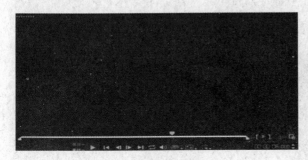

图 5-44　添加单色画面

图 5-45　添加"交叉淡化"转场效果

单击预览面板中的"播放"按钮，预览添加单色画面效果。

单色 2：制作黑屏过渡效果

在会声会影中，添加黑屏过渡效果的方法非常简单，只需在黑色和素材之间添加"交叉淡化"转场效果即可。具体的操作方法如下：

（1）进入会声会影编辑器，在故事板中插入一幅图像素材。单击"图形"按钮，切换至"图形"选项卡，在"色彩"素材库中选择黑色色块。

（2）按住鼠标左键并将该黑色色块拖曳至故事板中的适当位置，添加黑色单色画面。单击"转场"按钮，切换至"转场"选项卡，选择"过滤"—"交叉淡化"转场效果，按住鼠标左键，并将其拖曳至故事板中的适当位置，添加"交叉淡化"转场效果。

（3）执行上述操作后，单击预览面板中的"播放"按钮，预览添加的黑屏过渡效果，如图 5-46 所示。

图 5-46　预览添加黑屏的过渡效果

实例制作 3："三维"视频转场效果

特效 1：制作百叶窗切换特效

"百叶窗"转场效果是"三维"转场类型中最常用的一种，是指素材 A 以百叶窗翻转的方式进行过渡，显示素材 B。

（1）进入会声会影编辑器，在故事板中插入两幅图像素材。

（2）单击"转场"按钮，切换至"转场"素材库，单击窗口上方的"画廊"按钮，在弹出的列表框中选"三维"选项。

（3）执行上述操作后，在转场素材库中选择"百叶窗"转场效果。

（4）按住鼠标左键并将"百叶窗"转场效果拖曳至故事板中的两幅图像素材之间，添加该转场效果，如图 5-47 所示。

图 5-47　添加"百叶窗"转场效果

（5）在预览面板中单击"播放"按钮，预览百叶窗切换特效。

在会声会影的"三维"转场组中，运用"飞行盒"转场效果，可以将素材 A 以折叠的形式折成立体的长方体盒子，然后显示素材 B；运用"开门"转场效果，可以将素材 A 以开门运动的形式显示素材 B 的画面。

特效 2：制作爆炸碎片切换特效

在"三维"转场素材库中，应用"漩涡"转场后，素材 A 将以爆炸碎片的形式融合到素材 B 中。

（1）进入会声会影编辑器，在故事板中插入两幅图像素材。

（2）单击"转场"按钮，在"转场"素材库的三维转场组中，选择"漩涡"转场效果。

（3）按住鼠标左键并将"漩涡"转场效果拖曳至故事板中的两幅图像素材之间，添加该转场效果，如图 5-48 所示。

（4）在预览面板中单击"播放"按钮，预览爆炸碎片切换特效，如图 5-49 所示。

图 5-48　添加"漩涡"转场效果　　　　图 5-49　预览爆炸碎片切换特效

特效 3：制作画面飞行翻转特效

在会声会影 2018 中，"飞行翻转"转场是将素材 A 以折叠的形式翻转成立体的长方体盒子，然后显示素材 B。

（1）进入会声会影编辑器，在故事板中插入两幅图像素材。

（2）在"转场"素材库的"三维"转场中选择"飞行翻转"转场效果，按住鼠标左键并将其拖曳至故事板中的两幅图像素材之间，添加"飞行翻转"转场效果。

（3）在预览面板中单击"播放"按钮，预览画面飞行翻转特效，如图 5-50 所示。

实例制作 4：制作遮罩运动切换特效

"遮罩"转场是指素材 A 以画面遮罩的方式进行运动，然后显示素材 B 的过渡效果。下面介绍具体操作步骤。

（1）进入会声会影编辑器，在故事板中插入两幅图像素材。

（2）在"转场"素材库中打开"过滤"转场组，选择"遮罩 F"转场效果，如图 5-51 所示，并将其拖曳至故事板的两幅图像素材之间，添加"遮罩 F"转场效果。

图 5-50　画面飞行翻转特效

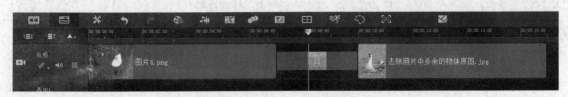

图 5-51　插入两幅图像素材

（3）在预览面板中单击"播放"按钮，预览遮罩运动切换特效，如图 5-52 所示。

实例制作 5：制作相册翻页运动特效

在会声会影 2018 中，"相册"转场效果以相册翻动的方式来展现视频或静态画面。相册转场的参数设置丰富，可以选择多种相册布局、封面、背景、大小和位置等。

（1）进入会声会影编辑器，在故事板中插入两幅图像素材。

（2）单击"转场"按钮，切换至"转场"素材

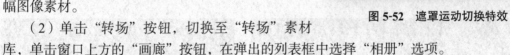

图 5-52　遮罩运动切换特效

库，单击窗口上方的"画廊"按钮，在弹出的列表框中选择"相册"选项。

（3）在"相册"转场素材库中选择"翻转"转场效果，如图 5-53 所示，按住鼠标左键并将其拖曳至故事板中的两幅图像素材之间，添加"翻转"转场效果，如图 5-54 效果展示。

图 5-53　选择"相册"中的翻转选项

图 5-54　添加"翻转"转场

第三节　覆叠效果

覆叠功能是会声会影 2018 提供的一种视频编辑方式。覆叠就是画面的叠加，在屏幕上显示多个画面。利用覆叠功能，可以将视频或图像素材添加到主视频上（可以添加的覆叠素材分为视频和图像），覆叠素材与视频轨上的素材合并起来，可以制作出画中画的效果。

一、覆叠面板简介

覆叠功能可以将视频素材添加到时间轴视图中的覆叠轨后，对视频素材进行淡入淡出、进入退出以及停靠位置等的设置，从而产生叠加的效果，为影片增添更多精彩。覆叠功能可以使视频轨上的视频与图像相互交织，组合成各式各样的视觉效果。

1. 覆叠编辑选项卡

单击"编辑"选项卡，如图 5-55 所示，下面对各参数进行介绍。

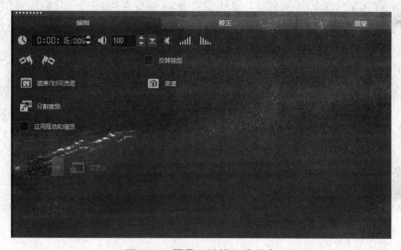

图 5-55　覆叠"编辑"选项卡

（1）视频区间：用于调整覆叠素材播放时间的长度，显示当前播放所选覆叠素材所需的时间，时间码上的数字代表"小时：分钟：秒：帧"。单击时间码上的数字，待数字处于闪烁状态时，输入新的数字并按 Enter 键进行确认，即可改变原来视频素材的播放时间长度。

（2）素材音量：用于控制素材声音的大小，可以在后面的数值框中直接输入数值，来调节音量。

（3）静音：单击该按钮可以消除素材的声音使其处于静音状态，但并不删除素材的音频。

（4）旋转视频：单击"逆时针旋转"，可以将视频素材逆时针旋转 90°；单击"顺时针旋转"按钮，可以将视频素材顺时针旋转 90°。

（5）速度 / 时间流逝：单击该按钮，在弹出的"速度 / 时间流逝"对话框中可以根据需要调整视频的播放速度。

（6）反转视频：勾选该复选框，可以将当前视频进行反转，视频内容将从相反方向进行播放。

（7）变速：单击该按钮，可以改变素材的播放速度。

（8）应用摇动和缩放：勾选该复选框，可以将静态的图像设置为动态播放。

2. 校正选项卡

（1）色彩校正：单击该按钮拖曳滑块，即可对视频的色调、饱和度、亮度及对比度等进行设置。

（2）镜头校正：调节镜头的焦距、光心等参数，如图5-56所示。

3. 效果选项卡

"效果选项卡"用于设置素材的动画效果，并可以为覆叠的素材添加滤镜效果，如图5-57所示。下面对各参数进行介绍。

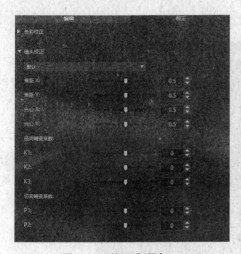

图 5-56　校正选项卡　　　　　　　　图 5-57　效果选项卡

（1）遮罩和色度键：单击该按钮，可以设置覆叠素材的透明度、边框、覆叠类型和相似度等。

（2）替换上一个滤镜：勾选该复选框，新的滤镜将替换素材原来的滤镜效果，并应用到素材上。

（3）音频滤镜：给音频素材添加滤镜特效。

（4）对齐选项：单击该按钮，可以设置当前视频的位置及视频对象的宽高比。

（5）自定义滤镜：单击该按钮，可以根据需要对当前添加的滤镜进行自定义设置。

（6）进入/退出：设置素材进入和离开屏幕时的方向。

（7）暂停区间前的旋转/暂停区间后的旋转：单击该按钮，可以在覆叠画面进入或离开屏幕时应用旋转效果，同时可在预览面板中设置旋转之前或之后的暂停区间。

（8）淡入动画效果：单击该按钮，可将淡入效果添加当前素材。淡入效果使素材的音频音量从零开始逐渐增大。

（9）淡出动画效果：单击该按钮，可以将淡出效果添加当前素材。淡出效果使素材的音频音量从高开始逐渐减小为零。

（10）显示网络线：勾选该复选框，可在视频中添加网络线。

二、应用覆叠效果

在会声会影 2018 的覆叠轨上，不但可以插入图像素材、视频素材，而且可以对"覆叠轨"中的视频素材应用视频滤镜特效，从而制作出更具观赏性的视频作品。

1. 在覆叠轨中添加素材

将素材添加到覆叠轨上的操作与将素材添加到其他轨上的操作类似。下面介绍添加覆叠素材的方法，如图 5-58 所示。

（1）在素材库中使用快捷方式将素材添加到覆叠轨。

（2）选中素材，按住鼠标左键将该素材拖曳到覆叠轨，当鼠标指针变成虚线框和加号形状时松开鼠标左键即可。

（3）单击"媒体"按钮，进入素材库中单击鼠标右键选择需要为覆叠轨添加的素材，在弹出的快捷菜单中执行"插入到覆叠轨"命令，素材将添加到覆叠轨。

图 5-58　在覆叠轨中添加素材

2. 删除覆叠效果

在编辑覆叠素材的操作中，如果不需要覆叠轨中的素材，则可将其删除。下面介绍删除覆叠效果的方法。

在"覆叠轨"中选择需要删除的素材图像单击鼠标右键，在弹出的快捷菜单中执行"删除"命令。执行操作后，即可删除覆叠图像。

三、覆叠素材基本属性设置

在编辑视频时，添加覆叠素材可以让视频作品更生动、明了。添加覆叠素材后，还需要设置覆叠素材的相应属性，以达到更好效果。

1. 调整覆叠素材大小

如果覆叠轨素材的大小不能满足视频编辑的要求，则可根据需要调整其大小。下面介绍调整覆叠素材大小的方法。

（1）在视频轨和覆叠轨中分别导入素材。

（2）选中覆叠轨中的素材单击鼠标右键，在弹出的快捷菜单中执行"保持宽高比"命令。

（3）双击鼠标左键选择需要调整大小的覆盖素材，将鼠标指针移至右下角的绿色调节点上，按住鼠标左键并向右下角拖曳。

（4）拖曳至合适的位置后，松开鼠标左键即可调整图像的大小。

提示 　　将鼠标指针放在黄色点上，拖到鼠标指针可以按比例调整素材大小；将鼠标指针放在绿色点上拖动，则可不按比例调整素材大小。

2. 调节覆叠素材形状

图 5-59　覆叠素材大小和形状调整

调节覆叠素材的形状，可以任意倾斜或扭曲，使视频变得自由，如图 5-59 所示。下面介绍调节覆叠素材形状的方法。

（1）在视频轨和覆叠轨中分别导入素材图像。

（2）单击鼠标选择需要调整大小的覆叠素材，将鼠标指针移至右下角的绿色调节点上，按住鼠标左键并向右下角拖曳。

提示 　　调整覆叠素材的图像大小，即覆叠轨中选择需要调整图像，在预览窗口将鼠标指针移至选择图像正上方的调节点上，按住鼠标左键并向上拖曳，至合适位置后松开鼠标左键即可。

（3）拖曳至合适的位置后，松开鼠标左键，即可调整图像右下角的节点。

（4）分别调整其他三个节点的位置。

四、覆叠轨中的应用效果

1. 覆叠轨中素材遮罩层的应用

下面介绍为覆叠轨中素材设置遮罩层的方法。

（1）在视频轨和覆叠轨中分别插入素材。

（2）鼠标左键选择添加的覆叠素材，并调整覆叠素材的位置。

（3）选择覆叠素材，单击"选项"按钮，在"属性"选项卡中设置进入和退出方向。

（4）单击"遮罩和色度键"按钮，为覆叠素材添加边框和进行抠像。

（5）选中"应用覆叠选项"复选框，选择影片遮罩效果。

（6）单击预览区中的"播放修整后的素材"按钮，预览遮罩效果。

在会声会影 2018 中，可以根据需要在覆叠轨中应用遮罩效果，使制作的视频作品更具观赏性。

实例 1：设置椭圆遮罩效果

（1）分别在视频轨和覆叠轨中导入素材图像。

（2）在预览窗口中，调整覆叠素材的位置。

椭圆遮罩效果是指覆叠轨中的素材以椭圆的形状遮罩在视频轨中素材的上方。

（3）选择"属性"选项卡，单击"遮罩键和色度键"按钮，勾选"应用覆叠选项"复选框，选择"遮罩帧"选项下的"椭圆"遮罩效果。

（4）单击预览区中的"播放修整后的素材"按钮，预览椭圆遮罩效果。

实例2：设置圆角矩形遮罩效果

（1）分别在视频轨和覆叠轨中导入素材图像。

（2）在预览窗口中调整覆叠素材的位置。

（3）选择"属性"选项卡，单击"遮罩"按钮，勾选"应用覆叠选项"复选框，选择"遮罩帧"选项下的"圆角矩形"遮罩效果，如图5-60所示。

（4）单击预览区中的"播放修整后的素材"按钮，预览矩形遮罩效果。

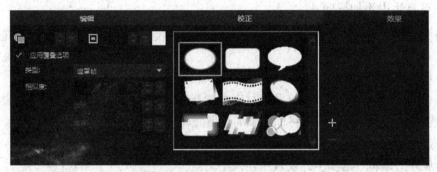

图5-60　覆叠素材遮罩和色度键

实例3：设置心心相印遮罩效果

（1）分别在视频轨和覆叠轨中导入素材图像。

（2）在预览窗口中调整覆叠素材的位置。

（3）选择"属性"选项卡，单击"遮罩和色度键"按钮，勾选"应用覆叠选项"复选框，选择"遮罩帧"选项下的"心心相印"遮罩效果。

（4）单击预览区中的"播放修整后的素材"按钮，预览心心相印遮罩效果。

2. 覆叠轨中滤镜效果的应用

为覆叠轨中的素材应用滤镜特效，可以制作出神奇的视觉效果。下面介绍为覆叠轨中的素材设置滤镜效果的应用。

（1）导入素材文件。

（2）单击"滤镜"按钮，切换至滤镜素材库。

（3）在滤镜素材库中选择"雨点"滤镜。

（4）按住鼠标左键，将雨点滤镜拖曳至覆叠素材图像上。

（5）单击预览区中的播放修整后的素材按钮，即可预览添加"雨点"滤镜后的效果。

3. 覆叠素材动画效果的应用

为覆叠素材添加动画，影片效果就会更加生动、有趣。下面介绍为覆叠素材设置动画效果的方法。

（1）导入两段素材文件，并选择覆叠轨中的素材，单击打开选项面板按钮。

（2）在"属性"选项卡中设置"方向/样式"中的进入和退出方向。

（3）单击暂停区间"前旋转"按钮。

（4）单击"淡入淡出"效果按钮。

（5）分别单击下方的暂停区间"后旋转"和"淡入淡出"效果按钮。

（6）单击预览区中的播放修整后的素材按钮，即可预览淡入淡出效果。

五、覆叠轨中标题效果的应用

标题是指影片的字幕，而字幕是视频作品中不可缺少的部分，在影片的后期处理中，可以根据需要添加相应标题素材，以帮助编辑出更优秀的视频效果。

1. 在覆叠轨中添加标题

在覆叠轨中添加标题的操作方法和在标题轨中添加标题的操作方法类似，只是添加的轨道不同。

（1）在会声会影 2018 视频轨中导入素材图像。

（2）单击"标题"按钮，在标题素材库中选择需要添加的字幕，按住鼠标左键，将其拖曳至覆叠轨上，松开鼠标，即可将标题添加至覆叠轨中。

（3）选择第二个标题字幕，将其删除，选中字幕，更改文字内容。

（4）展开"编辑"选项卡，设置字体大小。

（5）设置字体选项。

（6）设置完成，单击预览区中的"播放"按钮，预览标题动画效果。

2. 在覆叠轨中编辑标题

在覆叠轨中添加相应的标题字幕后，可对覆叠轨中的标题进行编辑。具体的操作方法如下。

（1）进入会声会影 2018，导入素材图像到视频轨。

（2）单击"标题"按钮，单击打开选项面板按钮，展开"编辑"选项卡，单击色彩色块，从中选择蓝色。

（3）设置好参数，输入文字。

（4）单击预览区中的播放修整后的素材按钮，即可预览覆叠轨中的标题字幕动画效果。

3. 实战应用：淡入淡出效果

在会声会影 2018 中对覆叠素材应用透明度和淡入淡出效果，可以使画面产生若隐若现的效果。具体的操作方法如下。

（1）进入会声会影编辑器，在视频轨中单击鼠标右键，在弹出的快捷菜单中执行插入照片命令，将素材图像导入视频轨。

（2）在覆叠轨中导入素材图像，移动素材位置。

（3）选择素材，打开"属性"选项卡，单击"遮罩和色度键"按钮，设置透明度为 20。

（4）进入"属性"选项卡，设置淡入淡出效果。

（5）设置完成后，单击预览区中的播放修整后的素材按钮。

（6）预览覆叠素材的淡入淡出效果。

复习思考题 ///

1. 会声会影中的滤镜有哪几类？
2. 怎样消除视频画面的偏色问题？
3. 常见的转场效果有哪些？
4. 怎样自定义滤镜？
5. 怎样制作影视单色过渡画面？
6. 在会声会影2018的"三维"转场组中，有哪些视频转场特效？
7. 怎样在覆叠轨中添加和修改标题？
8. 怎样在覆叠轨中设置遮罩效果？

第六章

会声会影字幕、音频和输出

1. 掌握标题面板的使用。
2. 掌握添加标题的方法。
3. 掌握标题模板创建字幕的方法。
4. 掌握音乐和声音选项卡的设置。
5. 掌握为影片添加声音的方法。
6. 掌握修整音频素材的方法。
7. 掌握使用音量调节线调整音量的方法。
8. 掌握使用音频滤镜的方法。
9. 掌握影片的输出设置和输出方法。

第一节   标题制作

标题面板用来为影片添加文字说明，包括影片的片名、旁白及字幕等。在为影片添加文字说明之前，首先需要了解标题面板中的各项功能。

一、标题面板介绍

在素材库中单击"标题"按钮，切换到标题素材库，单击底部的"选项"按钮，打开"字幕"面板，如图 6-1 所示。

1. 编辑选项卡

选择"编辑"选项卡，该选项卡主要用来修改添加的文字样式和对齐方式等，各选项功能介绍如下：

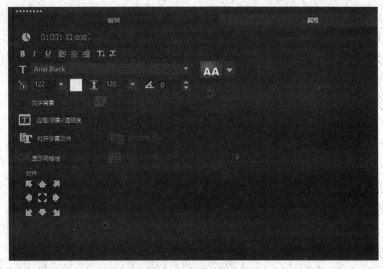

图 6-1 字幕面板

（1）区间：以时：分：秒：帧的形式显示标题的区间，可以通过修改时间码的值来调整标题的时间总长度。

（2）字体样式：包括粗体、斜体和下划线三种按钮。使用这三种按钮可以分别为选中的文字设置加粗、倾斜或加下划线效果。再次单击按钮，可以取消应用字体样式。

（3）对齐方式：包括左对齐按钮、居中和右对齐三种按钮，使用这三种按钮可以设置多行文字的对齐方式。

（4）将方向更改为垂直按钮：单击该按钮，可以使水平排列的标题变为垂直排列。

（5）字体：单击文本框右侧的下三角按钮，在弹出的下拉列表框中可以为选中的文字设置新的字体，也可以先在这里设置字体，然后输入新的文字。

（6）字体大小：单击右侧的下拉三角按钮，在弹出的下拉列表框中可以指定所选文字的大小，也可以支持在文本框中输入数值进行调整。

（7）色彩：单击"字体大小"选项右侧的色块，在弹出的下拉列表中可以为选中的文字指定新的颜色，也可以在下拉列表中选择 Corel 色彩选取器选项或 Window 色彩选取器选项，在弹出的"Corel 色彩选取器"对话框或"颜色"对话框中选择颜色，如图 6-2 所示。

（8）选择标题样式预设值：单击右侧的按钮，在弹出的下拉列表框中可以选择标题样式的预设值，如图 6-3 所示。

图 6-2 色彩面板

图 6-3 标题默认选项

（9）对齐：设置文字在画面中的对齐方式。单击相应的按钮，可以将文字对齐到左上角、居中或右下方等位置。

（10）行间距：单击右侧的下三角按钮，在弹出的下拉列表框中选择需要使用的行间距的数值或在文本框中直接输入数值。

（11）按角度旋转：在文本框中输入数值（范围为 –359 ～ 359）可以调整文字的旋转角度。

（12）打开字幕文件：单击 T 字按钮，弹出"打开"对话框，使用该对话框可以打开字幕文件。

（13）保存字幕文件：单击"保存字幕文件"按钮，在弹出的"另存为"对话框中可以将影片的字幕保存为 utf 格式的字幕文件以备将来使用。

（14）显示网格线：勾选该复选框，可以显示网格线。单击"网格线选项"按钮，在弹出的"网络线选项"对话框中可以设置网格线的参数。

（15）文字背景：勾选该复选框后，可以为文字添加水平的色彩栏作为背景。单击右侧自定义文字背景的属性按钮，在弹出的"文字背景"对话框中可以对文字背景的颜色和透明度等进行设置。

（16）边框/阴影/透明度：单击 T 字按钮，在弹出的"边框/阴影/透明度"对话框中可以设置边框的颜色、阴影的类型及文字的透明度等。

2. 属性选项卡

在"编辑"选项卡中编辑的标题都是静态的，如果想让标题动起来，就需要用到"属性"选项卡，如图 6-4 所示。各选项功能介绍如下：

图 6-4　标题的"属性"选项卡

（1）动画：勾选该选项，将启用动画标题功能。

（2）应用：勾选该复选框，可以选择预设的动画效果，并将其应用到标题上。

（3）选取动画类型：单击右侧的下三角按钮，在弹出的下拉列表框中可以选择需要使用的标题运动类型。

（4）自定义动画属性按钮：单击该按钮，在弹出的"淡化动画"对话框中可以定义所选择的动画类型。

二、添加标题的方法

1.自定义添加标题的方法

（1）单击"标题"按钮，切换到"标题"素材库，此时会在预览区中显示出标题模板，如图 6-5 所示。在需要输入文字的位置处双击鼠标左键，此时会出现闪动的光标，然后输入文字，还可以在"编辑"选项卡中对输入的文字进行设置。

（2）在文本输入框中输入文字，也可在"编辑"选项卡中对输入的文字进行设置。

（3）在"标题轨"上单击，即可将输入的文字添加到"标题轨"。

2.预设标题的添加方法

标题素材库中提供了丰富的预设标题，可以直接将其添加到标题轨上，然后根据需要修改标题内容。具体的操作步骤如下：

（1）打开预设库，可以选择预设的标题动画，如图 6-6 所示。

图 6-5　自定义标题的添加

图 6-6　预设标题的添加

（2）在预设库拖动某一模板至标题轨道。

（3）在预览窗口双击鼠标左键选中文字进行更改。

无论是自定义标题，还是预设标题，都可以添加滤镜。勾选"滤镜"选项后，素材库中将显示滤镜。将滤镜拖动到标题上，可以将相应的滤镜效果应用到标题。

三、设置标题字幕的属性

创建完标题字幕后，还可根据需要对标题字幕的字体、大小、颜色和样式等属性进行设置。下面主要介绍设置标题字幕的方法。

1.通过区间调整长度

创建的标题字幕后，系统会为创建的标题字幕设置一个默认的播放时间长度，可以根据需要来调整其长度。具体的操作步骤如下：

（1）在"标题轨"中选择标题字幕，然后将鼠标指标移至标题字幕的右侧，当鼠标指标变形时，单击并拖动鼠标指标。

（2）拖动至适当位置处松开鼠标，即可调整标题字幕的长度。

2. 设置标题的字体

添加标题字幕后，还可以根据需要设置标题字幕的字体。具体的操作步骤如下：

（1）执行菜单栏中的"文件"—"打开项目"命令，弹出"打开"对话框，从中选择素材文件，然后单击"打开"按钮。

（2）在预览区中预览打开的素材文件效果。

（3）单击"标题"按钮，切换到"标题"素材库，然后在预览区中单击选择标题。

（4）"编辑"选项卡中单击字体右侧的下三角按钮，在弹出的下拉列表框中选择华文行楷。

（5）更改标题字体的效果。

3. 设置标题的字体大小

通过设置标题字体的大小，可使标题与画面显得更加协调。具体的操作步骤如下：

（1）执行菜单栏中的"文件""打开项目"命令，弹出"打开"对话框，从中选择素材文件，然后单击"打开"按钮。

（2）在预览区中预览打开的素材文件效果。

（3）单击"标题"按钮，切换到标题素材库，然后在预览区中单击，选择标题。

（4）在"编辑"选项卡中单击字体大小右侧的下三角按钮，在弹出的下拉列表框中选择 60。

（5）更改标题字体大小的效果。

4. 设置标题文字的颜色

添加标题字幕后，可根据画面的配色情况来设置标题文字的颜色。具体的操作步骤如下：

（1）执行菜单栏中的"文件"—"打开项目"命令，弹出"打开"对话框，从中选择素材文件，然后单击"打开"按钮。

（2）在预览区中预览打开的素材文件效果。

（3）单击"标题"按钮，切换到标题素材库，然后在预览区中单击，选择标题。

（4）在"编辑"选项卡中单击字体大小选项右侧的色块，在弹出的下拉列表中选择一种颜色。

（5）更改标题文字颜色的效果。

5. 设置标题描边

在会声会影中，还可为创建的标题设置描边效果。具体的操作步骤如下：

（1）执行菜单栏中的"文件"—"打开项目"命令，弹出"打开"对话框，选择素材文件，然后单击"打开"按钮。

（2）在预览区中预览打开的素材文件效果。

（3）单击"标题"按钮，切换到标题素材库，然后在预览区中单击，选择标题。

（4）在"编辑"选项卡中单击"边框（阴影）透明度"按钮，弹出"边框／阴影／透明度"对话框，在该对话框中设置"宽度"为2，然后单击"线条色彩"右侧的色块，在弹出的下拉列表中选择白色，如图6-7的所示。

（5）设置完成后，单击"确定"按钮，即可为选择的标题设置描边。

6. 设置标题阴影

为标题设置阴影可更好地突出标题文字。具体的操作步骤如下：

（1）执行菜单栏中的"文件"—"打开项目"，弹出打开对话框，从中选择素材文件，然后单击"打开"按钮。

（2）设置完成后，单击"确定"按钮，即可为选择的标题设置阴影。

图6-7　设置标题描边

（3）单击"标题"按钮，切换到"标题"素材库，然后在预览区中单击选择标题。

（4）在"编辑"选项卡中单击"边框／阴影／透明度"按钮，弹出"边框／阴影／透明度"对话框，打开"阴影"选项卡，然后在该选项卡中单击"突起阴影"按钮，其他参数使用默认设置即可。

7. 设置标题的行间距

下面介绍设置标题行间距的方法，具体的操作步骤如下：

（1）执行菜单栏中的"文件"—"打开项目"命令，弹出"打开"对话框，从中选择素材文件"云彩"，然后单击"打开"按钮。

（2）在预览区中预览打开的素材文件效果。

（3）单击"标题"按钮，切换到"标题"素材库，然后在预览区中单击，选择标题。

（4）在"编辑"选项卡中单击"行间距"右侧的下三角按钮，在弹出的下拉列表框中选择"140"。

8. 设置标题的倾斜角度

在会声会影中，还可根据需要来调整标题的倾斜角度，具体的操作步骤如下：

（1）执行菜单栏中的"文件"—"打开项目"命令，弹出"打开"对话框，从中选择素材文件，然后单击"打开"按钮。

（2）在预览区中预览打开的素材文件效果。

（3）单击"标题"按钮，切换到"标题"素材库，然后在预览区中单击，选择标题。

（4）在"编辑"选项卡中的"按角度旋转"文本框中输入15。

（5）设置标题倾斜角度的效果。

9. 设置标题的显示方向

更改标题显示方向的具体操作步骤如下：

（1）执行菜单栏中的"文件"—"打开项目"命令，弹出"打开"对话框，从中选择素材文件，然后单击"打开"按钮。

（2）在预览区中预览打开的素材文件效果。

（3）单击"标题"按钮，切换到"标题"素材库，然后在预览区中单击，选择标题。

（4）在"编辑"选项卡中单击"将方向更改为垂直"按钮。

（5）单击"单色"单选按钮右侧的色块，在弹出的下拉列表中选一种颜色，并将"透明度"设置为40。

（6）设置完成后，单击"确定"按钮。

10. 将标题素材添加至素材库

在会声会影中，还可以将设置好的标题添加至素材库中，便于下次使用。具体的操作步骤如下：

（1）在"标题轨"中单击选择需要添加至素材库中的标题文本。

（2）按住鼠标左键，将标题文本拖曳至素材框中。

（3）松开鼠标左键，即可将标题添加至素材库中。

11. 将标题素材添加至收藏夹

将标题添加至收藏夹中的具体操作步骤如下：

（1）在需要添加至收藏夹中的标题文本上单击鼠标右键，在弹出的快捷菜单中执行"添加到收藏夹"命令。

（2）在素材库中单击下三角按钮，在弹出的下拉列表中选择"收藏夹"选项。即可在收藏夹中显示出新添加的标题。

第二节　合成音乐和声音

对于一部影片来说，音频文件在影片中是不可或缺的元素，在后期制作过程中，音频文件的编辑相当重要。在一部影片中，如果音频文件应用得恰到好处，将使影片更具有感染力，为观看者带来耳目一新的感觉。

一、音频编辑术语

音乐可以在影片中起到烘托和渲染的作用，将声音或背景音乐添加到声音轨或音乐轨后，可根据影片的需求对音频素材进行修整，修整后的音频素材便可与影片美轮美奂地结合在一起。

1. 通过修整栏修整素材

在会声会影2018中，可以使用修整栏修整音频文件，既精确又方便，还可以使用这种方式对音频文件进行"掐头去尾"。具体的操作步骤如下：

（1）将音频素材导入相应的音乐轨。

（2）在音乐轨上选择需要被修整的音频文件，然后单击预览区中的"播放修整后的素材"按钮，播放选中的音频文件。

（3）听到需要修整的起始位置时，单击预览区中的"开始标记"按钮，即可设置开始位置。

（4）继续播放选中的音频，当到达需要修整的结束位置时，单击预览区中的"结束标记"按钮，可设置结束位置，程序将自动保留开始标记与结束标记之间的视频文件。

（5）单击预览区中的"播放修整后的素材"按钮，即可试听。

2. 通过区间修整音频

使用区间数值框可以精确地控制音乐或时间的播放，这种方法适合对播放时间有严格限制的影片。具体的操作步骤如下：

（1）在相应的音乐轨上，选中需要修整的音频素材，这时在"音乐和语音"选项卡的区间数值框中，便会显示音频素材的总长度。

（2）通过单击区间右侧的微调按钮来增减素材的长度，也可在相应的时间码中直接输入相应的数值来调整素材的长度。

（3）更改完数值后，单击选项面板的空白区域或按 Enter 键，系统将会根据更改的数值来决定素材的长度。

（4）单击预览区中的播放修整后的素材按钮，即可试听。

3. 改变音频回放速度

有些影片中音频的播放速度或快或慢，从而为影片营造了滑稽的气氛，在会声会影 2018 中，可以修改回放速度，将音频设置为慢速播放或快速播放。具体的操作步骤如下：

（1）在相应的音乐轨上选择需要修整的音频文件素材单击鼠标右键，在弹出的快捷菜单中执行"速度 / 时间流逝"命令。

（2）在弹出的"速度 / 时间流逝"对话框中包括原始素材区间、新素材区间、帧频率、速度四个选项。

提示　　鼠标左键双击选中音频素材文件，在"属性"面板中单击"速度 / 时间流逝"按钮也可弹出"速度 / 时间流逝"对话框。

（3）将速度选项设置为 220。

（4）在"速度 / 时间流逝"对话框中单击"预览"按钮，试听音频效果，单击"停止"按钮，停止试听。根据所需效果，设置回放的速度，直到满意为止，然后单击"确定"按钮。

（5）在相应的音乐轨上选择修整的音频素材。

（6）单击预览区中的播放修整后的素材按钮。

4. 运用缩略图修整音频

将声音或背景音乐添加到声音轨或音乐轨后，可以根据影片的需求对音频素材进行修整，修整后的音频素材才能与影片更好地融合在一起。

（1）打开素材文件运用缩略图修整音频，然后在时间轴视图中，选择音乐轨上的音频文件，选中后会发现音频素材的两端出现黄色的标记。

（2）在黄色的标记上按住鼠标左键并拖动即可改变音频的长度。

（3）同时在"音乐和声音"选项卡中的区间数值框中将显示调整后的音频文件的长度。

（4）单击预览区中的"播放修整后的素材"按钮，即可试听。

二、管理音频素材

如何在素材库中对素材进行重命名、如何删除音乐轨中的素材，以及如何使用 5.1 声道调整音量。

1. 在素材库中重命名素材

为了便于对音频素材的管理，可对素材库中的音频文件重命名。具体的操作步骤如下：

（1）启动会声会影 2018，进入会声会影 2018 编辑器。在媒体素材库中向下拖动右侧的滑块，然后选择需要进行重命名的音频文件，在音频素材的名称上单击鼠标左键，光标呈闪烁状态。

（2）输入相应的名称，按 Enter 键确认，即可完成对素材重命名操作。

2. 删除音乐轨中的素材

在制作影片时，可根据影片，在音乐轨或声音轨中删除不需要的音频素材。具体的操作步骤如下：

（1）在相应的音乐轨上选择将要删除的音频素材。

（2）单击鼠标右键，在弹出的快捷菜单中执行"删除"命令。执行该命令后，即可删除不需要的音频素材。

 选择将要删除的音频素材，按 Delete 键，同样可以将其删除。

---

3. 使用 5.1 声道调整音量

在 5.1 声道中，"5"是指 2 个主音箱、2 个环绕声音箱和 1 个中置音箱共 5 个音箱，而".1"是指超重低音音箱，用于进一步烘托环境，使人产生犹如身临音乐厅的感觉，在会声会影 2018 中编辑 5.1 声道的音频，可对 5.1 声道音频进行混音，也可输出 5.1 声道音频文件。具体的操作步骤如下：

（1）在声音轨中，选中音频素材。

（2）执行菜单栏中的"设置"命令，启用 5.1 环绕声。

（3）执行该操作后，系统将会弹出信息提示框，单击"确定"按钮。

（4）单击时间轴中的"混音器"按钮，展开环绕混音选项卡。其中，中央和副低音声道的音量可以根据需要进行调整，音符按钮也可随意调整位置。

（5）切换至"分享"选项卡，在"分享"选项卡下，单击"创建声音文件"按钮。

（6）在弹出的"创建声音文件"对话框中，单击"选项"按钮。

（7）系统将会自动弹出"音频保存"选项对话框，展开"压缩"选项卡，在该选项卡中选择"属性"下拉菜单中的"48.000 kHz，16 位，5.1 声道"选项，如图 6-8 所示。

（8）单击"确定"按钮，返回"创建声音文件"对话框，输入声音文件的文件名称，单击"保存"按钮，即可输出 5.1 声音频道。

三、调整音频音量

在会声会影 2018 中制作影片时，有时会对添加的音频素材的音量不满意，此时可以调节该音频素材的音量。具体的操作方法如下。

1. 调整整个音频音量

在影片中，可能存在视频轨素材声音、覆叠轨素材声音、音频素材声音及音乐轨素材声音 4 种声音，如果在播放影片时，4 种声音都以 100% 的音量播放，那么整个影片的音响效果就显得杂乱无章，因此，便需要利用会声会影 2018 对整个音频的音量进行调整。

（1）在视频轨中鼠标左键双击视频文件，在"选项"面板的"编辑"选项卡下单击"分割音频"按钮，如图 6-9 所示。

图 6-8　音频保存选项

图 6-9　分割音频

（2）系统会自动将音频与视频分割开，在时间轴中可以明显看到音频与视频分割开，如图 6-10 所示。

（3）鼠标左键双击声音轨中的音频文件，然后在"音乐和声音"选项卡下单击"素材音量"选项右侧的按钮，在弹出的音量调节器中拖曳滑块至 181 处，如图 6-11 所示。

图 6-10　在时间轴中观看

图 6-11　设置素材音量

（4）单击预览区中的播放修整后的素材按钮，即可视听调整效果。

2. 使用调节线调整音量

音量调节线是声音轨上放置音频素材中央的水平线，在这条线上可以添加关键帧，而关键点的高低决定了该音频音量的大小。

（1）在声音轨上鼠标左键双击需要修整的音频素材，然后在"音乐和声音"选项卡中设置区间值，并单击"淡入"按钮和"淡出"按钮。

（2）选中声音轨中的素材，然后单击"混音器"按钮，将会显示音量调节线，如图 6-12 所示。

图 6-12　音量调节线

> 提示　音频的淡入淡出效果是指音乐开始时音量从小到大正常播放，将要结束时音量慢慢变小，直至消失，这是音频中常用的一种音频编辑效果，可以使音乐有一种自然过渡的效果。

（3）在音量调节线空白位置单击鼠标左键，便可创建一个关键帧，此时鼠标指针呈小手形状。

（4）根据需要，按住鼠标左键并向下拖曳，来调整关键帧的位置。

（5）使用相同方法设置并调整关键帧的位置。

（6）单击预览区中的播放修整后的素材按钮，即可试听。

四、混音器使用技巧

在会声会影 2018 中，混音器是一种"动态"的调整音量调节线的方式，它允许在播放影片项目的同时，实时调整某个轨道素材的任意一点音量，借助混音器，可以像专业混音器一样混合出影片的精彩音响效果。具体的操作方法如下。

1. 选择需要调节的音轨

（1）在音乐轨中插入一段音频文件并选择需要调节的音频文件。

（2）单击"混音器"按钮，在"环绕混音"选项卡中单击"音乐轨"按钮，即可选择需要调节的音频轨道。

2. 使轨道音频暂时静音

在制作影片时，有时必须要听清某个音频轨中的素材，这就需要先把其他音频轨道中的素材设置为静音，以方便听清及编辑影片。

（1）选择需要设置静音的音频文件。

（2）单击"混音器"按钮，在"环绕混音"选项卡中单击"启动 / 禁用"预览按钮，即可使轨道暂时静音，如图 6-13 所示。

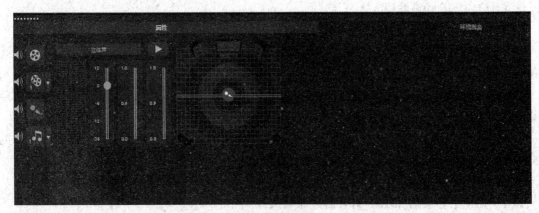

图 6-13　音频属性

3. 恢复音量至原始状态

在使用音量调节线调节音量后，如果对其效果不满意，那么可将音量调节线恢复到原始状态，进行重新设置。

（1）选择相应音频文件。

（2）在音频文件上单击鼠标右键，在弹出的快捷菜单中执行"重置音量"命令。此时，音量调节线便恢复到原始状态。

4. 播放并实时调节音量

在会声会影 2018 中播放项目的同时，可调整某个轨道上的音频音量高低。

（1）选择需要调节的音频素材。

（2）单击"混音器"按钮，并在"环绕混音"选项卡中单击"环绕播放"按钮。

（3）此时，便可听到轨道中的音频效果，同时可看到在混音器中音量的起伏变化。

（4）单击"环绕混音"选项卡上的"音乐轨"按钮，然后可以根据需要向上或向下拖曳音量滑块，进行音量的设置。

（5）此时，单击预览区中的"播放修整后的素材"按钮，即可试听。

5. 调节音频素材的左 / 右声道

（1）选择需要调节的音频素材。

（2）单击"混音器"按钮，在"环绕混音"选项卡上单击音频轨对应的"启用 / 禁用"预览按钮，可以决定需要回放的特定音频轨，当标记处于 状态时，对应的音频轨中的声音不播放，拖动选项卡的环绕混音中的音符按钮可以控制音频左右声道的音量大小，如图 6-14 所示。

图 6-14　调节左右声道

在会声会影 2018 中，不仅可以为视频素材应用滤镜效果，同样也可以为音频素材应用滤镜，主要包括删除噪声、放大、长回声、声音降低、音调偏移等滤镜效果。具体的操作方法如下。

实例 1：删除噪声滤镜

（1）启动会声会影 2018，打开"素材文件"。

（2）在声音轨中鼠标左键双击音频文件，然后在"音乐和声音"选项卡下单击"音频滤镜"按钮，系统将自动弹出"音频滤镜"对话框。

（3）在可用滤镜下拉列表中选择"删除噪声"选项，单击"添加"按钮，选择的滤镜样式即可显示在已用滤镜列表框中。

（4）单击"确定"按钮，即可将选择的滤镜样式添加到声音轨中的音频文件，单击预览区中的"播放修整后的素材"按钮，即可试听添加删除噪声滤镜的音频。

实例 2：放大滤镜

（1）启动会声会影 2018，打开音频素材文件。

（2）在声音轨中鼠标左键双击音频文件，然后在"音乐和声音"选项卡下单击"音频滤镜"按钮，系统将自动弹出"音频滤镜"对话框。

（3）在可用滤镜下拉列表中选择放大选项，单击"添加"按钮，选择的滤镜样式即可显示在已用滤镜列表框中。

（4）单击"确定"按钮，即可将选择的滤镜样式添加到声音轨的音频文件，单击预览区中的"播放修整后的素材"按钮，即可试听添加放大滤镜的音频。

实例 3：长回声滤镜

（1）启动会声会影 2018，打开音频素材文件。

（2）在音频轨中鼠标左键双击音频文件，然后在"音乐和声音"选项卡下单击"音频滤镜"按钮，系统将自动弹出"音频滤镜"对话框。

（3）在可用滤镜下拉列表中选择"长回声"选项，单击"添加"按钮，选择的滤镜样式即可显示在已用滤镜列表框中。

（4）单击"确定"按钮，即可将选择的滤镜样式添加到声音轨中的音频文件，单击预览区中的"播放修整后的素材"按钮，即可试听添加的长回声滤镜音频。

实例 4：声音降低滤镜

（1）启动会声会影 2018，打开音频素材文件。

（2）在音频轨中鼠标左键双击音频文件，然后在"音乐和声音"选项卡下单击"音频滤镜"按钮，系统将自动弹出"音频滤镜"对话框。

（3）在可用滤镜下拉列表中选择"声音降低"选项，单击"添加"按钮，选择的滤镜样式即可显示在已用滤镜列表框中。

（4）单击"确定"按钮，即可将选择的滤镜样式添加到声音轨的音频文件，单击预览区中的"播放修整后的素材"按钮，即可试听添加声音降低滤镜的音频。

实例 5：音调偏移滤镜

（1）启动会声会影 2018，打开素材文件。

（2）在音频轨中鼠标左键双击音频文件，然后在"音乐和声音"选项卡下单击"音频滤镜"按钮，系统将自动弹出"音频滤镜"对话框。

（3）在可用滤镜下拉列表中选择"音调偏移"选项，单击"添加"按钮，选择的滤镜样式即可显示在已用滤镜列表框中。

（4）单击"选项"按钮，系统将自动弹出"音调偏移"对话框，设置半音调为6，单击"确定"按钮。

（5）单击"确定"按钮，即可将选择的滤镜样式添加到声音轨的音频文件，单击预览区中的"播放修整后的素材"按钮，即可试听添加音调偏移滤镜的音频。

第三节　影片的输出

影片编辑完成后的工作就是渲染输出。会声会影 2018 提供了多种输出方式，以适应不同的需要。下面主要介绍渲染输出影片的各种操作方法。

一、共享面板介绍

在会声会影 2018 中，单击"共享"按钮，可以从中渲染项目，并将创建完的影片按照指定的格式输出，如图 6-15 所示。

图 6-15　共享面板

二、渲染输出影片

保存视频文件后，可将视频文件进行渲染输出，并保存到计算机的硬盘上。

完成所有编辑操作后，可以将影片创建成 AVI、MPEG-2、AVC/H.264、MPEG-4、

WMV、MOV 等视频文件格式。具体的操作方法如下：

（1）执行菜单栏中的"文件"—"打开项目"命令。

（2）弹出"打开"对话框，选择项目文件，然后单击"打开"按钮。

（3）打开"共享"面板，选择视频类型。

（4）在配置文件里选择文件的分辨率等参数。

（5）在文件名文本框中输入文件名，在文件位置设置保存的路径。

（6）单击"开始"按钮，系统开始渲染影片。

（7）渲染完成后，在设定的保存位置可以看到渲染完成的影片文件，预览影片效果。

三、输出影片音频

如果不需要将整个影片输出，只需输出影片中的声音部分，即可将音频部分单独输出，以便于使用其他音频软件进行加工。具体的操作方法如下。

1. 选择音频保存路径

会声会影 2018 提供了几种音频保存格式，可以根据需要进行选择。

（1）WAV 格式支持许多压缩算法、多种音频位数、采样频率和声道。因此，WAV 的音质与 CD 相差无几，但是 WAV 格式存储空间需求大。

（2）WMA 格式可以通过减少数据流量并保持音质的方法来达到更高的压缩率目的。其存储空间需求小，可根据预览范围创建。

（3）M4A 格式声音音质很好，存储空间需求较大，压缩选项有限，不可根据预览范围创建。

（4）OGG 格式声音音质好，文件存储空间需求较小，压缩选项很多，可根据预览范围创建。

2. 单独输出项目中的声音

单独输出影片中的声音素材可以将整个项目的音频部分单独保存，以便对声音进行编辑或应用到其他影片。

（1）打开需要输出声音的素材文件，打开"分享"面板，单击"创建声音文件"按钮。

（2）弹出"创建声音文件"对话框，从中选择文件的保存路径，输入文件名。

（3）选中整个项目，单击"选项"按钮，弹出"音频保存"和"创建后播放文件"复选框。

（4）单击"确定"按钮，再单击"保存"按钮，即可将视频中所包含的音频部分单独输出，输出完成后即可试听声音。

3. WAV 格式的预览图像

在会声会影 2018 中保存为 WAV 音频格式，可单击创建声音文件对话框右下角的选取按钮，弹出选取预览图像对话框，从中可指定声音文件所对应的预览图像。这种预览图像可方便区分不同的声音文件。

复习思考题 \\\

1. 怎样创建单个标题字幕？
2. 会声会影中影片的输出方式有哪些？
3. 在会声会影中如何合成音乐和声音？
4. 如何添加多个标题？
5. 怎样设置标题的字体、颜色、大小及描边？
6. 修整素材的方式有哪些？
7. 输出影片的模板都有哪些？
8. 音频保存路径都有哪几种？它们各有什么特点？
9. 怎样单独输出项目中的声音？

第三篇

Premiere Pro

第七章

Premiere Pro 入门

★学习目标

1. 掌握新建项目的方法。
2. 了解 Premiere Pro 操作界面的特点。
3. 掌握 Premiere Pro 界面组成中各面板的功能和操作方法。
4. 掌握获取素材的方法。
5. 掌握素材格式转换的方法。
6. 掌握素材的编辑技巧。

Premiere Pro 是 Adobe 公司推出的基于非线性编辑设备的音视频编辑软件，被广泛地应用于电视台、电影编辑和广告制作领域。Premiere Pro 在非线性编辑业界享有极高的知名度，由于其具有强大的功能、简单的操作和较低的价格，因而成为非线性编辑的首选软件。与其他非线性编辑软件相比较，Premiere Pro 具有能够实时播放、字幕更加丰富、输出选项灵活、与 Adobe 产品紧密结合等特点。

第一节　启动和界面介绍

一、创建一个新项目

1. 启动 Premiere Pro CC

执行"开始"—"所有程序"—" Premiere Pro CC 2017"命令，或用鼠标左键双击桌面上的 Premiere Pro CC 快捷图标，就会出现启动界面。启动界面介绍如下。

（1）最近使用项：最近使用项目下将显示最近编辑过的几个文件，单击可以快速打开该项目文件，如图 7-1 所示。

图 7-1　打开项目

（2）启动界面下面的三个按钮。新建项目：可以创建一个新的项目文件；打开项目：打开一个已有的项目文件；帮助：打开软件的帮助中心。

2. 新建项目

执行"文件"—"新建"—"项目"命令，在弹出"新建项目"对话框中设置项目文件的名称和保存路径，如图 7-2 所示。其余都设置为默认值。然后单击"确定"按钮，新建项目的工作就完成了，将进入 Premiere Pro CC 的工作界面，即默认的操作界面，至此，程序的启动工作就完成了，接下来就可以开始编辑工作了。

如果在加载预设选项卡的列表中没有用户需要的文件类型标准，则可以在自定义设置选项卡中自行设置。

二、新建序列

开始编辑之前，需要创建一个新项目并为第一个序列选择一些设置。如果不熟悉视频和音频技术，则可能会发现有些选项令人崩溃。幸运的是，Premiere Pro 提供了简单的快捷键。此外，无论是创建视频还是音频，视频和音频的再现原则是一样的。实际上，在创建一个新项目时，用户可能想要创建一个或多个序列，并在其中放置视频剪辑、音频剪辑和图形等。如果有必要，Premiere Pro 会自动改变添加到序列中的视频和音频剪辑，以便它们匹配序列的设置。例如，帧速率和帧大小，在播放期间可以进行转换，以匹配用户为序列选择的设置，这称为相符性。

项目中的每一个序列都可以有不同的设置，而且用户可以选择能够尽可能精确匹配原始媒体的设置，以便在播放期间将相符性降至最低。这样，系统在播放剪辑时必须做的工作会减少从而提升了实时性能，并最大限度地提高了质量。

如果编辑一个混合格式的项目，可能需要选择要让哪个媒体来匹配序列设置可以轻松混合格式，但是当序列设置相匹配时，播放性能也显著提升。如果添加到序列中的第一个剪辑不匹配序列的播放设置，Premiere Pro 会咨询用户是否愿意自动更改序列设置，以进行匹配。

1. 创建自动匹配源媒体的序列

如果不确定应选择哪种序列设置，也不要担心。Premiere Pro 可以基于媒体创建一个序列。项目面板底部有一个"新建项目"菜单。可以使用此菜单创建新项目，如序列、字幕和素材箱。要自动创建与媒体相匹配的序列，在"项目"面板中将任意剪辑拖放到"新建项目"菜单上。这会创建一个与剪辑名称相同的新序列，而且具有匹配的帧大小和帧速率。使用该方法，可以确信序列设置能够与媒体一起工作。如果时间线面板是空的，可以将剪辑拖放到该面板上，创建一个具有匹配设置的序列。

2. 选择正确的预设

如果知道所需的设置，则可以准确地配置序列。如果不确定，则可以使用一个预设。单击项目面板底部的"新建项目"菜单，并选择"序列"。新建序列对话框有序列预设、设置、轨道 3 个选项卡，如图 7-3 所示。

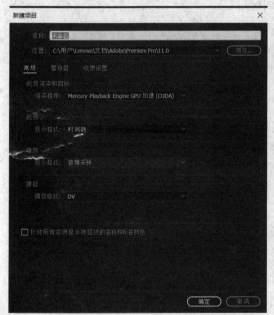

图 7-2　新建项目

图 7-3　新建序列

（1）ARRI：全球最大的专业电影设备、影片照相机（16 mm、35 mm 和 65/70 mm）和电影照明设备最大的制造商。

（2）AVC-Intra：新压缩编码方式，该编码方式完全符合 H.264/MPEG-4AVC 标准，适合用于高清摄像机和 P2 卡。P2 卡是一种数码存储卡，是为专业音视频而设计的小型固态存储卡。P2 卡符合 PC 卡标准（2 型），可以直接插入笔记本的卡槽。卡上的音视频数据即刻就可以装载，这些数据不需要数字化处理，就可以立即用于非线性编辑，或在网络上进行传送，如图 7-4 所示。

图 7-4　P2 卡

（3）AVCHD：索尼公司与松下电器于 2006 年 5 月联合发表的高画质光碟压缩技术，AVCHD 标准基于 MPEG-4、AVC/H.264 视讯编码，支持杜比数位 5.1 声道 AC-3 或线性 PCM7.1 声道音频压缩。

AC-3（DolbyDigitalAC-3）是杜比公司开发的新一代家庭影院多声道数字音频系统。AC 指的是数字音频编码，它抛弃了模拟技术，采用的是全新的数字技术。

AC-3 由五个全频域声道加一个超低音声道组成，所以被称为 5.1 个声道。五个声道包括前置的"左声道""中置声道""右声道"、后置的"左环绕声道"和"右环绕声道"。这些声道的频率范围均为全频域响应 3 ～ 20 000 Hz。第六个声道也就是超低音声道，其包含了一些额外的低音信息，使得一些场景（如爆炸、撞击声等）的效果更好。由于这个声道的频率响应为 3 ～ 120 Hz，所以称 ".1" 声道。

5.1 声道是指中央声道，前置左、右声道，后置左、右环绕声道，以及所谓的 .1 声道重低音声道。7.1 声道是在 5.1 的基础上又增加了中左和中右两个发音点。

（4）Canon XF MPEG2：佳能推出采用 MPEG-2 全高清（4:2:2）视频编码。

（5）DSLR：数码单镜反光相机（Digital Single Lens Reflex Camera，DSLR），简称数码单反相机，是一种以数码方式记录成像的照相机。属于数码静态相机（Digital Still Camera，DSC）与单反相机（SLR）的交集。

（6）DNxHD：可以创造母带品质的高清媒体，极大地降低文件大小，打破实时制作高清产品的障碍。它提高了压缩媒体的效率和不妥协的未压缩的高清质量。

三、Premiere Pro 操作界面

由于 Premiere Pro 的工作窗口和功能面板众多，不可能将它们同时全部在工作界面中显示出来，为了满足编辑工作的不同需要，Premiere Pro 预设了很多种操作界面模式，最常用的有四种操作界面。这四种界面模式可以针对不同的工作需要而显示相应的功能面板，用户可以根据需要选择适合的界面模式。

1. 编辑模式工作界面

编辑模式是 Premiere Pro 的默认界面模式，如果要从其他模式变为编辑模式，只需要执行菜单栏中"窗口"—"工作区"—"编辑"命令即可，该界面模式最适合视频片段的剪辑和连接工作。

2. 效果模式工作界面

执行菜单栏中"窗口"—"工作区"—"效果"命令，效果模式对于影片的特效添加和调试操作是最方便的。

3. 音频模式工作界面

执行菜单栏中"窗口"—"工作区"—"音频"命令，主要用于对音频素材的编辑工作。

4. 颜色修正模式工作界面

执行菜单栏中"窗口"—"工作区"—"颜色"命令，主要用于对视频素材的颜色进行调节操作。

在这几种工作界面中，一般都是利用"编辑模式"工作界面，如图7-5所示。

图 7-5　模式面板

四、标题栏和菜单栏

1. 标题栏

标题栏上主要显示软件的名称、新建的项目保存的位置及三个窗口控制按钮。

2. 菜单栏

Premiere Pro CC 的操作都可以通过执行菜单栏命令来实现。Premiere Pro CC 的菜单主要有 8 个，它们分别是"文件""编辑""剪辑""序列""标记""字幕""窗口"和"帮助"。所有操作命令都包含在这些菜单和其子菜单中。

（1）文件菜单。文件菜单中的命令主要用于各种格式文件的新建、打开、保存、导出和程序的退出操作，还提供了视频、音频采集和批处理等实用工具，如图7-6所示。

（2）编辑菜单。编辑菜单主要用于对处理的对象进行选择、剪切、复制、粘贴、删除等基本操作，还包括对系统的工作参数进行设置的命令，如图7-7所示。

图 7-6　文件菜单　　　　　　　　　　　　　　　图 7-7　编辑菜单

（3）剪辑菜单。剪辑菜单它的主要功能是对时间线窗口中导入的素材进行编辑和处理，如图 7-8 所示。

（4）序列菜单。序列菜单用于对时间线窗口操作的有关各种命令进行管理，如图 7-9 所示。

（5）标记菜单。标记菜单用于对素材进行标记的设定、清除和定位等，如图 7-10 所示。

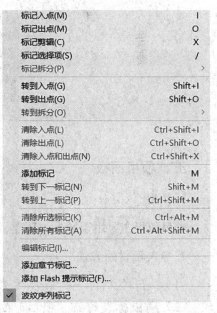

图 7-8　剪辑菜单　　　　　　图 7-9　序列菜单　　　　　　图 7-10　标记菜单

（6）字幕菜单。字幕菜单主要用于创建字幕文件或对字幕文件进行编辑处理，如图 7-11 所示。

（7）窗口菜单。窗口菜单主要用于管理各个控制窗口和功能面板在工作界面中的显示情况，如图 7-12 所示。

图 7-11　字幕菜单　　　　　　　　　　　　　图 7-12　窗口菜单

（8）帮助菜单。帮助菜单可以打开软件的帮助文件，以便用户找到需要帮助的信息，如图 7-13 所示。

图 7-13　帮助菜单

五、项目面板

1. 作用

项目面板主要用于导入、新建、存放和管理素材。"项目"面板如图 7-14 所示。

2. 导入素材的方法

（1）执行"文件"—"导入"命令或按"Ctrl+I"组合键。

（2）用鼠标左键在"项目"面板的空白处双击，弹出"导入"对话框，寻找素材导入。

（3）在"项目"面板的任意空白位置单击鼠标右键，在快捷菜单中选择"导入"。如果一次性导入多个素材，按住 Ctrl 键也可以导入文件夹中的素材。

3. 项目面板组成

"项目"面板按照不同的功能可以分为以下几个功能区，如图 7-15 所示。

图 7-14　"项目"面板　　　　　　　　　图 7-15　"项目"面板

（1）素材区。素材区位于"项目"面板中间部分，主要用于排列当前编辑的项目文件中的所有素材，可以显示包括素材类别图标、素材名称、格式在内的相关信息。默认显示方式是列表方式，如果单击"项目"面板底部工具条中的"图标视图"按钮，素材将以缩略图方式显示；再单击工具条中的"列表视图"按钮，可以返回列表方式显示。

当编辑项目所用的素材很多时，"项目"面板还允许用户通过素材箱的形式将素材分门别类地放置于不同的素材箱内。

（2）工具条。位于"项目"面板最下方的工具条提供了一些常用的功能按钮，如素材区的"列表视图"和"图标视图"显示方式图标按钮，还有"自动匹配到序列""查找""新建素材箱""新建项""清除"等图标按钮。

4. 新建素材

新建素材有以下两种方法：

（1）单击"项目"面板下的新建项。单击"新建项"按钮，会弹出快捷菜单，用户可以在素材区中快速新建如"序列""脱机文件""调整图层""标题""彩条""黑场视频""字幕""颜色遮罩""HD 彩条""通用倒计时片头""透明视频"等类型的素材。

（2）也可以执行"文件"—"新建"命令，选择对应的子命令可以新建各种类型的素材。

新建的各种素材信息如下：

1）序列：创建一个视频序列。

2）脱机文件：Premiere Pro 脱机文件是指当前并不存在的素材文件的占位符，可看作一种特殊的素材，可以记忆丢失的源素材的信息，也可以记忆已经编辑过的信息，还可以与其他真实素材一样进行编辑操作。"PR 脱机文件"的意思是 Premiere Pro 中导入的某个剪辑被移出、重命名或删除时，该剪辑就会成为脱机剪辑，因为源文件被删除或存储位置发生变化，都会导致 PR 素材丢失，出现脱机提示。

3）调整图层：其作用是通过一个新的图层来对图像进行色彩的调整，不影响图像本身。调整图层可通过蒙版来决定其下方图层某一部分采用调整的效果。

4）标题：创建标题素材。

5）彩条和 HD 彩条：创建一个彩条和高清彩条视频文件。

6）黑场视频：创建一个黑场视频文件。

7）字幕：创建一个字幕文件。

8）颜色遮罩：创建一个彩色色块。

9）通用倒计时片头：创建一个倒计时片头。

10）透明视频：新建一个透明视频，将效果添加到透明视频，就可以将效果添加到任何一个下面的素材上。利用透明视频可以加字幕或做特效。

5. 查看素材

（1）单击"项目"面板下方的"图标视图"按钮。列表中的素材将全部以缩略图的方式显示。

（2）选中素材，单击鼠标右键，在快捷菜单中选择"属性"。

（3）在"项目"面板鼠标左键双击素材图标，或将其拖动到源监视器窗口，一次可以拖几个。

6. 自动匹配到序列

自动匹配到序列是将选中的素材插入时间线。

7. 查找素材

查找素材是快速地寻找并定位素材。

8. 新建素材箱

创建素材箱，对素材进行分门别类的管理。

9. 素材重命名

如果为一个素材取一个标志性的名字，查找起来就更容易。

（1）在素材名称上鼠标左键双击，输入名称。

（2）选中素材单击鼠标右键，在快捷菜单中选择"重命名"。

六、源监视器窗口

源监视器窗口是用来查看"项目"面板中的素材和对素材做粗略的编辑。在源监视器窗口编辑素材非常方便，可以一边查看素材的内容，一边进行编辑操作，而不会影响其他素材。在源监视器窗口中有很多控制按钮，要想在源监视器窗口编辑素材，必须先弄清楚这些控制按钮的作用，如图 7-16 所示。

图 7-16　源监视器窗口

（1）设置时间标记：单击该按钮，将在当前时间指示器所在的素材位置添加一个时间标记，如图 7-17 所示。

图 7-17　设置标记点

（2）设置入点：移动时间指示器到某一时间点，单击该按钮，即可将此处设置为素材的入点，该时间点前面的片段被剪掉，如图 7-18 所示。

（3）设置出点：移动时间指示器到某一时间点，单击该按钮，即可将此处设置为素材的出点，该时间点后面的片段被剪掉，如图 7-19 所示。

图 7-18　设置入点

图 7-19　设置出点

（4）转到入点：单击该按钮，时间指示器将移动到入点的位置。

（5）转到出点：单击该按钮，时间指示器将移动到出点的位置。

（6）播放：播放素材以进行预览。

（7）后退一帧：单击一次该按钮，时间指示器向后移动一帧。

（8）前进一帧：单击一次该按钮，时间指示器向前移动一帧。

（9）插入：将素材插入时间线窗口的时间指示器所在位置，该时间点前面的素材不动，该时间点后面的素材依次后移。

（10）覆盖：将素材插入时间线窗口的时间指示器所在位置，该时间点前面的素材不动，但是后面的素材会被覆盖，而素材的总长度不变。

七、节目监视器窗口

节目监视器窗口用来播放时间线上编辑的节目，显示的是视频节目编辑合成的最终效果。在节目监视器窗口编辑素材的方法与在源监视器窗口的操作方法类似，有很多功能都相同，这里只介绍其中不相同的功能，节目监视器窗口一般要配合特效控制面板一起使用，如图 7-20 所示。

图 7-20　节目监视器窗口

节目监视器显示序列播放头所在位置的帧或正在播放的帧。时间轴中的序列显示剪辑片段和轨道。而节目监视器显示生成的视频输出节目。监视器的时间标尺是时间线的微型版本。在早期的编辑阶段很可能会花大量时间来使用源监视器，一旦将序列粗略地编辑在一起，则需要花费大量的时间来使用节目监视器和时间线。

1. 节目监视器和源监视器对比

节目监视器与源监视器的主要差别如下：

（1）源监视器显示剪辑的内容，节目监视器显示时间轴面板中当前显示的序列的内容。

（2）源监视器有"插入和覆盖"按钮来为序列添加剪辑，节目监视器具有对应的"提取"和"提升"按钮，可以从序列中删除剪辑。

尽管两个监视器都有时间标尺，但节目监视器的播放头是与当前正在时间线面板中查看的序列中的播放头相匹配的（当前序列的名称出现在节目监视器的左上角）。只要移动一个播放头，另一个播放指示器也会随之移动，这允许用户使用任何一个面板来更改当前显示的帧。

在 Adobe Premiere Pro 中处理特效时，将在节目监视器中看到结果。该规则有一个例外：主剪辑特效可以在源监视器和节目监视器中查看。

节目监视器上的标记入点和标记出点按钮与源监视器中这两个按钮的工作方式是相同的。将入点标记和出点标记添加到节目监视器时，会将它们添加到当前显示的序列。

2. 节目监视器窗口按钮介绍

（1）设置时间标记：单击该按钮，将在当前时间指示器所在的时间线位置添加一个时间标记。

（2）设置入点：移动时间指示器到某一时间点，单击该按钮，即可将此处设置为时间线的入点。

（3）设置出点：移动时间指示器到某一时间点，单击该按钮，即可将此处设置为时间线的出点。

（4）转到入点：单击该按钮，时间指示器将移动到时间线的入点位置。

（5）转到出点：单击该按钮，时间指示器将移动到时间线的出点位置。

（6）播放：播放素材以进行预览。

（7）后退一帧：单击一次该按钮，时间指示器向后移动一帧。

（8）前进一帧：单击一次该按钮，时间指示器向前移动一帧。

（9）提升：删除时间线上入点和出点之间的素材，并不删除空隙。

（10）提取：删除时间线上入点和出点之间的素材，并删除空隙。

（11）三点编辑：需要标记两个入点和一个出点，或者两个出点和一个入点，不必设置第四个点，第四个点可以由其他三个点推断出来。在源监视器窗口设置素材的入点或出点，在节目监视器窗口给时间线设置入点和出点。

（12）四点编辑：设置素材的入点和出点及序列的入点和出点。也就是在源监视器窗口设置素材的入点和出点，在节目监视器窗口给时间线设置入点和出点，如果素材长于或者短于时间线的入出点，通过设置都会改变素材的播放速度。当素材和序列的起止点都必须界定时，使用四点编辑。

八、时间线

源监视器窗口只能够对素材进行单独的编辑，而对素材片段的整体编辑和连接是在时间线窗口完成的。时间线窗口是最主要的编辑窗口，影片的绝大多数操作是在时间线窗口完成的，应该重点掌握在时间线窗口编辑的方法。

（1）时间标尺。时间标尺是一种可视化时间间隔显示工具。

（2）当前时间指示器。当前时间指示器是一个蓝色的三角形图标，其作用是标识当前所查看的视频帧，以及该帧在当前序列中的位置。

（3）时间显示。时间显示与当前时间指示器相互关联，当用户移动时间标尺上的当前时间指示器时，时间显示区域中的内容也会随之发生变化。

（4）查看区域栏。查看区域栏的作用是确定出现在时间线上的视频帧数量。

（5）设置无编号标记。如果选中时间线，单击该按钮后，即可在当前时间指示器的位置处添加标记，从而在编辑素材时能够快速地找到这些点所在位置处的视频帧，如图 7-21 所示。如果选中的是时间线上的素材片段，单击该按钮后，则会给时间线上的素材添加标记。

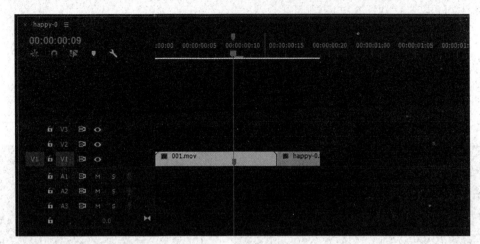

图 7-21　无编号标记

（6）对齐。用来帮助对齐素材。

（7）链接选择项。将视频和音频轨道的素材链接。

（8）时间轴显示设置。设置时间轴的显示样式。

（9）吸附。吸附用来帮助吸附素材。

（10）设置章节标记。在时间线上面添加标记可以便于以后快速访问特定的片段或帧，也可以方便其他素材片段与之对齐。

（11）锁定与解锁。锁定轨道的目的是防止误操作。

（12）同步锁定：执行"插入"命令进行编辑时，启用某一个轨道的同步锁定，在另外轨道插入素材，启用轨道的原有素材不会整体后移。例如，如果希望将视频 1 和音频 1 上编辑点右侧的所有剪辑都向右移动，同时保留视频 2 上的所有剪辑不动，则必须在视频 2 上启用"同步锁定"。

（13）隐藏轨道。隐藏轨道的目的是便于观察其他轨道素材的效果。

（14）静音、独奏、画外音。单击静音，是将该轨道的声音处理为静音状态；单击独奏，只播放该轨道的声音，其余轨道的声音被处理为静音；单击画外音，可以在该轨道录音。

（15）轨道上关键帧的添加。轨道上关键帧的添加主要用于控制素材的透明度。要为一段素材添加动画关键帧可以在特效控制面板添加，也可以在时间线窗口操作。

（16）轨道的添加、删除和重命名。有时候由于制作的影片比较复杂，默认的轨道不能满足制作的需要，就需要添加一些轨道。单击鼠标右键或执行"序列"—"添加 / 删除轨道"命令。

（17）放大时间线的显示比例：拖动鼠标指针或者用放大镜。

九、效果面板

效果面板存放着 Premiere Pro CC 2017 自带的各种音频、视频特效和效果及预置的效果。

用户可以方便地为时间线窗口中的各种素材片段添加特效。按照特殊效果类别分为五个文件夹，而每一大类又细分为很多小类。如果用户安装了第三方特效插件，也会出现在该面板相应类别的文件夹下，如图 7-22 所示。

十、效果控件（Effect Controls）面板

当为某一段素材添加了音频、视频滤镜或转场特效后，就需要在效果控制面板进行相应的参数设置和添加关键帧，画面的运动特效和透明度也是在这里设置，该面板会根据素材和特效的不同而显示不同的内容，如图 7-23 所示。

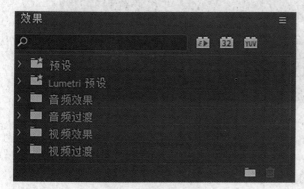

图 7-22　"效果"面板

图 7-23　"效果控件"面板

十一、音频剪辑混合器

在"音频模式"—"音频混合器"菜单中打开"音频剪辑混合器"面板，可完成对音频素材的各种处理工作，如混合音频轨道、调整音频增益和录音等，如图 7-24 所示。

十二、信息面板

信息面板显示项目窗口、源监视器窗口或时间线窗口的某一素材片段的基本信息，包括素材名称、类型、大小、开始及结束点等信息，如图 7-25 所示。

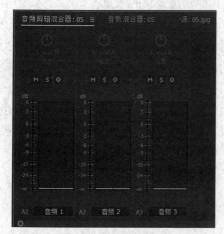

图 7-24　音频剪辑混合器

图 7-25　信息面板

十三、历史记录面板

历史记录面板会跟踪执行的步骤并可轻松备份。它是一种可视的撤销列表。如果选择前一个步骤，则在该步骤之后的所有操作步骤也将被撤销，如图 7-26 所示。

十四、主声道电平面板

主声道电平面板用于显示混合声道输出音量大小。当音量超出了安全范围时，在柱状顶端会显示红色警告，用户可以及时调整音频的增益，以免损伤音频设备。

十五、工具面板

工具面板存放着各种常用的操作工具，这些工具主要用于在时间线窗口的编辑操作。该面板提供了视频与音频编辑工作的重要编辑工具，可以完成许多特殊编辑操作。除默认的"选择工具" 外，还有"轨道选择工具"、"波纹编辑工具"、"滚动编辑工具"、"比例缩放工具"、"剃刀工具"、"外滑工具"、"内滑工具"、"钢笔工具"、"手形工具" 和"缩放工具"，如图 7-27 所示。各编辑工具的作用如下：

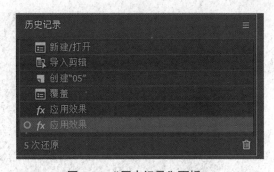
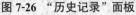

图 7-26 "历史记录"面板

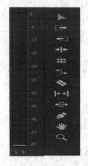

图 7-27 "主声道电平"面板和"工具"面板

（1）选择工具：选择、移动和拉伸素材。可以在轨道水平方向或轨道之间垂直方向移动素材。按住鼠标左键拖动，可以框选轨道中的素材。

（2）轨道选择工具：可以把单轨道上的所有素材选中，进行整体移动。

1）向前选择轨道工具：放在最左侧的素材上单击鼠标左键，右边所有的素材都会被选中，按住 Shift 键，则会选择所有轨道上的素材。

2）向后选择轨道工具：放在最右侧的素材上单击鼠标左键，左边所有的素材都会被选中。

（3）波纹编辑工具：使用该工具，将鼠标指针放在轨道中两个素材连接处，按住鼠标左键水平拖动可以调节其中一个素材的长度，而不影响轨道上其他素材的长度。调节素材的长度，放置三段素材，调节中间的一段，后面一段朝后移并不会被覆盖。

（4）滚动编辑工具：滚动工具用于调节一个素材和其相邻素材的长度，以保持这两个素材有组合的长度。调节相邻素材长度，使一段变长，另一段变短，总长度不会改变。

（5）比例缩放工具：用于调节素材的播放速度。在需要调节的素材边缘向左（或向右）水平拖动鼠标光标，改变原有的素材长度，以改变素材的播放速度。缩短会加快速度，拉长会使速度减慢。

（6）剃刀工具：用于裁切素材。选择该工具，在素材需要切割的位置（以时间编辑线为准），单击鼠标左键即可将素材分割为两段。

（7）滑动工具：用于改变当前一个素材的入点、出点，且不影响相邻的其他素材，并保持节目总长度不变。与错落工具的区别在于，错落工具是针对一段素材的，而滑动工具是用来改变前一段素材的出点和后一段素材的入点的。

1）外滑工具：可同时更改"时间轴"内某剪辑的入点和出点，并保留入点和出点之间的时间间隔不变。

2）内滑工具：调声画同步。选择此工具时，可将"时间轴"内的某个剪辑向左或向右移动，同时修剪其周围的两个剪辑。三个剪辑的组合持续时间以及该组在"时间轴"内的位置将保持不变。

（8）钢笔工具：用于调节对象的关键帧和不透明度等。可以在监视器窗口绘图。

（9）手形工具：可以滚动时间线窗口中的内容，以显示影片所在的不同区域。在编辑一段较长的素材时，用来滚动时间轴上的内容。

（10）缩放工具：用于放大或缩小轨道上素材时间单位，与时间线窗口左下方的缩放滑块效果相同，直接单击鼠标左键是放大轨道的显示比例；按住 Alt 键单击鼠标左键，则是缩小轨道的显示比例。

十六、媒体浏览面板

媒体浏览面板可以查找或浏览用户计算机中各磁盘的文件，如图 7-28 所示。

实例操作

实例 1：可爱的卡通人

新建一个项目，完成以下操作：

（1）执行"编辑"—"首选项"命令，单击"常规"，将静止图像默认持续时间设置为 5 帧，如图 7-29 所示。

图 7-28 "媒体浏览"面板

图 7-29 首选项面板

（2）从外部导入素材 run-1、run-2、happy0、happy1、happy2。

（3）将 run-1、run-2 按顺序拖到 V1 轨道，再复制粘贴两次。

（4）将 happy0、happy1、happy2 跟到 run-2 的后面。

（5）再将 happy1、happy2 复制粘贴两次。

（6）跟上 happy0、happy1、happy2。

（7）再将 happy1、happy2 复制粘贴两次，最终的效果如图 7-30 所示。

图 7-30　最终效果

实例 2：制作简单电子相册

具体的操作步骤如下：

（1）启动 Premiere Pro 软件，进入欢迎界面。

（2）单击"新建项目"按钮创建新项目，弹出"新建项目"对话框后对项目参数进行设置。将视频栏里的"显示格式"设置为"时间码"，"音频"栏里的"显示格式"设置为"音频采样"，"捕捉"栏里的"捕捉格式"设置为"HDV"。在"位置"栏里设置项目保存的盘符和文件夹名，在"名称"栏里填写制作的影片片名"北大风光"。在"暂存盘"选项卡中保持默认状态，单击"确定"按钮。

（3）执行"文件"—"新建"—"序列"命令，在"序列预设"选项卡的"可用预设"列表框中单击"HDV—HDV 1080p25"。在"设置"选项卡和"轨道"选项卡中保持默认状态，最后在"序列名称"文本框中填写"序列 01"，单击"确定"按钮，如图 7-31 所示。

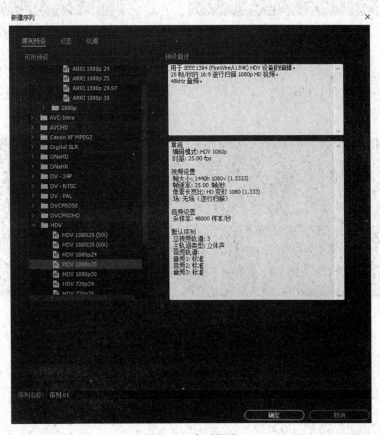

图 7-31　序列预设

（4）进入 Premiere Pro CC 主界面后，执行"文件"—"导入"命令。

（5）在弹出的"导入"对话框中找到素材文件夹，选择所用素材。

（6）在单击"打开"按钮后，"北大大门"和"未名湖"两素材被导入"项目"面板。选择"项目"面板中的所有图片素材后，单击鼠标右键，在弹出的快捷菜单中执行"速度 / 持续时间"命令，在弹出的对话框中将"持续时间"设置为 7 秒，如图 7-32 所示。

（7）单击"项目"面板中的"自动匹配到序列"按钮，并在弹出的对话框内将"顺序"设置为"排序"，"方法"设置为"覆盖编辑"，"剪辑重叠"设置为"30 秒"，"转换"选中"应用默认音频转场过渡"复选框，如图 7-33 所示。

图 7-32　速度 / 持续时间

图 7-33　自动匹配到序列

（8）单击"自动匹配到序列"对话框中的"确定"按钮，在弹出的"时间线"对话框中，可以看到两个素材自动被插入"视频 1"轨道，素材连接处添加了"交叉叠化"转场特效，如图 7-34 所示。

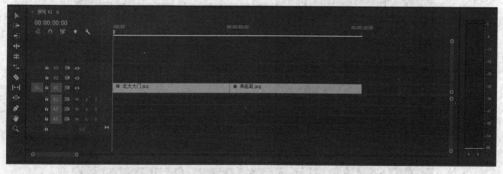

图 7-34　素材插入

（9）单击"节目"面板内的"播放"—"暂停切换"按钮以预览播出效果，如图 7-35 所示。

（10）选择"项目"面板中的所有图片素材后，按 Delete 键将其删除，在弹出对话框中单击"是"按钮，"项目"面板和"时间线序列"中的图片素材同时都会被删除。

（11）单击"项目"面板中的"新建素材箱"按钮，在"项目"面板中会新建素材箱（容器），将其命名为"北大风景"。

图 7-35 预览效果

（12）在"北大风景"文件夹上单击鼠标右键，执行快捷菜单中的"导入"命令，在弹出的"导入"对话框中选择全部 8 张素材，在单击"打开"按钮后，"北大大门"和"未名湖"等全部素材被导入"项目"面板的"北大风景"文件夹。

（13）在"项目"面板中，单击"北大风景"文件夹后，将其拖动到"时间线"面板中的"视频 1"轨道，可以观察到"北大风景"文件夹中全部图片被导入，但是此时图片之间没有过渡效果，如图 7-36 所示。

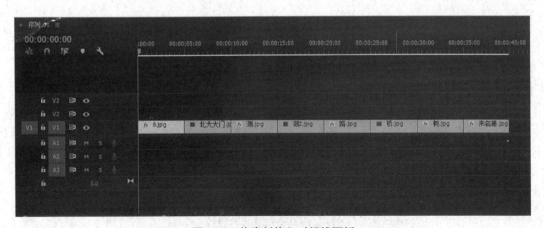

图 7-36 将素材拖入时间线面板

（14）在"效果"面板中，将视频过渡展开，选择"溶解"特效下的"交叉溶解"特效，如图 7-37 所示。

（15）移动"交叉溶解"特效至图片 1 末尾和图片 2 开始处，添加转场效果。

（16）依次在图片之间添加各种"溶解"特效，上述操作完成后即可保存项目。至此，电子相册制作完成，如图 7-38 所示。

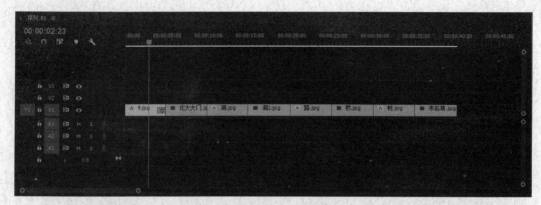

图 7-37　选择过渡特效

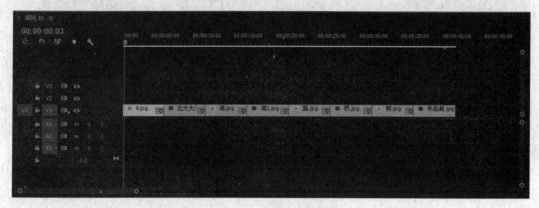

图 7-38　依次添加特效

实例 3：创建倒计时片头

具体的操作步骤如下：

（1）新建名称为"创建倒计时片头"的项目。

（2）在"新建序列"对话框的"常规"选项卡中设置项目序列参数。

（3）单击菜单栏"文件"，在下拉菜单中执行"通用倒计时片头"命令，如图 7-39 所示。

图 7-39　通用倒计时片头

（4）进入"新建通用倒计时片头"对话框，进行视频和音频参数设置，如图 7-40 所示。

（5）进入"通用倒计时片头设置"对话框，进行视频和音频参数设置，如图 7-41 所示。

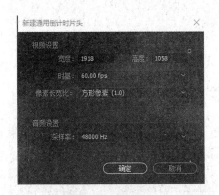 

图 7-40　设置参数　　　　　　　　　　　　　图 7-41　通用倒计时设置

（6）将创建好的"倒计时片头"素材插入"时间线"面板，在"节目监视器"中浏览效果，如图 7-42 所示。

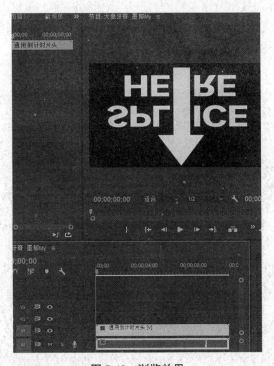

图 7-42　浏览效果

实例4：修改素材帧速率

具体的操作步骤如下：

（1）新建名称为"修改素材帧速率"的项目。

（2）在"新建序列"对话框的"常规"选项卡中设置项目序列参数。

（3）导入"素材"文件夹中的"公益广告"视频素材，如图 7-43 所示。

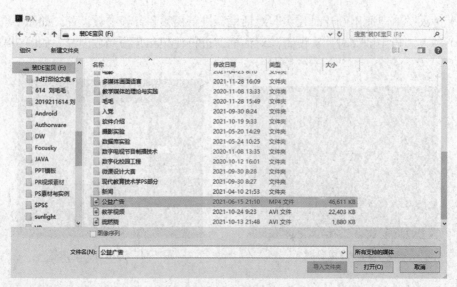

图 7-43　导入视频素材

（4）在"项目"面板中选择导入的素材并单击鼠标右键，在弹出的快捷菜单中执行"修改"—"解释素材"命令，弹出"修改剪辑"对话框，在"解释素材"选项卡下，将"采用此帧速率"的值修改为 80 fps，如图 7-44 所示。

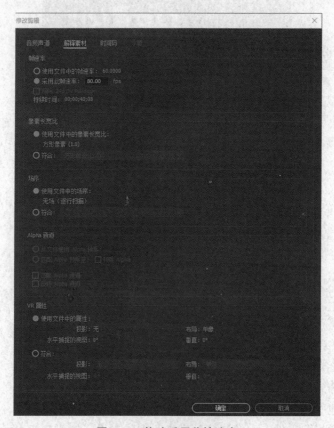

图 7-44　修改采用此帧速率

（5）关闭"修改剪辑"对话框，可以看到素材的持续时间变短了，如图 7-45 所示。

图 7-45　修改前和修改后对比

◎ **技巧提示**：如将图片匹配到序列后，在"节目监视器"中观察到影片有黑边，则需要在"项目"面板内选择所有图片素材，并在鼠标右键单击素材后执行快捷菜单中的"修改""解释素材"命令，重新定义"像素长宽比"。

第二节　获取素材与格式转换

一、采集素材

用非线性编辑软件制作节目时，首先需要把磁带里的视频素材转化为计算机可以识别的数字信号并存放在硬盘中，这一过程称为素材采集。素材采集前，要确定采集的素材源、素材采集路径及压缩比，然后在非线性编辑系统中进行相应的设置。并将录像机的视频、音频输出与非线性编辑工作站（计算机）采集卡上相应的视频、音频输入用专用线连接好，保证信号畅通。有条件时，还要接好视频监视器和监听音箱，便于对编辑过程的监视和监听。

对于 DV 摄像机拍摄的 DV 素材采集，可以通过 DV 摄像机（或 DV 录像机）的 DV 接口与计算机配有视频采集卡上的 IEE1394（DV）接口连接好，直接采集到计算机。

实例操作：采集高清素材

具体的操作步骤如下：

（1）把 HDV 录像带放进高清摄像机。

（2）用数据线把摄像机和计算机连接起来。数据线接头小的一头接摄像机，而另一头类似 USB 接口的接计算机（注意：此时摄像机应是关机状态，否则容易烧坏机器）。

（3）打开 Premiere Pro CC，在欢迎界面上选择新建项目，然后在"新建项目"窗口的"常规"选项下设置（其他可保持不变）。

1）"捕捉格式"：HDV。

2）"位置"：设置项目要保存的位置。

3）"名称"：修改项目名称。

（4）执行"文件"—"新建"—"序列"命令，在弹出的对话框"序列预置"选项卡中，选择"可用预设：HDV 1080 i25（50i）"选项，单击"确定"按钮。

（5）打开摄像机，调到 Play/Edit 状态。

（6）执行 Premiere Pro CC 中的"文件"—"捕捉"命令，弹出"捕捉"对话框。这时可能会出现以下两种情况：

1）在"捕捉"对话框左上方出现"捕捉设备脱机"字样。出现这种状况的原因有数据线没插好或摄像机没设置好，可能设置成 DV 格式了。

2）在"捕捉"对话框左上方出现"暂停"字样，并且在上面播放摄像机上的视频，这时可继续下面的步骤，进行视频采集。

（7）在"捕捉"对话框右侧"记录"选项下修改素材名称。

（8）在"捕捉"对话框右侧"设置"选项下，将捕捉格式设置为 HDV。

（9）设置捕捉出、入点。

1）在左侧或右侧的"记录"选项下可以精确设置出点和入点。

2）使用快进、快退按钮调到要开始采集的地方（或在摄像机上调制也行），单击"播放"按钮，单击"录制"按钮（等于设置了入点）开始录制，单击"暂停"按钮暂停录制，再单击"播放"按钮继续捕捉。单击"停止"按钮（等于设置了出点），此时弹出"停止"对话框，可以修改剪辑名称，确定后便完成了一个视频剪辑捕捉。因为视频会很大，捕捉视频时最好分段进行，这样容易编辑和使用几个硬盘存储。

（10）捕捉完后关掉"捕捉"对话框。此时在素材库中可以看到刚捕捉的视频剪辑，把它拖到时间线上就可以编辑了。

二、导入素材

Premiere pro CC 不仅可以通过捕捉的方式获取拍摄的素材，还可以通过导入的方式获取计算机硬盘里的素材文件。这些素材文件包括多种格式的图片、音频、视频、动画序列等。

1. 导入文件

导入文件的方法如下：

（1）执行"文件"—"导入"命令，在弹出的"导入"对话框中，选择计算机硬盘中编辑所需要的素材文件，单击"打开"按钮后，就可以在 Premiere pro CC 2017 项目窗口中看到需要的素材文件了。

（2）还可以使用快捷键 Ctrl+I 打开标准的导入对话框。这种方法最适合独立的资源，如图形和视频，尤其是如果知道这些资源在硬盘上的确切位置并且能够快速地找到它们的情况。这种导入方法不适合基于文件的摄像机素材，因为基于文件的摄像机素材通常使用复杂的文件夹结构，并且针对音频、视频、重要的附加数据及 RAW 媒体文件，使用单独的文件。

（3）使用媒体浏览器面板。对于来自摄像机的大多数媒体，可以使用媒体浏览器面板。媒体浏览器面板是一种查看媒体资源并将它们导入 Premiere Pro 的强大工具。媒体浏览器将可能使用数码摄像机拍摄的碎片文件显示为完整的视频剪辑；无论原始的录制格式是什么，都可以将每一个录制的文件看作一个带有音视频的单独的素材项目。这意味着不用处理复杂的摄像机文件夹结构，而只要处理易于浏览的图标和元数据即可。只要能够看到这些元数据，就能够在一长串剪辑列表中轻松选择正确的剪辑。

默认情况下，在编辑工作区中，可以在 Premiere Pro 工作区的左下角找到媒体浏览器与项目面板停靠在同一个框架中。也可以按 Shift+8 组合键快速访问媒体浏览器（要确保使用的是键盘顶部的数字键），如图 7-46 所示。

与任何其他面板一样，用户可以将媒体浏览器放置到其他的框架中，方法是使用其选项卡进行拖动（选项卡上显示面板的名字）。用户也可以取消停靠它，让它变为一个浮动面板。其方法是单击"面板"选项卡上的菜单，然后执行"解除面板停靠"命令。在媒体浏览器中浏览文件，与在资源管理器中浏览文件很相似，硬盘中的内容在左侧显示为导航文件夹，而且在顶部有用于前后导航的按钮，用户可以使用箭头键来选择项目。

> **提示** 如果想导入在另外一个 Premiere Pro 项目中使用的素材，可以使用媒体浏览器面板在这个项目中浏览，找到项目文件后双击鼠标左键，查看其内容。可以选择剪辑和序列，并将它们导入当前的媒体浏览器。

2. 导入的媒体类型

（1）导入图形素材。Premiere Pro CC 可导入 bmp、TGA、JPEG、PSD、GIF、TF 等格式图形素材，如图 7-47 所示。

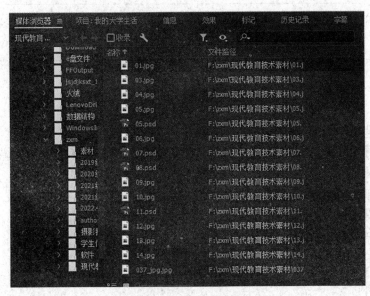

图 7-46 媒体浏览器面板

图 7-47 导入图形素材

（2）导入视频素材。Premiere Pro CC 能够导入各种编码的 AVI 文件，只要是当前系统能够播放的 AVI 文件均能够被导入。Premiere pro CC 可以导入 FLC、AVI、MPG、WMV、DV、WMF、MOV 等常见的视频格式。

（3）导入文件和文件夹。在 Premiere Pro CC 中可以将一个文件夹导入，如图 7-48 所示。

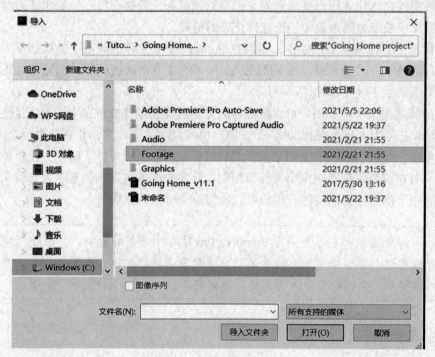

图 7-48　导入文件和文件夹

◎ **技巧提示**：导入文件夹命令只能导入所选文件夹中的文件，不能导入该文件夹中的子文件夹及其下的素材。

三、文件的导出

在剪辑完视频之后，需要输出时，具体的操作步骤如下：

（1）执行"文件"—"导出"—"媒体"命令，开启输出的整个过程。在打开的输出视频框中，左边是视频预览区域，可以不用过多地关注，重点在右边，如图 7-49 所示。

（2）设置输出的格式，里面有很多种，可以根据需要进行选定。

（3）设置输出的路径和导出选项，注意"导出音频"和"导出视频"两项都要勾选上。

（4）设定完毕，单击开始"导出"即可开始输出视频。

图 7-49　视频导出

复习思考题

1. 简述 Premiere Pro 的特点。

2. Premiere Pro 操作面板可分为哪几部分？各部分有什么作用？

3. 节目监视器与源监视器有哪些差别？

4. 工具面板中有哪些工具？简述各工具的作用。

5. 如何采集素材？

6. 素材格式如何进行转换？

第八章

Premiere Pro 视频编辑

1. 掌握在源监视器窗口编辑素材的方法。
2. 掌握在时间线窗口编辑素材的方法。
3. 掌握素材的高级编辑方法。
4. 掌握在节目监视器窗口编辑素材。
5. 掌握影片整体编辑技法。

第一节 素材编辑

一、素材初级编辑

1. 设置素材的出入点

入点和出点的功能是标识素材可用部分的起始时间与结束时间，以便 Premiere Pro CC 有选择地调用素材，使用出点与入点区间之内的素材片段。简单来说，出点和入点的作用是在添加素材之前，将素材内符合影片需求的部分挑选出来后直接使用。源监视器中使用的入点和出点标记定义了想要添加到序列中的剪辑部分，在"时间线"上使用的入点和出点标记有两个主要目的：明确 Premiere Pro 将剪辑添加到序列的什么位置；选择想要删除的序列部分使用入点和出点标记时，将它们与轨道选择按钮一起使用，可以精确选择从指定的轨道上移除整个剪辑，或移除部分剪辑，如图 8-1 所示。

较亮的区域表示所选的序列部分，这部分由入点和出点标记来定义。

（1）设置入点和出点标记。在时间轴上添加入点和出点标记与在源监视器中添加相同。主要区别是与源监视器中的控件不同，节目监视器中的控件也适用时间轴。要在播放头的当前位置向时间轴添加入点，就要确保"时间轴"面板或节目监视器是活动的，然后按 I 键或单击节目监视器中的"标记入点"按钮。要在播放头的当前位置向"时间线"添加出点，就要确保"时间线"面板或节目监视器是活动的，然后按 O 键或单击打开节目监视器中的"标记出点"按钮。

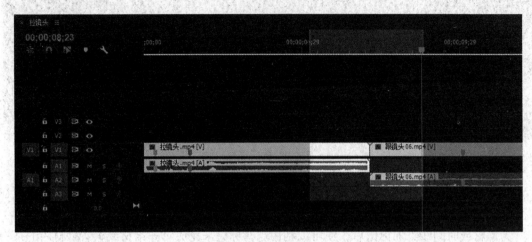

图 8-1　移除剪辑

（2）清除入点和出点标记。如果打开了一个已经带有入点和出点标记的剪辑，可以通过添加新的入点和出点做出修改；新添加的标记将取代原有的标记。也可以删除剪辑或序列中已有的标记。在时间线、节目监视器和源监视器中，删除入点和出点标记的技术是相同的。

1）在时间线中，选中剪辑。

2）按下 I 键，会在"时间线"中的剪辑开始处（左侧）添加一个入点标记。按下 O 键，在剪辑结束处（右侧）添加一个出点标记。入点和出点都添加到"时间线"顶部的时间标尺。

3）在"时间线"顶部的时间标尺处单击鼠标右键，查看菜单选项。在该菜单中选择需要的选项，或者使用以下任何一种快捷键。

Ctrl + Shift + I：清除入点。

Ctrl + Shift + O：清除出点。

Ctrl + Shift + X：清除入点和出点。

4）使用选项来清除添加的标记。

2. 设置标记

编辑影片时，有时可能很难记住有用镜头的位置，在素材或"时间线"上添加标记后，可以在随后的编辑过程中快速切换至标记的位置，从而实现快速查找视频帧，或与"时间线"上的其他素材快速对齐的目的。

（1）标记的概念。标记允许用户识别剪辑和序列中的具体时间并为它们添加注释。临时（基于时间的）标记（图 8-2）是帮助用户保持一切井然有序并与合编者进行沟通的绝佳方式。

（2）标记的添加。

1）为素材添加标记：在"源"面板中，调整当前时间指示器的位置后，单击"设置未编号标记"按钮，即可在当前视频帧的位置处添加无编号的标记。

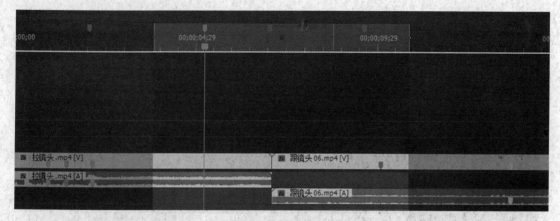

图 8-2　临时标记

2）在时间标尺上设置标记：用户不仅可以为"素材源"面板内的素材添加标记，还可在"时间线"面板内直接为序列添加标记。这样一来，便可快速将素材与某个固定时间相对齐。

为素材或时间线添加标记后，便可以利用这些标记来完成对齐素材或查看素材内的某一视频帧等操作，从而提高影片编辑的效率。

（3）标记的删除。无论是在"素材源"面板还是在"时间线"面板中，只需在时间标尺处单击鼠标右键，执行快捷菜单中的"清除素材标记""全部标记"命令，即可清除当前素材或序列内的所有标记。

（4）标记的类型。有多种标记类型可供使用，与剪辑一样，每个标记有一种颜色，可通过双击鼠标左键的方式来更改标记类型。

1）注释标记：一个通用标记，可以指定名称、持续时间和注释。

2）章节标记：DVD 或蓝光光盘设计程序可以将这种标记转换为普通的章节标记。

3）分段标记：这种标记使得某些视频服务器可以将内容拆分为若干部分。

4）Web 链接：某些视频格式（比如 Quick Time）可以在播放视频时，使用这种标记自动打开一个 Web 页面。当导出序列来创建支持的格式时，会将 Web 链接标记包含在文件中。

5）Flash 提示点：这是 Adobe Animate CC 使用的一种标记。

（5）设置序列标记。设置序列标记添加的具体步骤如下：

1）打开一个序列。

2）将"时间线"播放头放在某一位置，确保没有选中剪辑。

3）用下述的任意一种方式添加一个标记。

①单击"时间线"左上方的"添加标记"按钮。

②在"时间线"的时间标尺处单击并选择"添加标记"。

③按 M 键。

　注意　　可以在"时间轴""源监视器"和"节目监视器"的时间标尺上添加标记。在添加标记时，如果在"时间线"面板中选中了一个序列中的剪辑，则标记将被添加到选中的剪辑上，而非序列上。同一个标记出现在节目监视器的底部。

用户可以将该标记用作一个简单的视觉提醒，或者进入设置，将其修改为一种不同类型的标记。稍后用户将进行该操作，先在标记面板中看一下这个标记。再打开"标记"面板，如图 8-3 所示，默认情况下，"标记"面板与"项目"面板分在一个组，如果没有找到它，那么访问 Window 菜单并选择"标记"。

图 8-3 打开"标记"面板

提示 在"标记"面板的顶部有一个搜索框，其工作方式与"项目"面板中的搜索框一样。靠近搜索框位置的是标记颜色过滤器选项。单击其中的一个或多个选项，可以在"标记"面板中查看与单击颜色相匹配的标记。

"标记"面板显示了一个标记列表，以时间顺序显示标记。它还显示了序列或剪辑的标记，这取决于"时间线"、序列中的剪辑或源监视器是否是活动的。

4）鼠标左键双击"标记"面板中标记的缩略图。这时会显示"标记"对话框，如图 8-4 所示。

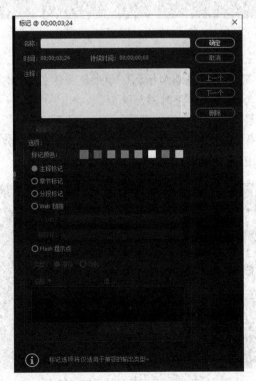

图 8-4 "标记"对话框

提示   可以鼠标左键双击标记面板中的标记，或者鼠标左键双击标记图标，打开"标记"对话框。

5）单击持续时间字段并输入 400。避免按 Enter 键，否则面板将关闭。

只要单击字段之外的地方，或者按下 Tab 键进入下一个字段，Premiere Pro 就会自动添加标点符号，将此数字转化为 00:00:04:00（4 秒）。

6）单击名字文本框并输入注释号，单击"OK"按钮。

7）当标记在"时间线"上有了持续时间，放大一点就可以看到添加的注释。

8）打开 Premiere Pro 界面顶部的"标记"菜单，查看其相关选项。

（6）剪辑标记。接下来将标记添加到剪辑上，具体的操作步骤如下：

1）在源监视器中打开素材箱中的一段剪辑。

2）播放此剪辑，并在播放它时按几次 M 键以添加标记，如图 8-5 所示。

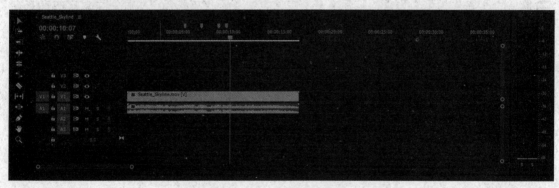

图 8-5　按 M 键以添加标记

 注意   可以使用按钮或快捷键添加标记。如果使用快捷键 M，可以轻松添加匹配音乐节拍的标记，因为可以在播放时添加标记。

3）查看"标记"面板。如果源监视器是活动的，则会列出添加的所有标记，如图 8-6 所示。为序列添加带有标记的剪辑时，会保留剪辑的标记。

图 8-6　显示添加的所有标记

4）单击源监视器，确保它是活动的。执行"标记"—"清除所有标记"命令，所有标记会从剪辑中删除。

提示　　在源监视器、节目监视器或在"时间线"的时间标尺上单击鼠标右键，并选择"清除所有标记"，也可以删除所有的标记（或当前的标记）。

在添加标记之前，可以先选择标记，然后将标记添加到序列中的剪辑。在查看剪辑时，如果剪辑已经被编辑到序列中，则添加到剪辑的标记仍然会出现在源监视器中。

用户可以使用标记用作个人参考或协作，它们可以连接到单独的剪辑或序列。默认情况下，在为剪辑添加标记时，标记包含在原始媒体文件的元数据中。这意味着可以在另一个 Premiere Pro 项目中打开此剪辑并查看相同的标记。通过执行"编辑"—"首选项"—"媒体"命令，并取消选中"导入时将 XMP ID"写入文件，可以禁用这个选项。

用户可以将与剪辑或序列相关的标记导出为 HTML 页面的形式，该页面带有缩略图或者电子表格编辑应用程序可以阅读的 CCv（逗号分隔值）文件。

执行"文件"—"导出"—"标记"命令，可以导出标记。

二、素材的高级编辑

1. 添加和显示关键帧

要为一段素材添加动画关键帧，可以在效果控件面板添加，也可以在"时间线"窗口操作。

（1）在"效果控件"面板添加关键帧。

1）在"时间线"窗口选中一段素材，执行"窗口"—"效果控制"命令。

2）单击位置前面的"切换动画"。

3）移动时间线到另一位置，改变参数，在此处又添加一个关键帧。

4）在两个关键帧之间再添加关键帧，参数由计算机自动生成。

5）用鼠标指针直接在"节目监视器"窗口拖动路径中间的关键帧，可以改变路径的形状。

实例：让静态的图像运动、改变图像的显示比例、让图像旋转并改变透明度。

制作的步骤如下：

①导入三段素材，放置在 V1 轨道上，如图 8-7 所示。

②选中其中的一段素材，打开"效果控件"面板，在位置、缩放、旋转和不透明度处按下"切换动画"按钮，设置关键帧，改变参数。移动播放头到其他位置，添加关键帧，改变参数。移动播放头到结束位置，添加关键帧，设置参数，如图 8-8 所示。

图 8-7　导入素材

③选中第一段素材进行复制，然后选中第二段素材，执行"编辑"—"粘贴属性"命令。

（2）在"时间线"窗口添加关键帧。

1）在"时间线"上添加关键帧只能改变素材的透明度。

2）选中轨道上的素材，鼠标左键双击展开轨道，定位好播放头之后，单击"添加关键帧"，改变关键帧的位置，就可以改变素材的透明度。

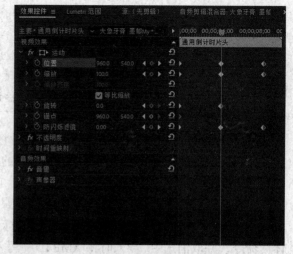

2. 执行高级修剪

到目前为止，所学的修剪方法都有其局限性。它们会因为缩短剪辑而在时间线中

图 8-8　效果控件面板

留下不想要的间隙。如果待修剪的剪辑还有相邻的剪辑，它们还将阻止延长剪辑。

幸运的是，Premiere Pro 还提供了以下几种修剪方式。

（1）执行波纹编辑。使用波纹编辑工具，而非选择工具，可以避免在修剪时创建间隙。使用波纹编辑工具修剪剪辑的方法与使用选择工具一样。当使用波纹编辑工具更改剪辑的持续时间时，会在序列中产生调整波纹。也就是说，位于所调整剪辑后面的剪辑将向左滑动以填充间隙，或者向右滑动，为更长的剪辑预留空间。

注意　执行波纹编辑时，会让其他轨道上的素材变得不同步。在进行波纹修剪时，要使用同步锁定来避免这种情况。

（2）执行滚动编辑。使用波纹编辑工具时，会改变序列的总长度，这是因为当一个剪辑变短或变长时，序列中的其他剪辑会发生移动，以封闭间隙（或者预留空间）。还有一种方式来更改编辑的时序，即滚动编辑。

滚动编辑不会改变序列的总长度，相反，滚动编辑在缩短一个剪辑的同时，延长其他剪辑，使用相同的帧数量来同时调整它们。

注意　滚动编辑修剪有时也称为双滚动修剪。

（3）执行外滑工具编辑。滑移修剪采用相同的量在适当的位置滚动可见的内容，从而在同一时刻更改序列剪辑的入点和出点。因为滑移修剪以相同的量修改了开始位置和结束位置，所以，它并没有修改序列的持续时间。就这方面来讲，它与滚动修剪一样。

滑移修剪只更改选择的剪辑，在它之前或之后的相邻剪辑不会受到影响。使用滑移工具调整剪辑有点像移动传输带，原始剪辑的可见部分在"时间线"剪辑片段内发生变化，但是剪辑或序列的长度没有发生变化。

（4）执行内滑工具编辑。内滑工具会让正在滑动剪辑的持续时间保持不变。它会以相反的方向，将剪辑的出点向左移动，将剪辑的入点向右移动，这是另外一种形式的双滚动修剪。

因为使用了相同数量的帧来更改其他剪辑的持续时间，所以序列的长度不会发生变化。

三、在节目监视器窗口编辑素材

1. 改变图像大小

（1）在节目监视器窗口中将鼠标指针移动到画面的一个角单击，鼠标指针变成了双向箭头形状，而且画面边缘出现了线框和 8 个控制点。

（2）按住鼠标左键并拖曳，可以改变画面的大小。

2. 移动画面位置

将鼠标指针放置在图层画面中央，然后按住鼠标左键并拖动，可以将图层移动到画面的任意位置。

3. 在节目监视器中修剪

如果想在执行修剪时拥有更多的控制，则可以使用节目监视器的修剪模式。该模式允许查看正在处理的修剪的传出帧和传入帧，而且有专用按钮来进行精确调整。

当节目监视器设置为修剪模式时，在所选择的编辑的周围，播放会循环出现，直到停止播放为止。这意味着可以不断调整一个编辑的修剪工作，并立即查看结果。

可以使用节目监视器的 Trim 模式控件执行三种类型的修剪，即常规修剪、滚动修剪、波纹修剪，本书前面已经提到了这些修剪。

（1）使用节目监视器中的修剪模式。在使用修剪模式时，节目监视器中的一些控件会发生改变，以便更容易专注于修剪。要使用修剪模式，操作步骤如下：

1）需要激活它，方法是选择两个剪辑之间的编辑点。

2）使用选择或修剪工具，在"时间线"中鼠标左键双击编辑点。

3）在启用了正确的"时间线"轨道指示器时，按 Shift+T 组合键。播放头会移动到最近的编辑点，并在节目监视器中打开 Trim 模式。

4）使用波纹编辑或滚动编辑工具围绕一个或多个编辑进行拖动，将它们选中，然后打开节目监视器的 Trim 模式。

5）调用修剪模式时，它会显示两个视频剪辑。左侧框显示传出剪辑（也称为 A 侧），右侧显示传入剪辑（也称为 B 侧）。帧下面是 5 个按钮和 2 个指示器。

（2）在节目监视器中选择修剪方法。前文已经学习了可以执行的 3 种修剪类型（常规、滚动和波纹修剪）。在节目监视器中使用 Trim（修剪）模式可以让过程变得更加简单，因为它提供了丰富的视觉反馈。在拖放时，无论"时间线"的视图如何缩放，它都提供了微妙的控制；即使"时间线"缩小到很小，也能够在节目监视器的 Trim（修剪）视图中进行精确的帧修剪。

有多个修饰键可以用来完善修剪选择。当选择剪辑以暂时断开视频和音频的链接时，按住 Alt 键使得仅选择剪辑的视频或音频部分变得更简单。

按住 Shift 键以选择多个编辑点，可以同时修剪多个轨道或多个剪辑点，无论在哪里看到一个修剪"手柄"，在应用修剪时都将进行调整。

组合使用两组修饰键可以针对修剪做出高级选择。

（3）执行动态修剪。执行的大多数剪辑工作会调整编辑的节奏。在许多方面，实现一个剪接的完美时序可以让编辑技艺成为一种艺术。修剪模式的循环播放可以让用户更容易知道该怎么调整剪辑的时序，但是在实时播放序列时，也可以使用快捷键或按钮对修剪进行更新。

由于修剪通常涉及恰当的编辑节奏，因此，在播放序列时完成修剪会更简单一些。在实时播放序列时，Adobe Premiere Pro 允许使用快捷键或按钮来更新修剪。

 注意　　　要控制预滚动和后滚动的持续时间，打开首选项并选择播放类型。可以用秒设置持续时间。大多数编辑发现 2 ～ 5 s 的持续时间最适当。

第二节　影片剪辑技术

对影片素材进行编辑和修剪是整个影片制作流程中必不可少的一个环节，也是 Premiere Pro CC 强大功能的主要体现之一。在 Premiere Pro CC 中，对视频素材的编辑分为分割、排序、修剪等多种操作。此外，用户还可利用编辑工具对素材进行一些较为复杂的编辑操作，使其符合影片要求的效果，并最终完成整部影片的剪辑与制作。

本节除会对编辑影片素材时用到的各种选项与面板进行介绍外，还将对创建新元素、剪辑素材和多重序列的应用等内容进行讲解，使用户能够更好地学习 Premiere Pro CC 编辑影片素材的各种方法与技巧。

一、轨道命令

在编辑影片时往往要根据编辑需要而添加、删除轨道或对轨道进行重命名操作。下面将讲解对轨道进行上述操作的方法。

1. 重命名轨道

在"时间线"面板中鼠标右键单击轨道后，执行弹出快捷菜单中的"重命名"命令，即可进入轨道名称编辑状态。此时，输入新的轨道名称后，按 Enter 键，即可为相应轨道设置新的名称，如图 8-9 所示。

2. 添加轨道

当影片剪辑使用的素材较多时，增加轨道的数量有利于提高影片编辑效率。此时，可以在"时间线"

图 8-9　设置新的名称

面板内鼠标右键单击轨道，执行弹出快捷菜单中的"添加轨道"命令。

3. 删除轨道

当影片所用的素材较少，当前所包含的轨道已经能够满足影片编辑的需要，并且含有多余轨道时，可通过删除空白轨道的方法减少项目文件的复杂程度，从而在输出影片时提高渲染速度。

4. 使用轨道锁定

轨道锁定防止对轨道进行更改。在工作时，轨道锁定是避免对序列进行意外更改，以及在特定轨道上修复剪辑的绝佳方式。例如，在插入不同的视频剪辑时，可以锁定音乐轨道。通过锁定音乐轨道，可以在编辑时忘掉它，因此，不会对它进行任何更改。

通过单击"切换轨道锁定"按钮来锁定和解锁轨道。位于锁定轨道上的剪辑使用斜线进行突出显示，如图 8-10 所示。

二、在序列中编辑素材

1. 添加素材

图 8-10 突出显示斜线

添加素材是编辑素材的首要前提，其操作目的是将"项目"面板中的素材移至"时间线"内。为了提高影片的编辑效率，Premiere Pro 为用户提供了多种添加素材的方法。

（1）在"项目"面板中，鼠标右键单击所要添加的素材，在弹出的快捷菜单中执行"插入"命令，即可将其添加至时间线内的相应轨道中。

（2）将素材直接拖曳至"时间线"面板。在 Premiere Pro 工作区中，可以直接将"项目"面板中的素材拖曳至"时间线"面板中的某一轨道后，也可以将所选素材添加至相应轨道内。

2. 复制、粘贴素材

可重复利用素材是非线性编辑系统的特点之一，而实现这一特点的常用手法便是复制素材片段。复制和粘贴素材的方法如下：

（1）选中素材，执行"编辑"—"复制"命令，再执行"编辑"—"粘贴"命令，会将后一段素材覆盖。

（2）选中素材，执行"编辑"—"复制"命令，再执行"编辑"—"粘贴插入"命令，不会覆盖后一段素材。

（3）选中素材，执行"编辑"—"复制"命令，再执行"编辑"—"粘贴属性"命令，能给几段素材添加相同的属性。

3. 调整素材的持续时间和速率

Premiere Pro CC 在序列中提供了多种方式调整素材的持续时间和速率。

（1）调整素材的持续时间。在"剪辑速度/持续时间"对话框可以精确调整。选中素材，执行"素材"—"速度/持续时间"命令，或鼠标右键单击，在弹出的快捷菜单中执行"素材"—"速度/持续时间"命令，如图 8-11 所示。或将鼠标指针移到素材入点或出点，拖动"双向箭头"图标直观调整。

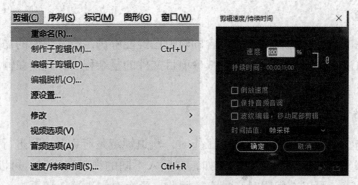

图 8-11　调整素材的持续时间

（2）调整图片素材的持续时间。将图片素材添加至"时间线"后，将鼠标指针置于图片素材的末端。当鼠标指针变为"双向箭头"形状时，向右拖动鼠标指针，即可随意延长其持续时间。

（3）调整视频素材持续时间。当所要调整的是视频素材时，Premiere Pro CC 只允许以拖动的方法来减少持续时间，用比例伸展工具调整。但是，由于播放速度并未发生变化，因此，造成的结果便是素材内容的减少。

三、修剪素材

在制作影片时用到的各种素材中，很多时候只需要使用素材内的某个片段。此时，需要对源素材进行裁切后删除多余的素材片段，这时经常用到裁切工具。

直到现在，一直在为序列添加剪辑。非线性编辑能够在序列中随意移动编辑，并且可以删除不想要的部分。

删除剪辑或部分剪辑时，使用"提升"编辑会留下间隙，而使用"提取"编辑则不会留下间隙。

提取编辑有点像插入编辑，但是顺序相反。在提取编辑中，不是将序列中的其他剪辑移动开来，为新编辑留好空间，而是序列中的其他剪辑会移动过来，填充某个剪辑删除后留下的间隙。

当缩小一个复杂的序列时，可能很难看到执行编辑之后留下的间隙。要自动查找下一个间隙，需要执行"序列"—"转到间隔"—"序列中下一段"命令。一旦找到间隙，可以通过选中并按 Delete 键的方式将其删除。

四、选择剪辑

选择剪辑是使用 Adobe Premiere Pro 的一个重要手段。例如，根据所选择的面板，会有不同的菜单选项可用。在调整剪辑之前，用户可以在序列中仔细地进行选择剪辑。

处理带有视频和音频的剪辑时，每个剪辑都有两个或多个片段，一个视频片段和至少一个音频片段。

当视频和音频剪辑片段来自同一个原始媒体文件时，会被自动视为链接的文件。如果选择一个也会自动选择另一个。在"时间线"上全局地打开和关闭链接选择的方法是鼠标左键单击"时间线"左上方的 Linked Selection 按钮（ ）。打开 Linked Selection 时，在单击序列中视频和音频剪辑时，会自动一起选中。关闭 Linked Selection 时，在单击剪辑的视频或音频部分时，只会选择单击这部分。如果有多个音频剪辑，将只选择用户单击的这个剪辑。

1. 选择剪辑或剪辑范围

有两种方法可以在序列中选择剪辑：一种是使用入点和出点标记进行时间选择；另一种是通过选择剪辑片段来进行选择。

在序列中选择剪辑的最简单的方式是用鼠标左键单击它。注意不要鼠标左键双击，因为鼠标左键双击会在源监视器中打开它，在这里可以调整入点或出点编辑。

进行选择时，可以使用默认的"时间线"工具，即选择工具。该工具的快捷键是 V。

如果在使用选择工具单击序列时按住 Shift 键，则可以选择或取消选择其他剪辑。

用户还可以将选择工具拖放到多个剪辑上，将它们选中。首先鼠标左键单击"时间线"的一个空白区域，然后拖放出一个选择框，则在该选择框中的所有剪辑都将被选中。

Premiere Pro 中有一个选项可以自动选择"时间线"播放头经过的任何一个剪辑。对于基于键盘的编辑工作流来说，此方法相当有用。执行"序列"—"选择跟随播放指示器"命令后，可以启用该选项。用户还可以按快捷键 D 选择"时间线"播放头下面当前的剪辑。

2. 选择轨道上的所有剪辑

如果想选择轨道上的所有剪辑，有两种方便的工具：向前轨道选择工具，快捷键是 A；向后轨道选择工具，快捷键是 Shift + A。

选择向前轨道选择工具，并单击视频 1 轨道的任意一个剪辑。每一个轨道上的每一个剪辑（从选中的剪辑到序列末尾的剪辑）都会被选中。当想在序列中添加一个间隙，为更多剪辑预留空间时，此方法很有用。用户可以将选中的所有剪辑拖放到右侧，以引入间隙。

在使用上面任意一个选择工具时，如果按住 Shift 键，则只选择一个轨道上的剪辑。结束后，切换回选择工具，方法是在"工具"面板上鼠标左键单击该工具，或者是按快捷键 V。

3. 仅选择音频或视频

如果已经为序列添加了剪辑，然后意识到不需要剪辑音频或视频部分，是一种很常见的情况。想要删除音频部分或视频部分，如果打开了 Linked Selection，可以临时将其覆盖。

切换到选择工具，在按住 Alt 键的同时，单击"时间线"上的一些剪辑片段，Premiere Pro 会忽略剪辑的视频和音频部分之间的链接。用户也可以使用套索工具执行此操作。

4. 拆分剪辑

如果已经为序列添加了剪辑，然后意识到需要将它分成两部分，这种情况也很常见。可能用户仅仅想选择部分剪辑并将它用作切换镜头，或者是可能想要分离剪辑的开头和结尾，以便为新剪辑留出空间。

有多种方式可以拆分剪辑。

（1）使用"剃刀"工具，如果在单击"剃刀"工具时按住 Shift 键，则会拆分所有轨道上的剪辑。

提
示
　剃刀工具的快捷键是 C。

（2）执行"序列"—"添加编辑"命令。确保选择了"时间线"，然后执行"序列"—"添加编辑"命令。只要轨道为打开状态（轨道选择按钮为打开状态），Premiere Pro 就会在该轨道的剪辑中添加一个编辑，添加位置是播放头的位置。如果在序列中选择了剪辑，则 Premiere Pro 仅将剪辑添加到选中的编辑中，而忽略轨道选择。

（3）执行"序列"—"添加编辑到所有轨道"命令。如果执行"序列"—"添加编辑到所有轨道"命令，Premiere Pro 会为所有轨道上的剪辑添加编辑，而不管轨道是否打开。原本连续的剪辑仍然会无缝播放，除非移动了它们，或者对剪辑的不同部分进行了单独的调整。

5. 链接和断开剪辑

用户可以轻松地打开和关闭一个已连接的视频和音频片段的链接。仅选择想要更改的剪辑，鼠标右键单击剪辑，并选择"启用"或者"取消链接"，如图 8-12 所示。

用户还可以使用"剪辑"命令。将剪辑再次链接到其原始音频的方法是选择剪辑和音频片段，鼠标右键单击其中一个，然后选择"链接"。链接或断开剪辑没有任何坏处，不会更改 Adobe Premiere Pro 播放序列的方式，只是提供了一种灵活性，使用户可以按照自己想要的方式处理剪辑。

图 8-12　选择断开

即使视频和音频剪辑片段链接在一起，也需要确保启用了"时间线"上的"链接选择项"，以便一起选择链接的剪辑。

五、移动剪辑

插入编辑和覆盖编辑会以截然不同的方式为序列添加新剪辑。插入剪辑会让现有剪辑向后移动，而覆盖剪辑会替换现有剪辑。处理剪辑的这两种方式可以延伸到在"时间线"上四处移动剪辑和从"时间线"上删除剪辑的技术上。使用插入模式移动剪辑时，要确保对轨道应用了同步锁定以避免可能失去同步。

在"时间线"的左上角会看到"对齐"按钮。启用"对齐"时，剪辑的边缘会自动与其他编辑的边缘对齐。这种简单但非常有用的功能有助于精确放置剪辑片段帧。

（1）在"时间线"上选择最后一个剪辑，并将它向右拖放一点，由于该剪辑之后没有剪辑，因此会在该剪辑前面添加一个间隙，这不会影响其他剪辑。

（2）确保启用了"对齐"选项，然后将剪辑拖回其初始位置。如果缓慢地移动鼠标，则会注意到剪辑片段在最后时刻跳到了初始位置。当出现这种情况时，可以确信已经完美地放置了它。注意，该剪辑也会与视频 2 轨道上切换镜头的末尾对齐。

（3）向左拖动剪辑，直到该剪辑的末尾与前一个剪辑的末尾对齐，形成重叠。松开鼠标左键时，此剪辑会替换上一个剪辑的末尾。在拖放剪辑时，默认的编辑模式是覆盖。

（4）不断撤销操作，直到将剪辑恢复到其初始位置。

六、音 / 视频素材的链接与分离

所有的影片都由音频和视频两部分组成，而这种相关的素材又可以分为硬相关和软相关两种类型。在进行素材导入时，当素材文件中既包括音频又包括视频时，该素材内的音频与视频部分的关系称为硬相关。在影片编辑过程中，如果人为地将两个相互独立的音频和视频素材联系在一起，则两者之间的关系称为软相关。

对于一段既包含音频又包含视频的素材，由于音频部分与视频部分存在硬相关的原因，用户对素材所进行的复制、移动和删除等操作将同时作用于素材的音频部分与视频部分。

事实上，为素材建立软相关的操作方法与解除素材硬相关的步骤基本相同。只不过，前者所需要的是两个分别独立的音频素材和视频素材，而后者是一个既包含音频又包含视频的素材。

七、装配序列

接下来将对剪辑素材的操作方法进行讲解。这样一来用户便可以将剪辑好的素材排列在序列上组合成自己的视频短片。

1. 插入编辑和覆盖编辑

当在"源"面板内完成要对素材进行的出入点等各种操作后，便可以将调整后的素材添加至"时间线"。接下来便将对"源"面板所提供的两种素材添加方法进行介绍。

（1）插入编辑。在当前"时间线"上没有任何素材的情况下，使用"源"面板中的"插入"功能向时间线添加素材的结果与直接向时间线添加素材的结果完全相同。

（2）覆盖编辑。与插入编辑不同，当用户采用覆盖编辑的方式在"时间线"已有素材中间添加新素材时，新素材将会从当前时间指示器处替换相应时间的原有素材片段。

2. 三点编辑与四点编辑

三点编辑和编辑四点编辑是专业视频编辑工作中经常会采用的影片编辑方法。下面对这些常用编辑的操作方法进行介绍。

（1）三点编辑。通常情况下，三点编辑用于将素材中的部分内容替换影片剪辑中的部分内容。在进行此项操作时，需要依次在素材和影片剪辑内指定 3 个至关重要的点。

1）将素材置于"源监视器"窗口。在"项目"窗口中鼠标左键双击需要剪裁的素材图标，将其置于素材"源监视器"窗口，或者按住鼠标左键将需要剪裁的素材直接从"项目"窗口拖曳到"源监视器"窗口，松开鼠标左键。

2）浏览素材。单击素材"源监视器"窗口中的"播放 / 停止切换"按钮浏览素材，或者按住鼠标左键拖动素材源监视器窗口时间标尺中的"时间线"编辑滑块快速浏览素材。

3）设置素材入点、出点。素材"源监视器"显示当前素材入点的画面，单击"设置入

点"按钮（或按I键），给素材设置入点，并在时间标尺中显示入点标记；继续播放素材，或直接在时间标尺中浏览素材时，看到需要的素材片段起始（入点）位置时，鼠标左键单击"播放/停止切换"按钮素材源监视器显示当前素材入点的画面，鼠标左键单击"设置入点"按钮（或按I键）。给素材设置出点，并在时间标尺中显示出点标记，同时在入点、出点之间显示为深色，表示该素材是被选用的片段。在素材"源监视器"窗口右下方显示素材片段的长度（时间码）。

4）预览选用的素材片段。单击素材"源监视器"窗口下方的"播放入点到出点"按钮，在素材"源监视器"窗口中可以预览被选用的素材片段内容。

5）插入编辑。插入编辑是将素材"源监视器"窗口中选择好出入点的素材片段置入"时间线"窗口序列指定的轨道和时间线确定的位置。如果序列的时间编辑线在轨道原有素材上，则原有素材将分为时间线左侧的素材保持原位置不变，时间线右侧的素材向右让出空位，便于素材"源监视器"窗口新的素材片段置于此处。

6）覆盖编辑。覆盖编辑是将素材"源监视器"窗口中选择好入、出点的素材片段置入"时间线"窗口序列指定的轨道和时间线确定的位置。如果序列的时间编辑线在轨道原有素材上，则时间编辑线左侧的素材保持原位置不变，时间线右侧的原有素材将被素材"源监视器"窗口新的素材片段所覆盖。

（2）四点编辑。四点编辑是为"时间线"窗口中的目标素材定义入点与出点（两个点），为素材"源监视器"窗口中的源素材定义入点与出点（两个点），之后鼠标左键单击"覆盖"按钮，此时系统会根据源素材片段和目标素材片段时间长度不一致提供选项。

◎ **技巧提示**：发现素材片段的入点设置不理想时，可进一步修正入点。鼠标左键单击素材"源监视器"窗口下方的"跳转到入点"按钮，也可以将时间滑块拖到入点附近，再多次鼠标左键单击"后退一帧"或"前进一帧"按钮，逐帧改变素材入点的位置，直至满意为止，再鼠标左键单击"设置入点"按钮，确定素材新的入点或出点。

---

3. 提升编辑和提取编辑

"提升"和"提取"工具可以在序列的指定轨道上删除指定的一段素材。

使用"提升"工具可以对作品进行删除或修改，但只会删除目标轨道之中选定范围内（入点和出点之间）的素材片段，对其前后的素材以及其他轨道上素材的位置都不会产生影响，看上去如同抽走一样，留下空白区。使用"提取"工具对作品进行删除或修改，不会留下空白区。

八、嵌套序列

1. 序列的定义

序列是一系列依次播放的剪辑，有时还具有多个混合图层，并且通常具有特效、字幕和音频，构成一个完整的影片。在项目中，可以拥有任意多的序列。序列存储在"项目"面板中，而且与剪辑一样，它们也有自己的图标。与剪辑一样，可以将序列编辑到其他序列（称为嵌套），可以为高级编辑工作流创建一个动态链接的序列集。

下面就制作一个新序列。

 注意　可能需要单击"向上导航"按钮才能看到素材箱。

（1）在素材箱中，将剪辑拖动到面板底部的"新建项"按钮上。这是一种制作与媒体完美匹配的序列的快捷方式。Premiere Pro 会创建一个新序列，名称与所选剪辑的名称相同。

（2）序列会在素材箱中突出显示，并且最好立刻对它进行重命名。在素材箱中鼠标右键单击该序列并选择"重命名"，对其重命名。

剪辑在序列中可能看起来有些小。可以使用"时间线"面板底部的导航条来放大。

要想查看剪辑的缩略图，需要增大视频 1 轨道的高度。

注意　如果之前已经打开了一个序列，则新序列将在同一框架中的一个新面板中打开。

提示　可以使用"时间线"面板的设置菜单，选择"最小化所有轨道"或展开所有轨道，在单个步骤中修改所有轨道的高度。

单击"时间线"面板中其名称选项卡的 × 来关闭序列。

2. 嵌套序列

嵌套序列是一个包含在其他序列中的序列。通过为每一个部分创建单独的序列，可以将一个长期的项目拆分成可管理的部分。然后可以将每一个序列（包含其所有剪辑、图形、图层、多个音频 / 视频轨道和效果）拖放到另外一个"主"序列中。嵌套序列的外观和行为与单个音频 / 视频剪辑很像，但是可以编辑它们的内容，并在主序列中看到更新后的变化。

嵌套序列有许多潜在用途。通过单独创建复杂的序列来简化编辑工作。这有助于避免冲突，防止因意外移动剪辑而破坏编辑。允许在一个单独的步骤中将一种效果应用到一组剪辑中。允许在多个其他序列中将序列用作一个源。用户可以由多个部分组成的序列创建一个用于介绍目的的序列，然后将它添加到每一个部分中。如果需要修改这个介绍目的的序列，在修改一次之后，就能在它嵌套的所有位置看到更新后的结果。允许采用在"项目"面板中创建子文件夹的相同方式来组织作品。允许为一组剪辑应用切换（这一组剪辑作为单个项目）。将一个序列剪辑到另外一个序列中时，"时间线"面板左上角的按钮可以用来选择是将序列的内容添加进去，还是将它进行嵌套处理。

嵌套序列是指向序列添加装配方式。操作时，用户只需鼠标右键单击"项目"面板中的序列后，在弹出的快捷菜单中执行"插入"命令，或直接将其拖至轨道中，即可将所选序列嵌套至"时间线"面板的目标序列内。

具体的操作步骤如下：

（1）执行"文件"—"打开项目"命令，打开项目"嵌套序列"实例。

（2）在"项目"面板"序列 01"处鼠标左键双击，在"时间线"中打开"序列 01"。

（3）在"节目监视器"窗口中鼠标左键单击"播放/停止切换"按钮，开始播放。

（4）在"项目"面板"序列02"处鼠标左键双击，在"时间线"中打开"序列02"。

（5）在"节目监视器"窗口中鼠标左键单击"播放/停止切换"按钮，开始播放。

（6）按 Ctrl+N 组合键新建"序列03"。

（7）将时间指示器退回到初始位置，依次将"序列01""序列02"拖入序列03中的"视频1"和"视频2"轨道，在节目监视器窗口中鼠标左键单击"播放/停止切换"按钮，开始播放，"序列1"和"序列2"的视频效果同时出现在"序列3"中。

3. 在"时间线"面板中打开序列

要在"时间线"面板中打开序列，请执行以下任意一个操作。

（1）在素材箱中鼠标左键双击序列。

（2）在素材箱中鼠标右键单击序列，并执行"在时间轴内打开"命令。

提示 与剪辑一样，也可以将序列拖放到源监视器中使用它。注意，不要将序列拖动到"时间线"面板来打开它，因为这会将它添加到当前序列中，或者利用它创建一个新序列。

复习思考题 \\\\

1. 直接将剪辑拖动到"时间线"面板中，应该使用哪个快捷键（Ctrl、Shift 或 Alt 键）来执行插入编辑而不是覆盖编辑？

2. 如何仅仅将剪辑的视频或音频部分从源监视器拖放到序列中？

3. 在源监视器或节目监视器中如何降低播放分辨率？

4. 如何为剪辑或序列添加标记？

5. 提取剪辑或提升剪辑之间的区别是什么？

6. Delete（删除）和 Ripple Delete（波纹删除）之间的区别是什么？

第九章

Premiere Pro 视频特效和视频转场

★学习目标

1. 掌握视频特效的定义。
2. 掌握视频特效的添加和控制方法。
3. 掌握 Premiere Pro CC 的内置视频特效。
4. 掌握视频转场的添加和控制方法。
5. 掌握运动特效的添加和控制。
6. 掌握不透明度控制的方法。

第一节　视频特效

在直接对电影胶片进行编辑的年代里，为影片添加视频特效是一件极其复杂且昂贵的事情，因为不仅需要使用售价高昂的特效制作专用设备，还需要经验丰富的操作人员。当影视节目的制作迈入数字化时代后，即使是刚刚学习非线性视频编辑的初学者也能够在 Premiere Pro 的帮助下快速完成多种视频特效的应用。视频效果能够改变素材的颜色和曝光度、修补原始素材的缺陷，可以键控和叠加画面，可以变化声音、扭曲图像，可以为影片增添粒子和光照等各种艺术效果。

一、视频效果的添加和控制方法

1.添加视频效果

Premiere Pro CC 的强大视频特效功能，使得用户可以在原有素材的基础上创建出各种各样的艺术效果。而且，应用视频特效的方法也极其简单，用户可以为任意轨道中的视频素材添加一个或者多个效果。执行菜单栏中的"窗口"—"效果"命令，选择一种效果，拖曳至"时间线"窗口需要添加视频效果的素材之上。视频效果如图 9-1 所示。

图 9-1　视频效果

2. 编辑视频特效

当为影片剪辑应用视频特效后，还可对其属性参数进行设置，从而使特效的表现效果更为突出，为打造精彩影片提供了更为广阔的创作空间，在"效果控制"面板设置参数，如图 9-2 所示。

图 9-2　"效果控件"面板

3. 视频效果的删除

在"效果控制"面板上选中所添加的效果，单击鼠标右键在弹出的快捷菜单中选择删除。

二、视频效果类型

在 Premiere Pro CC 中，系统提供了多种类型的视频效果供使用，其功能分为增强视觉效果、校正视频缺陷和辅助视频合成三大类。根据需求的不同，可针对不同问题应用不同的视频效果，从而完成对指定画面进行修饰、变换等操作，以达到突出影片主题及增强视觉效果的目的。在 Premiere Pro CC 中，用户可以根据需要为影片添加各种视频效果，同一个效果可以同时应用到多个素材上，在一个素材上也可以添加多个视频效果。

Premiere Pro CC 提供（内置）了 18 大类视频效果，这些效果放置在"效果"面板中的"视频效果"文件夹中。用户可以执行菜单栏中的"窗口"—"效果"命令，或者直接在"效果"选项卡下鼠标左键单击"视频效果"文件夹前的小三角展开按钮，展开该文件夹内 18 个子文件夹（18 大类效果），再鼠标左键单击子文件夹前的小三角展开按钮，可以分别展开该类的多种效果项目。

1. Obsolete 类

Obsolete 类效果主要通过对图像进行几何扭曲变形来制作各种各样的画面变形效果，分别为快速模糊、自动对比度、自动颜色和阴影 / 高光 4 种效果。

2. 变换（Transform）类

"变换"类视频特效主要是通过对图像的位置、方向和距离等参数进行调节，从而制作出画面视角变化的效果，可以使视频素材的形状产生二维或者三维的变化。在该类视频特效中，包含有"垂直翻转""水平翻转""羽化边缘"和"裁剪"4 种视频特效。

（1）垂直翻转：能够使影片剪辑呈现出一种在垂直方向上进行滚动的效果。

（2）水平翻转：默认设置的"水平翻转"视频转场在应用于影片剪辑后呈现出一种在水平方向上进行滚动的效果。

（3）羽化边缘：能够在屏幕画面的四周形成一圈经过羽化处理后的黑边。

（4）裁剪：对影片剪辑的画面进行切割处理。

实例制作：宁师好风光

操作步骤：

（1）打开 Premiere Pro，新建一个序列（ARRI-1080p 25），导入素材图片，将素材拖入序列中视频 1 轨道。

（2）在"效果"面板中执行"视频效果"—"变换"—"裁剪"命令，将其拖曳到视频 1 轨道的素材照片上，如图 9-3 所示。

图 9-3　添加裁剪特效

（3）添加关键帧，调整参数，对图像进行裁剪，添加羽化效果。

（4）添加一段新素材，执行"效果"面板中的"视频效果"—"扭曲"—"波形变形"命令，将其拖曳到视频1轨道的新素材上，在效果控件中对其进行编辑，添加关键帧，调整参数，如图9-4所示。

图9-4　添加波形变形特效

3. 图像控制

图像控制主要是改变图像的显示颜色。

图像控制类主要是通过各种方法对素材图像中的特定颜色像素进行处理，从而做出特殊的视觉效果，分别为灰度系数校正、颜色平衡（RGB）、颜色替换、颜色过滤、黑白5种效果。

（1）灰度系数校正：调整图像的饱和度。

（2）颜色平衡：通过单独改变像素的RGB值来调节图像的颜色和质感。

（3）颜色替换：将画面中指定的一种颜色替换成另外一种指定的颜色，其他颜色保持不变。

（4）颜色过滤：能够过滤掉图像中除指定颜色以外的其他颜色，或者只保留一种颜色，其他颜色会以灰度显示。

（5）黑白：将彩色图像转换为黑白灰度图像。

4. 实用程序

实用类主要是通过调整画面的黑白斑来调整画面的整体效果，它只有Cineon转换器一种效果。其是对素材进行色彩转换。转换的类型包括对数到对数、对数到线性、线性到对数3种。

5. 扭曲

扭曲类效果主要通过对图像进行几何扭曲变形来制作各种各样画面变形效果，在该类型的视频效果中，共包括12种不同的变形样式，分别为位移、变形稳定器、变换、放大、旋转扭曲、果冻效应修复、波形变形、球面化、紊乱置换、边角定位、镜像和镜头扭曲。

（1）位移：可以在一个层内移动图像，将图像的各部分位置偏移。当素材画面的尺寸大于屏幕尺寸时，使用"位移"视频效果能够产生虚影效果。

（2）变形稳定器：对图像做变形处理。

（3）变换：可以对图层进行缩放、旋转、倾斜、透明度等操作。

（4）放大：利用"放大"视频效果可以放大显示素材画面中的指定位置，从而模拟人们使用放大镜观察物体的效果。

（5）旋转扭曲：为素材应用"旋转"视频效果，可以使素材画面中的部分区域绕指定点来旋转图像画面。

（6）果冻效应修复：创建蒙版对图像做变形处理。

（7）波形变形："波形变形"视频效果的作用是根据用户给出的参数在一定范围内制作弯曲的波浪效果。能使图层产生波浪变形效果，模拟多种形状的波浪。

（8）球面化：将图像局部的区域变圆，产生类似鱼眼的效果。

（9）紊乱置换：将图像处理成湍流、凸出和扭转特效。能够在素材画面内产生随机的画面扭曲效果。

（10）边角定位：该特效通过改变图像 4 个边角的位置来使图像产生变形。使用它可以使图层模拟门的打开或关闭动作。

（11）镜像：利用"镜像"视频效果可以使素材画面沿分割线进行任意角度的反射操作。

（12）镜头扭曲：可以使图像产生垂直和水平偏移，以及水平棱镜和垂直棱镜效果。

实例操作 1：图像球面化处理

具体的操作步骤如下：

（1）导入素材，拖动到视频 1 轨道。

（2）选中第一张图片，执行"效果"—"视频效果"—"扭曲"命令，在"扭曲"下拉列表中选择"球面化"，拖动到素材上。

（3）添加关键帧，并改变参数，观察其效果，如图 9-5 所示。

实例操作 2：图像镜像处理

具体的操作步骤如下：

（1）打开 Premiere Pro，并新建一个序列。

（2）导入图片，并将其拉入时间轴。

（3）执行效果中的"视频特效"—"扭曲"—"镜像"命令。将特效拖至"时间轴"面板中，在"效果控制"面板中设置参数。

（4）预览效果，如图 9-6 所示。

图 9-5　扭曲变形效果

6. 时间

时间类主要是通过处理视频的相邻帧变化来制作特殊的视觉效果，包括抽帧时间、残影两种效果。

7. 杂色与颗粒

杂色与颗粒类效果主要用于去除画面中的噪点或在画面中增加噪点，根据视频效果原理的不同，又可分为 6 种不同的效果，分别为中间值、杂色、杂色 Alpha、杂色 HLS、自动杂色 HLS、蒙尘与划痕。

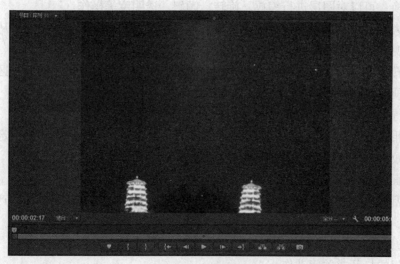

图 9-6　镜像效果

（1）中间值：能够将素材画面内每个像素的颜色值替换为该像素素材的 RGB 平均值，因此，能够实现消除噪波或产生水彩画的效果。可以用指定半径范围内像素的平均值来取代图像的所有像素。当指定的半径范围较小时，可以去除图像中的噪点，当指定的半径较大时，会产生如画笔的效果。

（2）杂色：能够在素材画面上增加随机的像素杂点，其效果类似采用较高 ISO 参数拍摄出的数码照片。

（3）杂色 Alpha：通过"杂色 Alpha"视频效果，可以在视频素材的 Alpha 通道内生成噪波，从而利用 Alpha 通道内的噪波来影响画面效果。

（4）杂色 HLS 与自动杂色 HLS：能够通过调整画面色调、亮度和饱和度的方式来控制噪波效果。

（5）蒙尘与划痕：用于产生一种附有灰尘的、模糊的噪波效果。

实例操作：图像蒙尘与划痕

具体的操作步骤如下：

（1）导入素材，拖动到视频 1 轨道。

（2）选中图片，展开"视频效果"—"杂色与颗粒"，将"蒙尘与划痕"滤镜拖动到素材上。

（3）在不同的位置添加关键帧，改变参数。

（4）观察其效果，可以看到对比的效果，如图 9-7所示。

图 9-7　蒙尘与划痕效果

8. 模糊与锐化

当素材因为摄影、机器设备问题或采集时产生的画面不清晰，或者需要画面稍许有点特殊的模糊时，可以使用模糊与锐化视频特效，对素材进行一定的处理。"模糊与锐化"组特效主要用于模糊和锐化图像，柔化边缘过于清晰或对比度过强的图像区域，甚至把原本清晰的图像变得很朦胧，以至看不清楚图像。在此类视频效果中，包含了 7 种不同的特效，分别为复合模糊、方向模糊、相机模糊、通道模糊、钝化蒙版、锐化、高斯模糊。下面将对其中几种比较常用的进行讲解。

（1）方向模糊：能够使素材画面向指定方向进行模糊处理，从而使画面产生动态效果。

（2）锐化：能够增加相邻像素的对比度，从而达到提高画面清晰度的目的。

（3）高斯模糊：能够利用高斯运算方法生成模糊效果，从而使画面中部分区域的画面表现效果更为细腻。

9. 生成（Generate）类

生成类效果是经过优化分类后新增加的一类效果，主要有书写、单元格图案、吸管填充、四色渐变、圆形、棋盘、椭圆、油漆桶、渐变、网格、镜头光晕和闪电 12 种效果。其作用都是在素材画面中形成炫目的光效或者图案。

（1）书写：可以添加一个画笔。

（2）单元格图案：给图层添加各种图案效果。

（3）吸管填充：用取样点的颜色与原始图像混合。

（4）四色渐变：可以在当前图层上加一个有 4 种渐变颜色的叠加图层，通过调节这个叠加图层的颜色和叠加方式来改变原图层。

（5）圆形：在画面上绘制不同大小和颜色的圆环或圆块，并可以通过不同的叠加方式来实现不同的效果。

（6）棋盘：可以在原图层上建立各种各样的格子图案。

（7）椭圆：可以在图像上添加椭圆的框架。

（8）油漆桶：能够使用指定的颜色来填充选定的区域。

（9）渐变："渐变"视频效果的功能是在素材画面上创建彩色渐变，并使其与原始素材融合在一起。可以在当前图层上加一个有 2 种渐变颜色的叠加图层。

（10）网格：可以在图像上添加网格特效。

（11）镜头光晕：可以在素材画面上模拟出摄像机镜头上的光环效果。

（12）闪电：可以在图像上添加闪电特效。

10. 视频

视频类效果主要是通过对素材上添加时间码，显示当前影片播放的时间，主要有 SDR 遵从情况、剪辑名称、时间码 3 种效果。

（1）SDR 遵从情况：调节素材的亮度和对比度。

（2）剪辑名称：给影片加上素材文件名。

（3）时间码：给影片加上时间码。

11. 调整

调整组滤镜能够调整图层的颜色、亮度和质感，主要用来修复素材的偏色和曝光不足等方面的缺陷。

（1）ProcAmp：调节图像的亮度、对比度、色相、饱和度。

（2）光照效果：添加灯光效果。

（3）卷积内核：通过改变每一个像素的颜色和亮度值来改变图像的质感。

（4）提取：提取图像的颜色信息。

（5）色阶：改变图像的颜色。

实例操作：给图像添加光源和百叶窗消失效果

具体的操作步骤如下：

（1）新建序列，插入素材。

（2）选中"时间线"上的素材，展开"视频效果"—"调整"，将"光照效果"滤镜拖动到素材上。

（3）在不同的位置添加关键帧，改变参数，如图 9-8 所示。

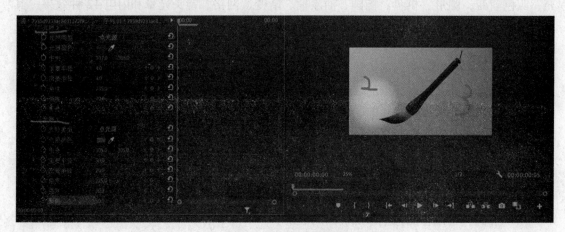

图 9-8　添加光照效果

（4）添加"过渡"—"百叶窗"效果，最终效果如图 9-9、图 9-10 所示。

图 9-9　添加过渡效果

图 9-10　添加百叶窗效果

12. 过时

改变图像的颜色、亮度、对比度，主要包括 RGB 曲线、RGB 颜色校正器、三向颜色校正器、亮度曲线、亮度校正器、快速颜色校正器、自动色阶滤镜。

实例操作："RGB 曲线"效果制作清新淡雅色调画面

具体的操作步骤如下：

（1）打开 PR 软件，鼠标左键单击"新建项目"按钮，命名"色彩调整"，创建项目。

（2）将需要的图像素材导入，再将图像素材拖动到"时间轴"上面。

（3）执行"视频效果"—"过时"—"RGB 曲线"命令，将该效果拖曳到"时间轴"视频轨道上。

（4）鼠标左键单击左上方的"效果控件"窗口，再单击"RGB 曲线"效果，调整整体效果，如图 9-11 所示。

图 9-11 添加 RGB 曲线效果

（5）调整"红色曲线""绿色曲线""蓝色曲线"，如图 9-12 所示。

图 9-12 调整 RGB 曲线效果

图 9-12　调整 RGB 曲线效果（续）

13. 过渡（Transition）类

过渡类效果主要用于场景过渡（转换），其用法与"视频转场"类似，但是需要设置关键帧才能产生转场效果，分别为块溶解、径向擦除、渐变擦除、百叶窗、线性擦除 5 种效果。

（1）块溶解：能够在屏幕画面内随机产生块状区域，从而在不同视频轨中的视频素材重叠部分间进行画面切换。

（2）径向擦除：能够通过一个指定的中心点，从而以旋转划出的方式切换出第二段素材的画面。

（3）渐变擦除：能够根据两个素材的颜色和亮度建立一个新的渐变层，从而在第一个素材逐渐消失的同时显示第二个素材。

（4）百叶窗：能够模拟百叶窗张开或闭合时的特效，从而通过分割素材画面的方式，实现切换素材画面的目的。

（5）线性擦除：可以在两个素材画面之间以任意角度擦拭的方式完成画面切换。

14. 透视

透视类效果主要用于制作三维立体效果和空间效果，分别为基本 3D、投影、放射阴影、斜角边、斜角 Alpha 5 种效果。

（1）基本 3D：该特效可以模拟平面图片在三维空间中的运动效果。

（2）阴影：可以使上面的图层产生一个阴影投射到下面的图层上，使两者产生空间距离感。

（3）放射阴影：添加放射状的阴影，要选中调整图层大小。

（4）斜角边：可以对图像的边界产生一个雕刻状的三维外观。

（5）斜面 Alpha：制作立体明暗效果，使一个平面的素材具有立体化的外观。

实例操作：给图像添加基本 3D 和投影特效

具体的操作步骤如下：

（1）新建序列导入素材，并将素材拉至时间轴。

（2）展开"效果"—"视频效果"—"透视"—"基本 3D"，并调整滤镜参数。

（3）对素材执行"效果"—"视频效果"—"透视"—"投影"滤镜命令，并调整滤镜参数，如图 9-13 所示。

图 9-13　添加"投影"滤镜

（4）预览效果，如图 9-14 所示。

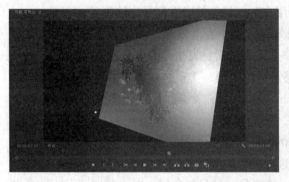

图 9-14　添加投影最终效果

15. 通道

通道类效果主要是利用图像通道的转换与插入等方式来改变图像，从而制作出各种特殊效果，分别为反转、复合运算、混合、算术、纯色合成、计算和设置遮罩 7 种效果。

（1）反转：将图像的颜色做反色显示，看起来像底片。

（2）复合运算：以数学运算方式来合并图层。

（3）混合：通过为素材图层指定一个用以混合的参考图层，然后利用不同的混合模式来做变换。

（4）算术：利用不同的计算方式来改变图像的 RGB 通道，以达到特殊的颜色效果。

（5）纯色合成：为当前图层添加单一颜色。

（6）计算：利用不同的计算方式来改变图像的 RGB 通道。

（7）设置遮罩：为当前图层指定一个参考图层，将参考图层中的某一通道信息置于当前层中的某一通道以产生运动遮罩效果。

16. 键控

键控类效果主要用于对图像进行抠像操作，通过各种抠像方式和不同画面图层叠加的方法来合成不同的场景或者制作各种无法拍摄的画面，分别为 Alpha 调整、亮度键、图像遮罩键、差值遮罩、移除遮罩、超级键、轨道遮罩键、非红色键、颜色键 9 种效果。

在合成工作中，色键是最常用的抠像方式。一般情况下，选择蓝色或绿色背景进行拍摄，演员在蓝色或绿色背景前进行表演，然后将拍摄的素材数字化，并且使用键控技术将背景颜色透明。计算机产生一个 Alpha 通道识别图像中的透明度信息，然后与计算机制作的场景或者其他场景素材进行叠加合成。背景之所以使用蓝色或绿色，是因为人的身体不含这两种颜色。

素材质量的好坏直接关系到抠像效果。光线对于抠像素材是至关重要的，因此，在前期拍摄时就应非常重视如何布光，确保拍摄素材达到最好的色彩还原度。在使用有色背景时，最好使用标准的纯蓝色或纯绿色。在将拍摄的素材进行数字化时，必须注意的是，要尽可能保持素材的精度。在有可能的情况下，最好使用无损压缩。因为细微的颜色损失将会导致抠像效果的巨大差异。

除必须具备高精度的素材外，一个功能强大的抠像工具也是完美抠像效果的先决条件。Premiere Pro CC 提供了最优质的抠像技术，利用多种抠像特效可以轻易剔除影片的背景。

在 Premiere Pro CC 中，绝大多数的抠像效果都集中在"效果"—"视频效果"文件夹中的"键控"子文件夹中。这些效果的作用都是在多个素材发生重叠时，隐藏顶层素材画面中的部分内容，从而在相应位置处显现出底层素材的画面，实现拼合素材的目的。

（1）Alpha 调整：控制图像素材中的 Alpha 通道，通过影响 Alpha 通道实现调整影片效果的目的。

（2）亮度键：用于去除素材画面内较暗的部分，而在"特效控制台"面板内通过更改"亮度键"选项组中的"阈值"和"屏蔽度"选项便可调整特效应用于素材剪辑后的效果。

（3）图像遮罩键。在 Premiere Pro CC 中，遮罩是一种只包含黑、白、灰这三种不同色调的图像元素，其功能是能够根据自身灰阶的不同，有选择地隐藏目标素材画面中的部分内容。例如，在多个素材重叠的情况下，为上一层的素材添加遮罩后，便可将两者融合在一起。

（4）差值遮罩："差值遮罩"视频效果的作用是对比两个相似的图像剪辑，并去除两个图像剪辑在屏幕画面上的相似部分，而只留下有差异的图像内容。因此，该视频效果在应用时对素材剪辑的内容要求较为严格，但在某些情况下，能够很轻易地将运动对象从静态背景中抠取出来。

（5）轨道遮罩键：从效果及实现原理来看，轨道遮罩键视频效果与图像遮罩键完全相同，都是将其他素材作为遮罩后隐藏或显示目标素材的部分内容。然而，从实现方式来看，前者是将图像添加至时间线上后，作为遮罩素材使用，而图像遮罩键视频效果则是直接将遮罩素材附加在目标素材上。

（6）非红色键："非红色键"视频效果的使用方法与蓝屏键效果相同，不同的是该视频效果能够同时去除视频画面内的蓝色和绿色背景。

（7）颜色键："颜色键"视频效果的作用是抠取屏幕画面内的指定色彩，因此，多用于屏幕画面内包含大量色调相同或相近色彩的情况，可以去除画面中的某一种颜色，主要用于蓝屏抠像。

抠像是 Premiere Pro CC 的一个重要的功能，也是实际后期编辑过程中经常会用到的视频效果，是需要重点掌握的内容。

17. 颜色校正

颜色校正是用于对素材画面颜色的校正处理，分别包括 Lumetri Color、亮度与对比度、分色、均衡、更改为颜色、更改颜色、色彩、视频限幅器、通道混合器、颜色平衡、颜色平衡（HLS）11 种效果。

18. 风格化

风格化类效果主要是通过改变图像中的像素或者对图像的色彩进行处理，从而产生各种抽象派或印象派的作品效果，也可以模仿其他门类的艺术作品，如浮雕、素描等。"风格化"类型的效果有 13 种不同样式，分别为 Alpha 发光、复制、彩色浮雕、抽帧、曝光过度、查找边缘、浮雕、画笔描边、粗糙描边、纹理化、闪光灯、阈值和马赛克。其共同点都是通过移动和置换图像像素以及提高图像对比度的方式来产生各种各样的特殊效果。下面介绍常见的几种效果。

（1）Alpha 发光：给图像的边缘做发光效果。

（2）复制：复制图像为一定的数量。

（3）彩色浮雕：做彩色浮雕效果。

（4）抽帧：抽取一定的帧，使画面播放不流畅。

（5）曝光过度：能够使素材画面的正片效果和负片效果混合在一起，从而产生特殊的曝光效果，画面偏白。

（6）查找边缘：能够通过强化过渡像素来形成彩色线条，从而产生铅笔勾画的特殊画面效果，做彩色版画。

（7）浮雕：为影片剪辑应用"浮雕"视频效果后，屏幕画面中的内容将产生一种石材雕刻后的单色浮雕效果。

（8）画笔描边：给图像整体做描边特效。

（9）粗糙边缘：能够让影片剪辑的画面边缘呈现出一种粗糙化，腐蚀而成的纹理或溶解效果，将边缘处理为不规则形。

（10）纹理化：通过应用"纹理化"视频效果，可以将指定轨道内的纹理映射至当前轨道的素材图像上，从而产生一种类似浮雕贴图的效果。

（11）闪光灯：模拟闪光灯效果。

（12）阈值：做黑白版画效果。

（13）马赛克：给图像添加马赛克特效。

Premiere Pro CC 还拥有众多的第三方外挂视频插件，这些外挂视频特效插件能扩展 Premiere Pro CC 的视频功能，制作出 Premiere Pro CC 自身不易制作或不能实现的某些效果，从而为影片增加更多的艺术效果。例如，可以制作雨、雪效果的 Final effects 插件，可以制作绚丽光斑效果的 Knoll Light Factory（光工厂）插件，可以制作扫光文字的 Shine（耀光）插件等。

三、实例制作

实例 1：局部马赛克效果制作

具体的操作步骤如下：

（1）在 Photoshop 中新建一个白背景文件，绘制黑色的圆蒙版。

（2）在 Premiere Pro CC 中，将人物图像放置视频 2 轨道，将绘制的圆蒙版放置视频 3 轨道。

（3）对人物层执行"键控"—"轨道遮罩键"命令，在"特效控制"面板中设置参数，勾选"反向"复选框，如图 9-15 所示。

图 9-15 轨道遮罩

（4）打开视频 3 轨道的"特效控制"面板，调节位置和缩放项的参数，刚好露出人物脸。

（5）给人物图层（视频 2 轨道）添加"风格化"—"马赛克"效果，如图 9-16 所示。

图 9-16 马赛克

（6）最终的效果，如图 9-17 所示。

（7）将人物图像再次引入视频 1 轨道。

实例 2：添加立方体旋转切换

本实例将使用到"3D 运动"转场特效组中的"立方体旋转"转场特效，实现图像 A 旋转以显示图像 B，两幅图像映射到立方体的两个面。

图 9-17 马赛克效果

具体的操作步骤如下：

（1）鼠标左键单击"新建项目"按钮创建新项目，在"名称"栏里输入制作的影片名为"添加立方体切换"。

（2）在"新建序列"对话框中设置项目序列参数。

（3）执行"文件"—"导入"命令，将"添加切换"文件夹中的"1.jpg""2.jpg"图像素材导入"项目"面板，选择所用素材。

（4）将导入"项目"面板的"1.jpg""2.jpg"图像素材依次插入"时间序列"面板。

（5）打开"节目监视器"面板，在该面板中浏览图像素材，如图 9-18 所示。

图 9-18　节目监视器

（6）在"节目监视器"面板中可以看到素材显示出现黑边问题，分别单击序列面板上的"1.jpg""2.jpg"，然后执行"效果控件"的视频效果。单击运动前的小三角展开按钮，对图片进行"缩放"设置，如图 9-19 所示。

图 9-19　效果控件

（7）打开"效果"选项卡，鼠标左键单击"视频过渡"文件夹前的小三角展开按钮，展开视频转场的分类文件夹，鼠标左键单击"3D 运动"分类文件夹前的小三角展开按钮，展开其小项，选择"立方体旋转"按住鼠标左键，并将该物资拖曳到"时间线"窗口序列中"season1.jpg""season2.jpg"两段图像素材之间交界处（连接处）再松开，在素材的交界处上方出现了应用切换后的标识，表示"立方体旋转"特效被应用，如图 9-20 所示。

（8）在切换的区域内拖动编辑线，或者按 Enter 键，可以在节目视窗中观看视频转场特效。

图 9-20　效果面板

实例 3：光芒字

"案例背景"有时希望让素材画面产生被强光照射后的效果，就可以利用 Premiere Pro CC 中的特效实现。

具体的操作步骤如下：

（1）新建名为"光芒字"的项目，新建序列，设置为"HDV 1080 25p"，选择存储位置并命名，鼠标左键单击"确定"按钮，即可进入 Premiere Pro CC 的界面。

（2）进入 Premiere Pro CC 主界面后，将"背景 .jpg"导入当前项目，并在将该素材添加至"视频 1"轨道后，调整该素材视频画面中的尺寸。

（3）在"项目"面板内鼠标左键单击"新建项目"按钮后，执行"字幕"命令，然后将弹出的对话框内的"名称"选项修改为"生命之光"，如图 9-21 所示。

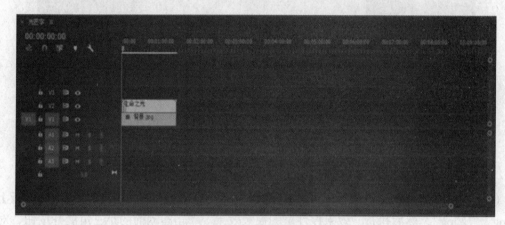

图 9-21　修改名称

（4）在"字幕"面板中，使用"文字工具"创建字幕文本后，为其应用"方正金质大黑"字幕样式。

（5）返回 Premiere Pro CC 主界面后，将"生命之光"字幕素材添加至"视频 2"轨道，并为该素材添加"风格化—Alpha 辉光"视频特效。

（6）在影片起始位置处分别为" Alpha 辉光"选项内的"发光"和"起始颜色"选项设置关键帧后，分别修改这两个选项的参数值。

（7）在影片的中间和末尾部分添加"发光"和"起始颜色"关键帧后，修改中间部分关键帧的参数，即可完成制作。

实例 4：画中画特效

具体的操作步骤如下：

（1）导入素材，拖至视频 1 轨道，首尾对齐。

（2）对人物照片执行"键控"—"轨道遮罩键"命令，如图 9-22 所示。

（3）打开 flower 图层的特效面板，将缩放设置为 110，将图层稍微放大以消除画面边缘的黑边，如图 9-23 所示。

（4）打开蒙版图层的特效面板，设置图层的位置和大小，如图 9-24 所示。

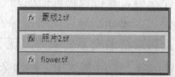

图 9-22　添加轨道遮罩键

图 9-23　调整缩放值

图 9-24　设置图层的位置和大小

（5）打开照片的特效面板，设置运动特效，如图 9-25 所示。

图 9-25　设置运动特效

第二节　视频转场

一、视频转场的概念

在制作一部影视节目时，往往要用到成百上千的镜头，镜头应该说是组成影片的基本单位。当通过拍摄或其他方法获取了各种镜头素材后，就需要将这些镜头按照预先的规划连接成完整的影片，这些镜头的画面和视角大多千差万别，因此，直接将这些镜头连接在一起会让整部影片显示断断续续。为此，在编辑影片时需要在镜头之间添加视频转场，使镜头与镜头之间的过渡更为自然、顺畅，使影片的视角连续性更强。这种镜头之间的连接就叫作切换或转场。所以，视频转场泛指影片镜头间的衔接方式（也称视频过渡、视频转场）。

视频镜头的切换可以粗略地分为"硬切"和"软切"两种，所谓"硬切"就是上一个镜头播放完后直接播放下一个镜头，其中不添加任何用于转化的特效，这种转场方式在各种纪实性影片或一些影片的快节奏片段中使用非常广泛。而"软切"是在两个镜头之间添加艺术性的衔接，使镜头的转换有一个过渡，它最基本的作用是避免由于两个镜头的内容、场景或节奏差别太大而产生的情节跳跃。

Adobe Premiere Pro CC 提供了几种效果和预设动画来帮助用户在"时间线"中连接相邻的剪辑，如图 9-26 所示。这些切换（如溶解、翻页等）提供了一种轻松地从一个场景切换到另一个场景的方式。有时，切换还可以用于引起观看者的注意力，来表示故事中的重大转

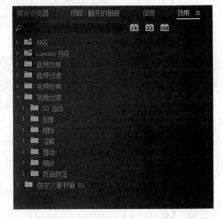

图 9-26　视频过渡面板

折。为项目添加切换是一门艺术。应用切换在刚开始时很简单，只需要将需要的切换拖放到两个剪辑之间的镜头上即可。但是，切换的技巧存在于其位置、长度和参数方面，如方向、运动和开始／结束位置。

用户可以在"时间线"和"效果控件"面板中调整切换的设置。除每种切换特有的各种选项外，"效果控件"面板还显示了 NB 时间轴，如图 9-27 所示。该功能使下列操作变得更简单：相对于编辑点移动切换；更改切换的持续时间；为没有足够头帧或尾帧（用来提供覆盖的额外内容）的剪辑应用切换。用户也可以为一组剪辑中的所有镜头应用切换效果。

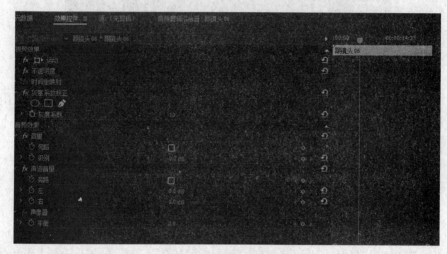

图 9-27　效果控件时间轴

二、何时使用切换

切换能够最有效地帮助观看者理解故事。例如，在视频中，可能想从室内切换到室外，或者是在同一个位置向前跳几个小时。动画切换、褪为黑色或溶解可帮助观看者理解时间已经流逝或者位置发生了变化。

初学者有时会过度使用切换，这样做的原因可能是很容易使用切换来添加视觉趣味。用户可能倾向于为每一个镜头都使用切换。千万不要这样做，或者至少在第一个编辑中不要使用切换。

大多数电视节目和故事片电影仅使用剪接编辑，很少看到切换。为什么呢？因为只有当一种效果能够带来额外的具体好处时，才应该使用这种效果，但是大多数情况下，切换效果并没有带来好处。事实上，切换效果会分散观众的注意力。

三、视频内置转场特效

（1）3D 运动组转场特效：可以给镜头之间添加立方体旋转和翻转滤镜特效。

（2）划像组转场特效：可以给镜头之间添加交叉划像、圆划像、盒型划像和菱形划像过渡特效。

（3）擦除组转场特效：可以给镜头之间添加划出、双侧平推门、带状擦除、径向擦除、插入、时钟式擦除、棋盘擦除、楔形擦除、水波块、油漆飞溅、渐变擦除、百叶窗、螺旋框、随机块、随机擦除、风车等过渡特效。

（4）溶解组转场特效：可以给镜头之间添加交叉溶解、叠加溶解、渐隐为白色、渐隐为黑色、胶片溶解、非叠加溶解等过渡特效。

（5）滑动组转场特效：可以给镜头之间添加中心拆分、带状滑动、拆分、推和滑动等过渡特效。

（6）缩放组转场特效：可以给镜头之间添加交叉缩放过渡特效。

（7）页面剥落组转场特效：可以给镜头之间添加翻页、页面剥落过渡特效。

实例制作：页面剥落

（1）新建一个项目，新建一个序列。

（2）导入两张图片做素材，将两张图片拖到视频 1 轨道。

（3）在"效果"面板，找到视频过渡，选择"页面剥落"中的"页面剥落"选项，拖曳到两段素材中间。

（4）设置后的效果如图 9-28 所示。

图 9-28　页面剥落转场效果

四、使用编辑点和手柄

要理解切换效果，需要理解编辑点和手柄。编辑点是"时间线"中的一个点，表示一个剪辑结束，下一个剪辑开始（这通常称为剪接 cut）。它们很容易被看到，因为 Premiere Pro CC 绘制了垂直线来显示一个剪辑结束而另一个剪辑开始的位置（与相邻的两块砖很像），如图 9-29 所示。

将剪辑的一部分编辑到序列中时，位于剪辑开头和结尾的未使用部分仍然是可用的，只不过隐藏了起来。剪辑手柄就是这些未使用的部分。

在第一次将剪辑编辑进序列中时,可以设置入点和出点标记选择想要剪辑哪些部分,如图 9-30 所示。在剪辑最初的开始位置设置的入点标记之间有一个手柄。在剪辑最初的结束位置设置的出点标记之间也有一个手柄。

图 9-29　编辑点

图 9-30　开始位置的手柄

当然,可能没有使用入点和出点标记,或者是只在剪辑的开头或结束设置了一个入/出点或其他标记。此时,将不存在未使用的媒体,或者是未使用的媒体在剪辑的一端。

在"时间线"上,如果在剪辑的右上角或左上角看到了一个小三角形,则表示到达了原始剪辑的末尾,而且没有可用的其他帧(称为手柄),如图 9-31 所示。

在这个例子中,中间位置的剪辑在开始位置(左侧)有一个可用的手柄,但是在末尾(右侧)则没有手柄。要想让切换奏效,需要用到手柄,因为在创建切换效果时,手柄用来创建所需的重叠。

图 9-31　剪辑末尾的手柄

在应用了切换效果后,这些未使用的剪辑部分才成为可见的。切换效果自动在传出剪辑和传入剪辑之间创建一个重叠。例如,如果在两个视频剪辑的中间应用一个 2 秒的 Cross Dissolve(交叉溶解)切换,则需要两个剪辑都有一个 1 秒的手柄(每个剪辑的另外 1 秒在 Time line 上通常是不可见的)。

五、转场特效的添加和控制

1.添加转场特效

Premiere Pro CC 提供了多种视频过渡效果供大家选择。大多数选项位于"效果"面板中的视频过渡组中。

执行菜单栏中的"窗口"—"特效"命令,选择一种转场特效,拖曳至"时间线"窗口中两端视频素材之间,如图 9-32、图 9-33 所示。

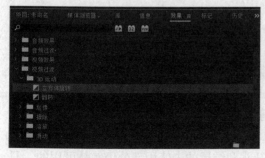

图 9-32　3D 运动特效

图 9-33　立方体旋转

2. 设置转场特效参数

在"特效控制"面板设置参数，如图 9-34 所示。

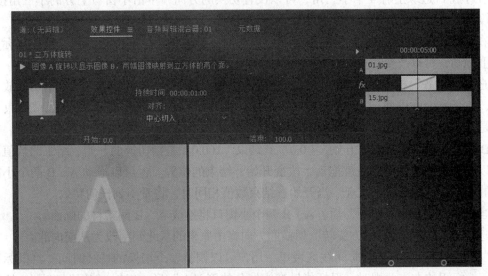

图 9-34　设置特效参数

3. 改变转场设置

为影片添加切换后，可以改变切换的长度。最简单的方法是在序列中选中切换标识，并拖动切换标识边缘即可。还可以在"效果控件"面板中对切换做进一步的调整。用户在序列中鼠标左键双击切换标识，直接打开"效果控件"面板。也可以在序列中单击切换标识，并在监视器窗口素材视窗中单击"效果控件"面板，如图 9-35 所示。

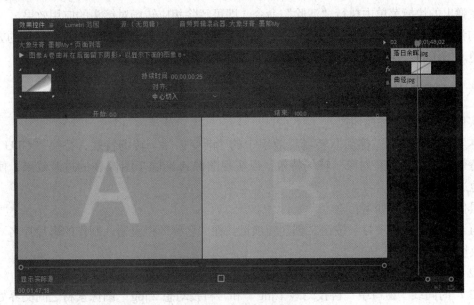

图 9-35　改变转场设置

右上方表示切换的过渡内容，A和B分别代表特效应用的前、后两段素材，即从素材A过渡到素材B。单击左上方的小三角按钮，可以在小窗口中看到该切换的过程。

在小窗口边缘上有4个小三角，可以设置切换的方向，单击小窗口上方的小三角按钮，表示设置"立方体旋转"的切换是由上向下过渡的。

在小窗口右边是切换的"持续时间"，以小时、分、秒、帧的形式出现。按住鼠标左键在其上拖动，可以改变切换的时间。

选择"对齐"栏中的选项，可以校准转换特效。其中，"居中于切口"是指切换放在素材A、B交界处的中间；"开始于切口"是指切换开始点在素材B的开始点上；"结束于切口"是指切换结束点放在素材A的结束点上。

B两个小窗口上方的"开始"（0.0）、"结束（100.0）是指切换的开始、结束的数值。用户可以在数值上按住鼠标左键拖动，改变开始、结束的位置。也可以拖动A、B两个小窗口下方的两个小三角滑块来实现。当开始、结束数值相同时，将看不到任何特效。

当选中"显示实际来源"后，A、B两个小窗口将换成A、B两素材的画面。

选中"反转"后，"立方旋转"切换的方向将由原来的从北到南改为从南向北。

"特效控制"的右侧的时间线区域里，用户可以调整整个切换的持续时间。将鼠标指针放在切换标识的左右两端时，鼠标指针变为红色的倒"山"形（"波纹编辑"工具），按住鼠标左键拖动，可以缩放切换的过渡时间长度。

4. 清除和替换切换

在编排镜头的过程中，有些时候很难预料镜头在添加视频转场后产生怎样的效果。此时，往往需要通过清除、替换切换的方法，尝试应用不同的切换，并从中挑选出最为合适的效果。

感觉当前所应用视频转场不太合适时，只需在"时间线"面板内鼠标右键单击视频转场后，在弹出的快捷菜单中执行"清除"命令，即可解除相应转场对镜头的应用效果。

与清除切换后再添加新的切换相比，使用替换切换来更新镜头所应用视频转场的方法更为简便。操作时，用户只需将新的切换效果覆盖在原有切换上，即可将其替换。

六、实例制作

实例1：清除和替换切换

本实例将使用到"擦除"转场特效组中的"渐变擦除"转场特效，替换"GPU划像"转场特效组中的"交叉划像"转场特效，以实现图像A渐隐于图像B的过渡效果，使画面平稳地过渡。

具体的操作步骤如下：

（1）单击"新建项目"按钮，创建新项目，在"名称"栏里输入制作的影片片名"清除和替换切换"。

（2）执行"文件"—"打开项目"命令，打开"切换设置"项目文件。

（3）"时间线"窗口中"科技幻想1.jpg"和"科技幻想2.jpg"图像素材之间交界处上方出现了应用"交叉划像"切换后的标识，如图9-36所示。

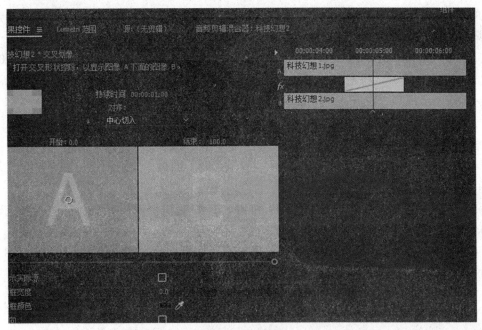

图 9-36 交叉划像

（4）在切换的区域内拖动编辑线，或者按 Enter 键，可以在节目监视器窗口中观看视频转场特效。

（5）在"时间线"面板内鼠标右键单击视频转场后，在弹出的快捷菜单中执行"清除"命令，即可解除相应切换对镜头的应用效果，如图 9-37 所示。

图 9-37 清除特效

（6）展开"效果"选项卡，切换到"效果"面板，展开"视频转场"文件夹，再展开"擦除"子文件夹，显示该文件夹下的所有切换项目。

（7）在"擦除"文件夹中选择"渐变擦除"效果，然后按住鼠标左键，将其拖动到"时间线"窗口上的两素材"科技幻想 1.jg"和"科技幻想 2.jpg"图像素材交界处释放新的"渐变擦除"切换效果覆盖在原有的"交叉划像"切换效果上将其替换。

（8）在切换的区域内拖动编辑线，或者按 Enter 键，可以在节目视窗中观看视频转场特效。

（9）按照上面方法，可以在需要添加切换效果的片段间加入视频转场的其他效果。

实例 2：翻开的相册

具体的操作步骤如下：

（1）导入素材 a-01、a-02、a-08、a-11、a-14、a-15、kuang-01、kuang-02、kuang-03。

（2）新建序列 01，将素材 a-02 拖曳至视频 1 轨道，素材 a-01 拖曳至视频 2 轨道，素材 kuang-01 拖曳至视频 3 轨道，并将 kuang-01 长度设置为 5 秒。

（3）选中时间线中的 a-01，打开"效果控制"面板，分别调整位置（210，196）、缩放（50）和旋转（−12°）参数。

（4）选择视频 1 轨道中的 a-02，打开"效果控制"面板，分别调整位置（532.5，342）、缩放（44.8）和旋转（12.8°）参数。

（5）新建序列 02，将素材 a-08、a-14 和 kuang-02 拖曳至视频 1、视频 2、视频 3 轨道，并将 kuang-02 长度设置为 5 s。

（6）选中时间线中的 a-14，打开"效果控制"面板，分别调整位置（191.3，328）、缩放（49.7）和旋转（−14.9°）参数。

（7）选中时间线中的 a-08，打开效果控制面板，分别调整位置（513.8，168）、缩放（46.1）和旋转（0°）参数。

（8）新建序列 03，将素材 a-15、a-11 和 kuang-03 拖曳至视频 1、视频 2、视频 3 轨道，并将 kuang-03 长度设置为 5 s。

（9）选中时间线中的 a-11，打开效果控制面板，分别调整位置（165，178）、缩放（48.4）和旋转（11°）参数。

（10）选中时间线中的 a-15，打开效果控制面板，分别调整位置（493，338）、缩放（47.1）和旋转（−8.4）参数。

（11）选中时间线中的 a-11，单击鼠标右键，执行"速度 / 持续时间"命令，将速度设置为 91.91%。

（12）新建合成序列，将序列 01、序列 02、序列 03 全部拖至合成序列的视频 1 轨道，在两两之间添加转场特效。

实例 3：相框中的回忆

具体的操作步骤如下：

（1）新建序列，执行"编辑"—"首选项"—"常规"—"静止图像"，将默认时间设置为 150 帧。

（2）导入少儿、少年、青年、相框素材，将少儿、少年、青年拖至视频 1 轨道，共 18 秒。拖相框至视频 2 轨道，拉长为 18 秒。

（3）调节素材的大小，将其放到相框里。

（4）在素材两两之间添加"溶解"—"交叉溶解"转场特效。

第三节　使用运动特效

在 Premiere Pro CC 中，可以通过在"特效控制面板"的运动选项组的各项添加关键帧，并将各个关键帧设置为不同的参数来使静态的素材产生动态效果。

一、运动特效

1. 控制图像移动

位移特效是指素材图像从画面的一个位置移动至另一个位置的运动效果。可通过在"效果控件"面板中，设置"位置关键帧"的方法实现简单的位置移动动画。在"效果控制"面板中单击"位置"前面的关键帧按钮，并设置其参数，然后拖动时间指示器到其他位置，更改位置参数，这样自动生成第二个关键帧。重复前面的操作，最后将鼠标指针移到节目监视器窗口，在图像运动路径上的任意一个关键帧上单击鼠标右键，在弹出的快捷菜单中执行"空间插值"—"贝塞尔曲线"命令，在该关键帧上面会出现两个贝塞尔调节手柄，用鼠标在节目监视器窗口调节贝塞尔手柄的方向和长度，在看到路径形状变化的同时也会看到特效面板中的动画曲线形状的变化，鼠标右键单击第二个关键帧，在弹出的快捷菜单中执行"插值"—"定格"命令，将关键帧冻结，运动路径和动画曲线就创建好了。

2. 控制图像缩放

缩放运动特效是指通过改变素材图像画面的比例，使之放大或缩小的运动效果。在"效果控件"面板中，可通过调整素材在不同关键帧上的大小来实现。

缩放图像的大小往往是为了匹配素材和屏幕尺寸，如果一个素材图像的尺寸和项目文件的设置不一致，就会出现屏幕黑边或者图像显示不全的现象。利用图像的缩放功能来制作动画也是一个不错的选择。要制作图像的缩放动画，可以这样去操作。

选中"时间线"上视频轨上的素材，打开"效果控件"面板，单击"运动"选项，就会在节目监视器窗口看到在图像的边缘出现了线框和 8 个控制点，更改缩放的值。重复前面的操作，继续添加关键帧，用鼠标指针直接向下拖动动画曲线中间的关键点，可以改变动画曲线的形状。鼠标右键单击中间的关键帧，在弹出的快捷菜单中鼠标左键单击"自动贝塞尔曲线"。

3. 控制图像旋转

旋转功能可以使图像在屏幕中沿顺时针或逆时针方向旋转，它最初的功能是用来调整视角倾斜的图像。将旋转功能和移动、缩放等功能结合使用可以制作出很丰富的动画效果。

旋转运动特效是指素材图像围绕指定轴线进行转动，并最终使其固定至某一状态的运动效果。在"特效控制台"面板中，可通过设置旋转关键帧调整素材旋转角度的方法来制作。

Premiere Pro CC 中的关键帧可以帮助用户控制视频或音频特效内的参数变化，并将特效的渐变过程附加在过渡帧中，从而形成个性化的节目内容。

二、不透明度控制

制作影片时，降低素材的不透明度可以使素材画面呈现半透明效果，从而利于各素材之间的混合处理。在 Premiere Pro CC 中，选择需要调整的素材后，在"效果控件"面板中鼠标左键单击"不透明度"折叠按钮，即可打开用于所选素材的"不透明度"数值调节。

不透明度参数控制着素材在画面中的显示状态，参数范围为 0 ～ 100。0：完全透明；100：完全不透明。在"效果控件"面板中，可以在素材的不同位置设置该参数的不同关键帧来实现若隐若现、淡入淡出等效果。

在非线性编辑中，每一个视频素材就是一个图层，这些图层以不同的不透明度相叠加就组成了最终的画面效果，图层的不透明度是可以控制的，包括图层的整体不透明度和某一部分的不透明度。

1. 淡入淡出效果

淡入淡出是控制不透明度的最基本用法，它通过动态地调节图层的整体不透明度来控制前后两段图像的转换和衔接。在特效控制面板中，在开始和结束位置添加关键帧更改不透明度的参数值。

2. 轨道蒙版

在 Premiere Pro CC 中可以将上面轨道的图像的灰度值作为下面轨道图像的蒙版来使用，而蒙版的来源可以是上层图像的亮度通道，也可以是 Alpha 通道。制作的方法：在视频 1 和视频 2 轨道上放置素材，在视频 1 轨道上的素材添加轨道蒙版特效，在特效控制面板勾选"翻转遮罩"复选框。

实例：设置不透明度

不透明度参数控制着素材在画面中的显示状态。若在素材结束位置设置该参数的不同关键帧参数，可实现素材的淡入淡出效果，本实例即是介绍素材关键帧淡入淡出的过渡效果的制作方法。

（1）新建项目文件"设置不透明度"。在"新建序列"对话框"设置"选项卡的"编辑模式"选项中选择"HDV 1080 P25"；在"视频"选项中，"像素长宽比"选择"D1/DV PAL 宽银幕 16：9（1.4587）"。

（2）将素材"1.jpg"和"2.jpg"导入"项目"面板。

（3）在"时间线"面板中选择"视频 1"轨道，并且将时间滑块指向 00:00:00:00 位置。在"项目"面板中选中"1.jpg"和"2.jpg"素材文件，执行菜单中的"素材"—"插入"命令，如图 9-38 所示。

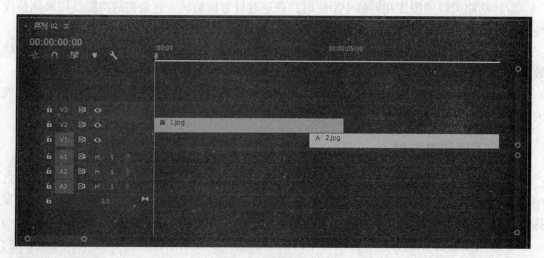

图 9-38　时间序列面板

（4）将素材插入时间线当前的轨道后，移动"1.jpg"素材到其上面的轨道，使两个素材有重叠的部分。

（5）执行"效果控件"命令，打开"效果控件"面板后，在"时间线"面板中选中素材文件"2.jpg"，被选中素材的特效控制参数即显示在"特效控制台"面板中。展开"运动"卷展栏，设置"缩放比例"。

（6）在"时间线"面板中选中素材文件"1.jpg"，被选中素材的特效控制参数即显示在"特效控制台"面板中。展开"运动"卷展栏，设置"缩放比例"，如图 9-39 所示。

（7）展开"透明度"卷展栏，将时间线移动到"1.jpg"图像入点位置，将"不透明度"设置为 0，确定为第一个位置，单击"添加 / 移除关键帧"按钮，为该时刻添加一个关键帧。然后将时间线移动到"1.jpg"图像出点位置，将"不透明度"设置为"100%"，确定为第二个位置，单击"添加 / 移除关键帧"按钮，为该时刻添加一个关键帧，如图 9-40 所示。

图 9-39　效果控件

图 9-40　效果控件

（8）在"节目监视器"面板中可以预览最终效果。

三、创建运动特效

运动特效是指在原有视频画面的基础上，通过后期制作与合成技术对画面进行的移动、变形和缩放等效果。由于拥有强大的运动效果生成功能，只需在 Premiere Pro CC 中进行少量设置，即可使静态的素材画面产生运动效果，或为视频画面添加更为精彩的视觉内容。为此，接下来将介绍在 Premiere Pro CC 中创建和编辑运动特效的方法。

1. 设置关键帧

制作运动特效主要通过在"效果控件"面板中，为素材的"位置""旋转""缩放比例"3 个参数添加不同的关键帧来实现。

（1）添加关键帧。若要为影片剪辑创建运动特效，便需要为其添加多个关键帧。

（2）移动关键帧。为素材添加关键帧后，只需在"效果控件"面板内选择关键帧，并通过鼠标指针将其拖至合适位置后，即可完成移动关键帧的操作。

（3）复制与粘贴关键帧。在创建运动特效的过程中，如果多个素材中的关键帧具有相同的参数，则可利用复制和粘贴关键帧的功能来提高操作效率。

（4）删除关键帧。选择某一关键帧后，鼠标右键单击"效果控件"面板的轨道区域，并在弹出的快捷菜单中执行"清除"命令，即可删除所选关键帧，如图 9-41 所示。

2. 动画制作

实例 1：添加关键帧动画

具体的操作步骤如下：

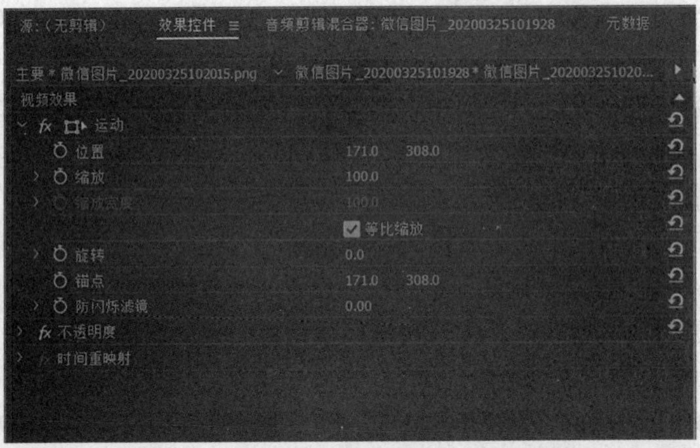

图 9-41　效果控件

（1）新建项目文件"关键帧动画"。在"新建序列"对话框"设置"选项卡的"编辑模式"选项中选择"HDV 1080P25"。

（2）将素材"3.jpg""4.jpg"导入"项目"面板。

（3）将"项目"面板中的素材"3.jpg""4.jpg"按住鼠标左键直接拖曳到"时间线"面板。

（4）在"时间线"面板中选中"视频 1"轨道中已插入的素材，执行"效果控件"命令。

（5）打开"效果控件"面板后，在"时间线"面板中选中素材文件，被选中素材的参数即显示在"效果控件"面板。

（6）展开"运动"卷展栏，即可以看到素材文件的各个运动控制项的默认参数，包括位置"旋转""缩放比例"等。

（7）设置"缩放比例"。

（8）将时间线移动到第 0 秒处，单击"位置"参数前面类似小闹钟的"切换动画"按钮，为该时刻添加一个关键帧。然后将关键帧参数设置为"524.0""434.0"。

（9）将时间线移动到 00:00:05:00 位置处，将"位置"参数设置"195.0，144.0"，自动添加一个关键帧。

（10）在"时间线"面板拖动时间滑块可以预览效果。

◎ **技巧提示：** 两个关键帧之间距离越大，运动速度越慢。

实例 2：快速添加运动效果

具体的操作步骤如下：

（1）新建项目文件"快速添加运动效果"。在"新建序列"对话框中，在"设置"选项卡的"编辑模式"项中选择"HDV 1080 P25"。

（2）将素材"风景 1.jpg"和"风景 2.jpg"导入"项目"面板。

（3）在"时间线"面板中选择"视频 1"轨道，并且将时间滑块指向 00:00:00:00 位置，在"项目"面板中单击鼠标左键，将素材"风景 1.jpg"拖曳到"时间线"面板中的"视频 1"轨道。

（4）从"项目"面板中，按住鼠标左键拖动"风景 2.jpg"素材文件，到"时间线"面板中"视频 2"轨道上 00:00:05:00 位置松手，操作之后，即可将素材"风景 2.jpg"插入时间线面板"视频 2"轨道，如图 9-42 所示。

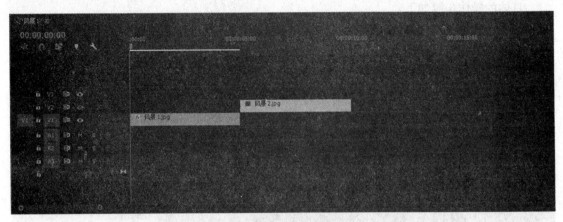

图 9-42 时间序列面板

（5）执行"效果控件"命令，打开"效果控件"面板后，在"时间线"面板中选中"风景 1.jpg"素材文件，被选中素材的特效控制参数即显示在"效果控件"面板中。

（6）展开"运动"卷展栏，将"缩放比例"设置为"100"。将时间线移动到 00:00:00:00 位置，确定为第一个位置，鼠标左键单击"添加 / 移除关键帧"按钮，为该时刻添加一个关键帧，然后将关键帧参数设置为"899.4，112.3"。

（7）将时间线移动到 00:00:01:00 位置处，在"节目监视器"画面中拖曳素材到第 2 个位置，添加一个关键帧。

（8）将时间线移动到 00:00:02:00 位置处，在"节目监视器"画面中拖曳素材到第 3 个位置，添加一个关键帧。

（9）将时间线移动到 00:00:03:00 位置处，在"节目监视器"画面中拖曳素材到第 4 个位置，添加一个关键帧。

（10）将时间线移动到 00:00:04:00 位置处，在"节目监视器"画面中拖曳素材到第 5 个位置，添加一个关键帧。

（11）将时间线移动到 00:00:05:00 位置处，在"节目监视器"画面中拖曳素材到第 6 个位置，添加一个关键帧，如图 9-43 所示。

图 9-43 效果控件

（12）在"时间线"面板中拖动时间滑块可以预览效果。

实例3：设置多画面动画

具体的操作步骤如下：

（1）新建项目文件"设置多画面动画"。在"新建序列"对话框中，在"设置"选项卡的"编辑模式"项中选择"HDV 1080P25"。

（2）将素材"春""夏""秋"和"冬"导入"项目"面板。

（3）在"时间线"面板中选择"视频1"轨道，并且将时间滑块指向00:00:00位置，在"项目"面板中，鼠标左键单击素材"春"，然后拖动到"时间线"面板中的"视频1"轨道。

（4）执行"效果控件"命令，打开"效果控件"面板后，在"时间线"面板中选中素材文件，被选中素材的参数即显示在"效果控件"面板，如图9-44所示。

图9-44　效果控件

（5）将时间线移动到00:00:00:00位置，确定为第一个位置。展开"运动"卷展栏，分别设定"位置""缩放比例""旋转"参数的值，鼠标左键单击"添加/移除关键帧"按钮，为该时刻添加一个关键帧。

（6）将时间线移动到00:00:05:00位置处，改变关键帧参数，如图9-45所示。

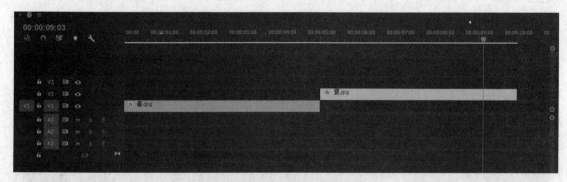

图9-45　时间序列面板

（7）在节目监视器窗口中观看效果。

（8）将时间线移动到00:00:05:00位置处，在"项目"面板中鼠标右键单击"夏"素材，在弹出的快捷菜单中执行"插入"命令，如图9-46所示。

图 9-46 效果控件

（9）执行"效果控件"命令，打开"效果控件"面板后，在"时间线"面板中选中"夏"素材文件，被选中素材的参数即显示在"效果控件"面板。

（10）将时间线移动到 00:00:05:00 位置，确定为第一个位置。展开"运动"卷展栏，分别设定"位置""缩放比例""旋转"参数的值，鼠标左键单击"添加 / 移除关键帧"按钮，为该时刻添加一个关键帧。

（11）将时间线移动到 00:10:00 位置处，改变关键帧参数。

（12）在"时间线"面板中选择"视频 3"轨道，并且将时间滑块移到 00:00:10:00 位置，在"项目"面板中鼠标右键单击"秋"素材文件，在弹出的快捷菜单中执行"插入"命令，如图 9-47 所示。

（13）执行"效果控件"命令，打开"效果控件"面板后，在"时间线"面板中选中素材文件，被选中素材的参数即显示在"效果控件"面板，如图 9-48 所示。

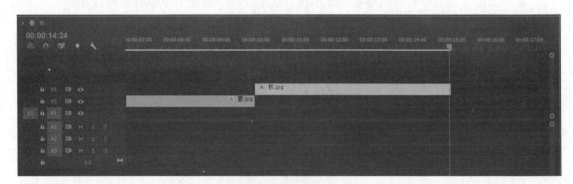

图 9-47 时间序列面板

图 9-48 效果控件

（14）将时间线移动到 00:00:10:00 位置处，确定为第一个位置。展开"运动"卷展栏，分别设定"位置""缩放比例""旋转"参数的值，键盘左键单击"添加 / 移除关键帧"按钮，为该时刻添加一个关键帧。

（15）将时间线移动到 00:00:15:00 位置处，改变关键帧参数。

（16）在节目监视器窗口中查看画面显示效果。

（17）将时间线移动到 00:00:15:00 位置处，在"项目"面板中鼠标右键单击"冬"素材文件，在弹出的快捷菜单中执行"插入"命令，如图 9-49 所示。

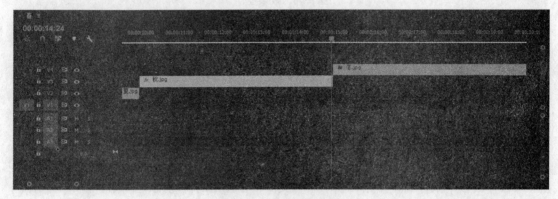

图 9-49　时间序列面板

（18）执行"效果控件"命令，打开"效果控件"面板后，在"时间线"面板中选中"冬"素材文件，被选中素材的参数即显示在"效果控件"面板中，如图 9-50 所示。

图 9-50　效果控件

（19）将时间线移动到 00:00:15:00 位置处，确定为第一个位置。展开"运动"卷展栏，分别设定"位置""缩放比例""旋转"参数的值，单击"添加 / 移除关键帧"按钮，为该时刻添加一个关键帧。

（20）将时间线移动到 00:00:20:00 位置处，改变关键帧参数。

（21）在节目监视器窗口中查看画面显示效果。

（22）在"时间线"面板中拖动时间滑块可以预览效果。

（23）将轨道 1、轨道 2、轨道 3、轨道 4 这 4 个轨道中的素材长度进行调整，如图 9-51 所示。

（24）在"节目监视器"面板中可以预览最终效果。

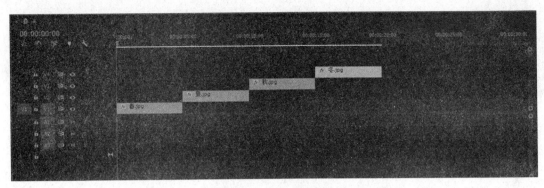

图 9-51　时间序列面板

技巧提示：移动时间线简单操作：按 Shift+ →组合键一次移动 5 帧。

实例 4：放飞气球

通过设置位置、缩放和旋转关键帧，创建放飞气球的效果。

（1）导入 cloudy.mov 和 q01.tga 文件。

（2）将 cloudy 拖至视频 1 轨道，将 q01 拖至视频 2 轨道，两者开始点对齐。

（3）将 q01 拖长为 5 秒。

（4）在时间线选中 q01，打开效果控件面板，在 0 帧的位置、缩放、旋转处添加关键帧，将气球放大并放置在右下角（172.5，760；187.3；−11°）。

（5）在 2:10 帧处添加位置和旋转关键帧，改变参数（101.3，392；20.3°）。

（6）在 4:24 帧处添加位置、缩放和旋转关键帧，改变参数（281.3，−40；69；−6.3°）。

（7）复制气球层，粘贴到视频 3 轨道的 1 秒位置，改变气球的位置。

（8）给视频 3 轨道的气球添加"调整"—"ProcAmp"滤镜，改变色相的值。

（9）在视频 4 轨道的 2 秒处继续复制气球，添加多个彩色气球。

复习思考题

1. 如何将绿色背景下的静物放置到另一个复杂的场景？

2. 如何给视频应用浮雕效果？

3. 对素材进行遮罩键效果如何操作？

4. 简述在 Premiere Pro CC 中如何实现运动特效。

5. 在 Premiere Pro CC 中，如何添加关键帧？

6. 简述非线性编辑的特点。

7. 简述不透明度在画面中的应用。

8. 简述如何为素材添加转场特效。

9. 如何控制转场特效的持续时间？

10. 简述如何控制缩放转场特效的缩放消失点。

第十章

Premiere Pro 音频控制

★学习目标

1. 掌握设置音频属性的方法。
2. 掌握编辑音频素材的方法。
3. 掌握调音台使用的方法。
4. 掌握录制音频素材的方法。
5. 掌握添加音频特效的方法。

第一节　音频控制

　　声音在影片中的重要性是毋庸置疑的，一部成功的影片除有精美的画面效果外，一定包含着丰富的音频内容，进而做到声音与画面的完美结合。音频内容一般包括人物语言声音、音乐、音效和旁白。Premiere Pro CC 在音频方面的控制能力也是比较强的。它可以处理多条音频的编辑合成，以波形方式编辑音频素材，添加各种音频特效，输出包括 5.1 声道在内的多声道音视频文件。

一、添加和编辑音频素材

1. 使用音频单位

　　对于视频来说，视频帧是其标准的测量单位，通过视频帧可以精确地设置入点或出点。然而在 Premiere Pro CC 中，音频素材应当使用毫秒或音频采样率来作为显示单位。

2. 添加音频素材

　　在 Premiere Pro CC 中，添加音频素材的方法与添加视频素材的方法基本相同，同样是通过菜单或是"项目"面板来完成。

3. 调整音频素材的持续时间

音频素材的持续时间是指音频素材的播放长度，可以通过设置音频素材的入点和出点来调整其持续时间。另外，Premiere Pro CC 还允许用户通过更改素材长度和播放速度的方式来调整其持续时间。

4. 设置音频素材的音量

调节音频素材音量大小的意义在于，可以使相邻音频素材的音量相匹配，或者使其完全静音。

二、编辑源素材

若要编辑音频源素材，可以在"时间线"面板内选择音频素材后，执行菜单栏"编辑—编辑原始"命令。稍等片刻后，即可打开相应的音频文件编辑程序。

声道是指录制或者播放音频素材时，在不同空间位置采集或回放的相互独立的音频信号。在 Premiere Pro CC 中，不同的音频素材具有不同的音频声道，如左右声道、立体声道和单声道等。

1. 源声道映射

在编辑影片的过程中，经常会遇到卡拉 OK 等双声道或多声道的音频素材。此时，如果只需要使用其中一个声道中的声音，则应当利用 Premiere Pro CC 中的源声道映射功能，对音频素材中的声道进行转换。

2. 拆分为单声道

Premiere Pro CC 除具备映射声道的功能外，还可以将音频素材中的各个声道分离为单独的音频素材。也就是说，能够将一个多声道的音频素材强制分离为多个单声道的音频素材。执行"剪辑"—"音频选项"—"拆分为单声道"命令即可。

3. 提取音频

在编辑某些影视节目时，可能只是需要某段视频素材中的音频部分，此时便需要将素材中的音频部分提取为独立的音频素材。执行"剪辑"—"音频选项"—"提取音频"命令即可。

三、增益、淡化和均衡

在 Premiere Pro CC 中，音频素材内音频信号的声调高低称为增益，而音频素材内各声道间的平衡状况被称为均衡。下面介绍调整音频增益及调整音频素材均衡状态的操作方法。

1. 调整增益

制作影视节目时，整部影片内往往会使用多个音频素材。此时，便需要对各个音频素材的增益进行调整，以免部分音频素材出现声调过高或过低的情况，并最终影响整个影片的制作效果。

2. 均衡立体声

利用 Premiere Pro CC 中的钢笔工具，用户可直接在"时间线"面板上为音频素材添加关键帧，并调整关键帧位置上的音量大小，从而达到均衡立体声的目的。

3. 淡化声音

在影视节目中，对背景音乐最为常见的一种处理效果是随着影片的播放，背景音乐的声音逐渐减小，直至消失。这种效果称为声音的淡化处理，可以通过调整关键帧的方式来制作。

4. 应用音频特效

（1）添加音频特效。与前面所介绍的视频特效相同，Premiere Pro CC 将音频特效也集中放置在"效果"面板中。在"效果"面板内依次展开"音频特效"选项后，即可显示 Premiere Pro CC 内置的音频特效效果。

将选择的音频特效效果，拖入"时间线"中的音频素材，为其添加需要的音频特效。

（2）相同的音频特效。尽管 Premiere Pro CC 音频特效由于声道类型的不同而被放置在 3 个不同的音频特效文件夹内，但实际上这 3 个音频特效文件夹拥有很多同名的音频特效。

（3）不同的音频特效。除各种相同的音频特效外，Premiere Pro CC 还根据音频素材声道类型的不同而推出了一些独特的音频特效。

第二节　调音台

Premiere Pro CC 具有强大的音频处理能力。通过"音轨混合器"工具，可以专业调音台的工作方式来控制声音。它具有实时的录音及音频素材和音频轨道的分离处理功能。

一、调音台窗口

执行菜单栏中的"窗口"命令，打开"调音台"窗口。"调音台"由若干个轨道音频控制器、主音频控制器和播放控制器组成。每个控制器由控制按钮、调节杆调节音频，如图 10-1 所示。

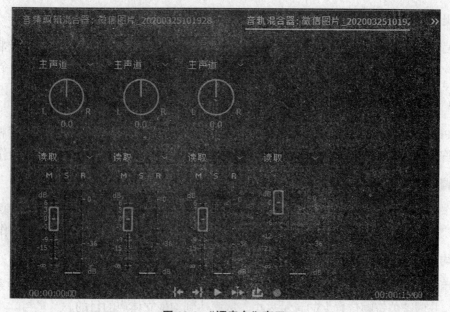

图 10-1　"调音台"窗口

1. 轨道控制器

轨道控制器用于调节与其相对应轨道上的音频对象（控制器 1 对应"音频 1"，控制器 2 对应"音频 2"，以此类推），其数目由"时间线"窗口中的音频轨道数目决定。轨道控制器由控制按钮、调节滑轮及调节滑杆组成。

控制按钮可以控制音频调节的状态，由"静音轨道"（本轨道音频设置为静音状态）、"独奏轨道"（其他轨道自动设置为静音状态）、"打开录制轨道"（利用录音设备进行录音）按钮组成。调节滑轮是控制左右声道声音的，向左转动，左声道声音增大；向右转动，右声道声音增大。音量调节滑杆可以控制当前轨道音频对象音量，向上拖动滑杆可以增加音量；向下拖动滑杆可以减小音量。下方的数值栏"0.0"中显示当前音量（以分贝数显示），用户也可以直接在数值栏中输入声音的分贝数。播放音频时，左侧是音量表，显示音频播放时的音量大小。

2. 主音频控制器

主音频控制器可以调节"时间线"窗口中所有轨道上的音频对象。主音频控制器使用方法与轨道音频控制器相同。只是在主轨道的音量表顶部有两个小方块，表示系统能处理的音量极限，当小方块显示为红色时，表示音频音量超过极限，音量过大。

3. 播放控制器

播放控制器位于调音台窗口的最下方，主要用于音频的播放，使用方法与监视器窗口中的播放控制栏相同。

二、实时调节音频

在 Premiere Pro CC 中，用户可以通过音频淡化器调节工具或调音台调制音频电平。对音频的调节分为素材调节和轨道调节。对素材调节时，音频的改变仅对当前的音频素材有效，删除素材后调节效果就消失了；而轨道调节仅对当前音频轨道进行调节，所有在当前音频轨道上的音频素材都会在调节范围内受到影响。使用实时记录时，则只能针对音频轨道进行。通常音频淡化器初始状态为中音量，相当于音量表中的 0 dB。

1. 淡化器调节工具

在"时间线"窗口的音频轨道控制面板左侧鼠标左键单击"显示关键帧"按钮，在弹出的菜单栏中选择音频轨道的显示内容。如果要调节音量，可以选择"显示素材卷"或"显示轨道卷"，此时在该轨道上的素材中或该轨道中会出现一条黄色直线。在工具箱中选择"钢笔"工具，拖动音频素材或者轨道上的黄线即可调整音量。

按住 Ctrl 键，将鼠标指针移动到轨道上的音频素材黄线上并单击，便在黄线上产生一个小方块句柄（类似关键帧），用户可以根据需要产生多个句柄。按住鼠标左键上下拖动句柄，句柄之间的直线（斜线）提示音频素材是淡入（音量逐渐增大）或者淡出（音量逐渐减小）。

如果鼠标右键单击素材，在弹出的快捷菜单中执行"音频增益"命令，在弹出的对话框中单击"规格化"按钮，可以使音频素材自动匹配到最佳音量。鼠标左键单击"确定"按钮退出对话框。

2. 实时调节音频

使用 Premiere Pro CC 的调音台调节音量非常方便，用户可以在播放音频时进行音量调节。调节前必须在"时间线"窗口中音频轨道上通过单击"显示关键帧"图标按钮来选择显示内容为"轨道关键帧"—"音量"。

首先，在调音台窗口上方需要进行调节的轨道上鼠标左键单击"读"下拉按钮，在下拉列表框中有"关""读取""闭锁""触动""写入"5 个选项，选择"关"选项，系统会忽略当前音频轨道上的调节，仅按照默认的设置播放；在"读取"状态下，系统会读取当前音频轨道上的调节效果，但是不能记录音频调节过程；而在"闭锁""触动""写入"3 种方式下，都可以实时录音频调节，其中"触动"方式是指当使用自动书写功能实时播放记录调节数据时，每调节一次，下一次调节时调节滑块初始位置会自动转为音频对象在进行当前编辑前的参数值；"闭锁"是指当使用自动书写功能实时播放记录调节数据时，每调节一次，下一次调节时调节滑块在上一次调节后的位置，当单击"停止"按钮停止播放音频后，当前调节滑块会自动转为音频对象在进行当前编辑前的参数值；"写入"是指当使用自动书写功能实时播放记录调节数据时，每调节一次，下一次调节滑块在上一次调节后的位置。

在调音台中激活需要调节轨道自动记录状态，一般情况下选择"写入"即可。

在"调音台"窗口中鼠标左键单击"播放"按钮，此时，"时间线"窗口中的音频素材开始播放。用户在"调音台"窗口拖动音量控制滑杆进行调节，调节完毕后，系统自动记录调节结果。

三、录音

Premiere Pro CC 的调音台提供了崭新的录音和子轨道调节功能，用户可以直接在计算机上完成解说或配乐的工作。

1. 录音

要使用 Premiere Pro CC 的调音台录音功能，首先必须保证计算机的音频输入装置被正确连接，即将录音话筒接在计算机的"MIC"端口。

打开"调音台"窗口，激活要录制音频轨道的"启用轨道以进行录制"按钮，上方会弹出音频输入的设备选项，选择输入音频的设备（通常为默认设备）即可。

激活音频播放控制器栏中的"录制"按钮●，需要开始录音时，鼠标左键单击"音频播放控制器"栏中的"播放 / 停止"按钮，需要停止录音时，鼠标左键单击"停止"按钮。在"时间线"窗口中选定的音频轨道上会出现刚才录制的声音素材。录制完毕后，应该再次鼠标左键单击"打开录制轨道"按钮，取消录音状态。鼠标左键单击"音频播放控制器"栏中的"播放 / 停止"按钮，可以听到刚才录制的声音效果。

2. 子轨道设置

用户可以为每个音频轨道添加子轨道，并且分别对每个子轨道进行不同的调节或添加不同的特效，来完成复杂的声音效果设置。

在调音台窗口的子轨道区域中单击右边的小三角，会弹出轨道下拉列表框，用户选择添加的子轨道类型"建立单声道混合""建立立体声混合""建立 5.1 声道"，即可为当前轨道添加子轨道（Premiere Pro CC 最多提供 5 个子轨道），用户可以切换到不同的子轨道进行调节控制。鼠标左键单击子轨道调节栏右上角的" Sendmute"图标，可以屏蔽当前子轨道的效果。再次鼠标左键单击，可以恢复其效果。鼠标左键单击子轨道区域的右下角的小三角，会弹出下拉列表框，用户可以选择子轨道的"音量"或"平衡"来调节。

第三节　应用音频特效和音频转场

Premiere Pro CC 提供了种类繁多的特效，对音频进行处理，可以分别为音频轨道或音频素材设置特效。

一、为素材添加音频特效

1. 音频特效简介

Premiere Pro CC 提供了 40 种以上的音频特效，如图 10-2 所示。可以通过特效产生回声、合声及去噪声的效果，还可以安装声音扩展的插件以得到更多的控制。

图 10-2　音频效果

2. 音频特效的添加和编辑

音频素材的特效添加方法与视频素材相同，打开"效果"面板，展开"音频效果"，选择音频特效将其拖动到音频素材上面，打开"效果控件"面板进行设置即可。

二、添加音频切换

Premiere Pro CC 还为音频素材提供了简单的切换方式，在制作影片的过程中，为音频素材添加音频过渡效果或音频特效，能够使音频素材之间的连接更为自然、融洽，从而提高影片的整体质量。与之前所介绍的视频过渡相同，Premiere Pro CC 将音频过渡也集中放置在"效果"面板中。在"效果"面板内依次展开"音频过渡"—"交叉淡化"选项后，即可显示 Premiere Pro CC 内置的 3 种音频过渡效果，如图 10-3 所示。

1. 添加音频过渡

"交叉淡化"文件夹内的不同音频转场可以实现不同的音频处理效果。

图 10-3　音频过渡

2. 默认的音频过渡

当在"时间线"面板内将当前时间指示器拖曳至音频素材的开始或结尾位置时，按 Ctrl+Shift+D 组合键，也可为该音频素材添加默认的音频过渡。

3. 设置音频过渡

默认情况下，所有音频过渡的持续时间均为 1 秒。

4. 创建交叉淡化音频过渡

创建交叉淡化音频过渡可以选择以下 3 种交叉淡化。

（1）恒定增益：顾名思义，指交叉淡化在剪辑之间使用恒定音频增益（音量）来切换音频，如图 10-4 所示。一些人认为这种切换类型很有用，但是，它会在音频中创建一种突然的切换，这是因为传出剪辑的声音在淡出时，传入剪辑的声音以相同的增益淡入。当不希望混合两个剪辑，而想在剪辑之间应用淡出和淡入时，则恒定增益交叉淡化最为有用。

（2）恒定功率：Premiere Pro 中的默认音频切换在两个音频剪辑之间创建了一种渐变的平滑切换，如图 10-5 所示。交叉淡化的工作方式与视频溶解非常类似。应用该交叉淡化时，首先缓慢淡出传出剪辑，然后快速接近剪辑的末端。对于传入剪辑，过程是相反的。传入剪辑开头的音频电平增加很快，然后缓慢接近切换的末端。当想要在两个剪辑之间混合音频时，则该交叉淡化很有用，而且在音频的中间部分不会有明显的音频下降。

图 10-4　恒定增益

图 10-5　恒定功率

（3）指数淡化：该效果类似交叉淡化切换在剪辑之间创建非常平滑的淡化。它使用对数曲线来淡出淡入音频，如图 10-6 所示。

一种很常见的情况，音频编辑人员会为序列中的每一个剪辑添加一帧或两帧的音频切换，以免在音频剪辑开始或结束时出现刺耳的声音。如果将音频切换的默认持续时间设置为两帧，则可以使用"序列"菜单中的"应用默认切换到选择项"选项对音频混合快速进行平滑处理。

图 10-6　指数淡化

三、分离和连接音 / 视频

在编辑工作中，经常需要将"时间线"窗口中的音 / 视频连接素材的音频和视频部分分离。用户可以完全打断暂时释放连接素材的连接关系并重新放置其各部分。Premiere Pro CC 中音频素材和视频素材有硬连接和软连接两种关系。当连接的音频和视频来自同一个影片文件时，它们是硬连接，项目窗口中只出现一个素材。硬连接是在素材输入 Premiere Pro CC 之前就建立完成的，在序列中显示为相同的颜色。而软连接是在"时间线"窗口中建立的连接，用户可以在"时间线"窗口中为音频素材和视频素材建立连接，软连接的素材在项目窗口中保持着各自的完整性，在序列中显示为不同的颜色。如果要打断连接在一起的音 / 视频，可在轨道上选择对象并单击鼠标右键，在弹出的快捷菜单中选择"解除音 / 视频链接"命令即可，被打断的音 / 视频素材可以分别进行操作。也可以把分离的音视频素材连接在一起作为一个整体进行操作，用户只需要框选需要选择连接的音 / 视频并鼠标右键单击，在弹出的快捷菜单中选择"链接音 / 视频"命令即可。但是，如果连接在一起的音视频文件打断了、移动了位置或者分别设置入点、出点，产生了偏移，再次将其连接在一起时，相同时会发出警告，表示音 / 视频不同步。

第四节　实例操作

实例 1：改变音频素材的速率

具体的操作步骤如下：

（1）打开一个项目文件。

（2）复制"音频 1"轨道中的音频素材至"音频 2""音频 3"轨道各一份，改变各副本速率并移动至首尾相接。

（3）将"音频 2"轨道中的音频速率改为 150%，如图 10-7 所示。

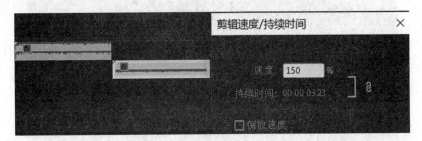

图 10-7　修改音轨 2 音频速率

（4）将"音频 3"轨道中的音频速率改为 65%，如图 10-8 所示。

图 10-8　修改音轨 3 音频速率

（5）将 3 个音频轨道中的素材移动至首尾相接，最终的效果如图 10-9 所示。

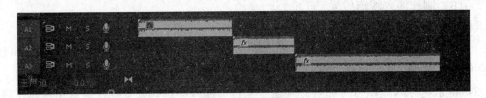

图 10-9　顺序拼接

实例 2：运用快捷菜单制作童音

具体的操作步骤如下：

（1）新建名为"童音效果"的项目（图 10-10），新
建序列，设置为"HDV 1080P25"，选择存储位置并命名，
单击"确定"按钮，即可进入 Premiere Pro CC 的界面。

图 10-10　新建"童音效果"项目

（2）将音频素材导入"项目"面板，并在"项目"面板中鼠标左键双击素材，将其在
"源监视器"面板打开，将"源监视器"面板中的素材插入"时间线"面板，如图 10-11 所示。

图 10-11　"源监视器"面板

（3）选择插入的素材并单击鼠标右键，在弹出的快捷菜单中执行"速度 / 持续时间"命
令，把速度由 100 调整到 120，如图 10-12 所示。

（4）执行菜单栏"文件"—"导出"—"媒体"命令，导出影片，最后执行文件存储
命令。

实例 3：制作淡入淡出效果

具体的操作步骤如下：

（1）新建名为"淡入淡出"的项目（图 10-13），新建序列，设置为"HDV 1080P25"，
选择存储位置并命名，鼠标左键单击"确定"按钮，即可进入 Premiere Pro CC 的界面。

（2）将素材导入"项目"面板，并在"项目"面板中选择并鼠标左键双击素材，将其在
"源监视器"面板打开，将"源监视器"面板中的素材插入"时间线"面板。

图 10-12 修改音频速率

图 10-13 新建"淡入淡出"项目

（3）选择插入的素材，在"时间线"面板中将时间滑块拖动至素材的开始位置，鼠标左键单击"添加 / 移除关键帧"按钮，为素材添加一个关键帧，选择轨道的最左端，并选择创建的第一个关键帧，向下拖动鼠标指针，将第一个关键帧调整到最低位置。将时间滑块拖动至素材中间和尾端，分别添加关键帧，单击选择最后一个关键帧，并向下拖动鼠标指针，将该关键帧调整到最低位置，如图 10-14 所示。

图 10-14 添加并调整关键帧

（4）执行菜单栏"文件"—"导出"—"媒体"命令，导出影片，最后执行"文件"—"存储"命令。

实例 4：制作音频增益

具体的操作步骤如下：

（1）新建名为"音频增益"的项目，新建序列，设置为"HDV 1080P25"，选择存储位置并命名，鼠标左键单击"确定"按钮，即可进入 Premiere Pro CC 的界面。

（2）将素材导入"项目"面板，并在"项目"面板中选择并鼠标左键双击素材，将其在"源监视器"面板打开，将"源监视器"面板中的素材插入"时间线"面板。

（3）选择插入的素材并鼠标左键单击，在弹出的快捷菜单中执行"音频增益"命令，把增益调整到"–1.5"，如图 10-15 所示。

（4）执行菜单栏"文件"—"导出"—"媒体"命令，导出影片，最后执行"文件"—"存储"命令。

实例 5：回声效果

具体的操作步骤如下：

（1）新建名为"回声效果"的项目，在创建序列时的"新建序列"对话框中，将视频轨道的数量设置为 1 后，将音频轨道的"主音频"设置为"立体声"，如图 10-16 所示。

（2）将"原声 .mp3"音频素材导入当前项目后，将该素材添加至"音频 1"轨道，如图 10-17 所示。

（3）在"时间线"面板内选择"原声 .mp3"音频素材后，在"调音台"面板内展开效果与发送区域。然后，在"音频 1"轨道应用的效果列表内单击任意一个"效果选择"下拉列表，从中选择"多功能延迟"选项，如图 10-18 所示。

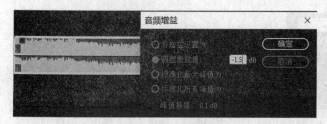
图 10-15　调整音频增益

图 10-16　新建音频序列

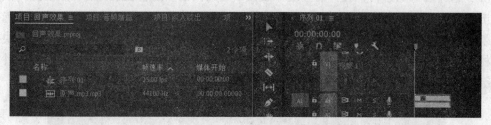
图 10-17　导入素材

（4）添加音频效果后，在编辑的效果控件中将"延迟 1"的参数设置为"1.000 秒"。

（5）在"多功能延迟"音频特效效果控件内，将"反馈 1"的参数值设置为"10.0%"。

（6）运用相同方法，将"多功能延迟"音频特效的"混合"选项参数值设置为"60.0%"。

（7）接下来，依次将"延迟 2""延迟 3"和"延迟 4"的参数设置为"1.500 秒""1.800 秒"和"2.000 秒"，如图 10-19 所示。

图 10-18　效果选择

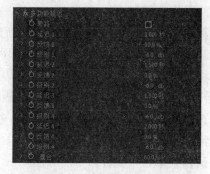
图 10-19　设置音频效果参数

（8）将"音频 1"轨道的音量调节按钮移至 1 的位置，完成后，即可在"节目"面板内预览回声效果。

复习思考题

1. 如何分离素材中的音 / 视频信息？

2. 如何实现音频回声效果？

3. 如何实现音频的伴唱效果？

第十一章

Premiere Pro 字幕设计和输出影片

1. 掌握新建字幕的方法。
2. 掌握字幕设计窗口新建字幕的方法。
3. 掌握绘图工具的使用。
4. 掌握字幕特效的添加方法。
5. 掌握节目预演的方法。
6. 掌握渲染输出的方法。

　　在影视节目中都离不开字幕,如片头、片尾的片名职员表及对白、歌词的提示等都需要大量的字幕制作。在 Premiere Pro CC 中,字幕制作有单独的统一"字幕设计"窗口。在这个窗口里,可以制作出各种常用字幕类型,不但可以制作普通的文本字幕,还可以制作简单的图形字幕。

　　在一部影片当中文字是必不可少的,合适的文字效果可以起到画龙点睛的作用,文字可以说明画面的主题,强化影片的感染力,而在片头片尾的标题字幕也是介绍影片主题和交待制作背景的主要手段。

第一节　认识字幕设计窗口

一、字幕设计窗口

　　在 Premiere Pro CC 中进行字幕编辑的主要工具是"字幕设计"窗口。在该窗口中,能够完成字幕的创建和修饰、运动字幕的制作及图形字幕的制作等功能。

　　在"项目"窗口素材栏的空白处鼠标右键单击,在弹出的快捷菜单中执行"新建项目"—"标题"命令,在弹出的"新建字幕"对话框中设置字幕的分辨率和字幕文件名,鼠标左键单击"确定"按钮之后，弹出"字幕设计"窗口；或者在"项目"窗口的最下方鼠标左键单击"新建分类"右下角的小三角，在弹开的列表中执行"标题"命令，弹出"字幕设计"窗口。

"字幕设计"窗口主要分为 6 个区域：正中间的是编辑区，字幕的制作就是在编辑区域里完成的。左边是工具箱，里面有制作字幕、图形的 20 种工具按钮，以及对字幕、图形进行的排列和分布的相关按钮。窗口下方是风格区，风格库中有系统设置好的 22 种文字风格，也可以将自己设置好的文字风格存入风格库。右边是字幕属性栏，里面有对字幕、图形设置的属性、填充、描边、阴影等栏目。其中，在属性栏目里，用户可以设置字幕文字的字体、大小、字间距等；在填充栏目里可以设置文字的颜色、透明度、光效等；在描边栏目里可以设置文字内部、外部描边，在阴影栏目里可以设置文字阴影的颜色、透明度、角度、距离和大小等。在窗口的右下角是转换区，可以对文字的透明度、位置、宽度、高度及旋转进行设置。在窗口的上方是其他工具区，有设置字幕运动或其他设置的一些工具按钮，其界面如图 11-1 所示。

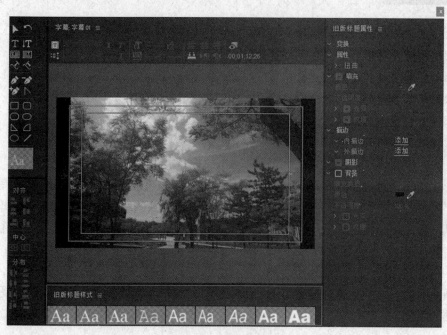

图 11-1　字幕设计窗口

二、新建字幕

在 Premiere Pro CC 中要新建一个字幕文件的方法有以下 4 种：

（1）从文件菜单中创建字幕："文件"—"新建"—"标题"。

（2）从字幕菜单创建字幕："字幕"—"新建字幕"。

（3）从项目窗口创建字幕：在"项目"窗口素材栏的空白处鼠标右键单击，在弹出的快捷菜单中执行"新建项目"—"标题"命令，弹出"字幕设计"窗口；或者在"项目"窗口的最下方鼠标左键单击"新建分类"右下角的小三角，在弹开的列表中选择"标题"命令，弹出"字幕设计"窗口。

（4）使用快捷键创建字幕：打开一个文件后，直接按 F9 键，也可以打开新建字幕的对话框，开始新建字幕文件。

三、使用字幕设计窗口

在 Premiere Pro CC 中所有的文字都是在"字幕设计"窗口创建的，"字幕设计"窗口的功能强大，不仅可以创建各种各样的文字效果，而且能够绘制各种图形，这为用户的文字编辑工作带来了极大的方便。

1. 工具栏简介

工具栏位于字幕设计窗口的左上部，这里存放着用于创建和编辑字幕文件的工具，使用这些工具可以创建和编辑文本，绘制和编辑各种几何图形。

各种工具的名称和用途如下：

（1）选择工具：用来选择和移动文字或图形。

（2）旋转工具：用来对文字进行旋转操作。

（3）文字工具：输入水平排列的文字。

（4）垂直文字工具：输入垂直排列的文字。

（5）区域文字工具：创建水平文字输入框。

（6）垂直区域文字工具：创建垂直文字输入框。

（7）路径文字工具：绘制路径，以便在路径上输入横排路径的文字。

（8）垂直路径文字工具：绘制路径，以便在路径上输入竖排路径的文字。

（9）钢笔工具：用于调节路径形状。

（10）添加锚点工具：在路径上添加控制点。

（11）删除锚点工具：减少路径上的控制点。

（12）转换锚点工具：转换路径夹角为贝塞尔曲线。

（13）矩形工具：绘制矩形。

（14）切角矩形工具：绘制切角矩形。

（15）圆角矩形工具：绘制圆角矩形。

（16）圆矩形工具：绘制圆矩形。

（17）三角形工具：绘制三角形。

（18）扇形工具：绘制扇形。

（19）椭圆工具：绘制圆和椭圆形。

（20）直线工具：绘制直线。

文字风格预览：用于显示当前文字使用的风格效果。

2. 字幕对齐栏

用来对齐文本，包括水平靠左、水平居中、水平靠右、垂直靠上、垂直居中、垂直靠下等对齐方式。

3. 字幕制作预览窗口

用来编辑字幕的区域。

4. 字幕样式

提供了一些字幕模板可供使用。

5. 字幕属性

主要用来设置字幕的基本属性。

6. 排列栏简介

用来排列字幕窗口的对象，包括水平靠左、水平居中、水平靠右、垂直靠上、垂直居中、垂直靠下、水平等距间隔、垂直等距间隔。

第二节　字幕设置

一、打开字体浏览器窗口、选择字体、输入文字

在"字幕设计"窗口的工具箱中，使用文字工具，在编辑区中鼠标左键单击，在对象风格区里展开属性栏。鼠标左键单击字体右下方的下三角，在弹出的下拉菜单中执行"浏览"命令，弹出"字体浏览器"窗口，通过拖动滑块，选择所需要的字体后，鼠标左键单击"确定"按钮，关闭"字体浏览器"窗口。用户就可以利用输入法在编辑区直接输入文字了。

若要改变字体，可以在字体区域内鼠标右键单击，在弹出的快捷菜单中执行"浏览"命令，在弹出的"字体浏览器"窗口中选择所需要的字体后，鼠标左键单击"确定"按钮，原先的字体便更改成所需要的字体了。

二、属性设置

对文字的大小或位置的设置，可以直接鼠标左键单击"选择工具"按钮，编辑区刚才输入的文字被 8 个小方块包围。用鼠标指针拖动小方块可以改变文字大小；在包围区拖动鼠标指针可以改变文字在屏幕中的位置。

对文字更具体的设置应该在属性栏里进行：在相关数值中拖动鼠标指针可以改变"字体大小""外观""行距""字距""跟踪""基线位移""倾斜""大写字母尺寸"参数。勾选"小型字母大小"或"下画线"复选框，可以对字母进行大写或下划线设置。展开"扭曲"下拉菜单，还可以对文字进行 X、Y 轴的扭曲变形参数的设置。

三、填充设置

填充是对文字的颜色或透明度进行设置。选中并展开填充栏，可以对文字的"填充类型""颜色""透明"参数进行设置。勾选并展开"光泽"或"纹理"下拉菜单，可以对文字进行添加光晕，产生金属的迷人光泽，或对文字填充纹理图案。

四、描边设置

笔画是对文字内部或外部进行勾边。展开描边栏，可以分别对文字添加"内描边"和"外描边"，并分别对描边进行"类型""大小""填充类型""颜色""不透明度""光泽""纹理"参数的设置。

五、阴影设置

勾选并展开阴影栏下拉菜单，可以对文字阴影的"颜色""不透明度""角度""距离""大小""扩展"参数进行设置。

六、应用模板

在 Premiere Pro CC 中提供了许多预置的字幕模板，用户可以直接调用这些模板，也可以对这些模板的个别参数进行修改后再使用，从而大大提高工作效率。

鼠标左键单击"字幕设计"窗口上方的"模板"按钮，打开"模板"窗口，鼠标左键单击"字幕设计器预设"文件夹前的小三角，展开其 11 种子文件夹，再展开子文件夹，里面有许多系统预置的字幕模板，如图 11-2 所示。选择一种模板后，在右边的小窗口会显示其模板样式。鼠标左键单击"应用"按钮，该样式的字幕模板会在字幕设计窗口的编辑区中出现，如图 11-2 所示。

利用"选择工具"选中模板上的文字区域，再重新输入所需要的文字。利用"选择工具"再用鼠标拖动文字区域边缘的小方块，可以改变文字的大小；用鼠标拖动文字区域，可以改变文字安放的位置。也可以利用目标（对象）风格区里的相关参数，重新进行设置，修改字幕的风格。然后退出"字幕设计"窗口，取名并保存字幕文件，该字幕文件自动导入"项目"窗口，如图 11-3 所示。

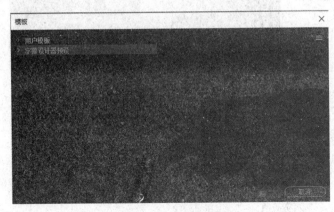

图 11-2　字幕模板

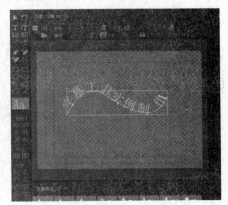

图 11-3　字幕路径

七、绘制图形

Premiere Pro CC 提供了强大的绘图工具，可以在字幕中建立任何复杂形状的图形对象。其中字幕工具箱中的"路径"工具是最为有效的图形绘制工具，可以用它建立任何形状的图形。使用路径工具可以产生封闭的或开放的路径。

在"字幕设计"窗口的工具箱中，选择"路径"工具。在编辑区内，对要建立图形的第一个控制点位置单击鼠标左键，产生一个控制点。移动鼠标，在另一处单击，建立第二个控制点等，如此往下，可以建立第三个、第四个等控制点，编辑区中会出现带有控制点的折线路径。如果将结束点回到第一个控制点单击鼠标左键，或者鼠标左键双击最后一个控制点，编辑区中会出现一个封闭的图形路径。

在使用路径工具建立路径时，可以直接建立曲线路径。鼠标左键单击产生控制点，按住鼠标左键向要画线的方向拖动，拖动时鼠标指针拉出两个控制方向句柄之一。方向线的长度和曲线角度决定了画出曲线的形状，以后可以通过调节方向句柄修改曲线的曲率。按住 Ctrl 键拖动方向句柄时，只会对当前句柄有效，而另一个句柄不会发生改变，这样可以产生更加复杂的曲线。按住 Shift 键拖动鼠标，控制点方向线会以水平、垂直或45°移动。

Premiere Pro CC 可以通过移动、增加和遮罩路径上的控制点，以及对线段的曲率进行变化来对遮罩的形状进行改变。选择"添加锚点"工具，在图形上需要增加控制点的位置单击鼠标左键即可新增控制点；选择"删除锚点"工具，在图形上鼠标左键单击控制点可以删除该点；选择"转换锚点"工具，鼠标左键单击控制点，可以在尖角和圆角间进行转换。

用户还可以选择"矩形""圆角矩形""切角矩形""圆矩形""三角形""弧形""椭圆形""直线"工具，直接创建出图形或角、直线等，如图11-4所示。

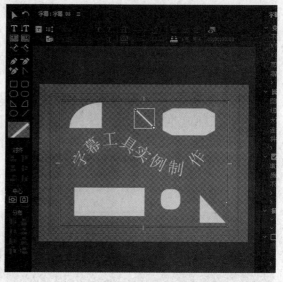

图11-4　绘制图形

八、字幕保存、修改与使用

1. 字幕保存

当对字幕设置完成后，鼠标左键单击关闭"字幕设计"窗口，系统会提示是否要保存，单击"是"按钮，在弹出的"保存字幕"对话框中选择要保存的路径及文件名，再单击"保存"按钮，系统会自动将字幕保存，并将它作为一个素材出现在"项目"窗口中。

2. 字幕修改

当需要对已做好的字幕进行修改时，只需要鼠标左键双击这个字幕素材，就可以重新打开这个字幕的设计窗口，再次对这个字幕进行修改。修改后，同样需要对修改后的字幕进行保存。

3. 保存、调用、删除字幕风格化效果

如果对自己设计好的一个字幕效果比较满意，并且希望今后能够继续使用这个字幕效

果，可以在风格区中将这个效果保存下来。

在编辑区选中这个字幕效果的文字对象，在风格区中鼠标左键单击"新建风格"按钮，在弹出的"新建风格"对话框中输入自定义风格化的名称，并单击"确定"按钮，自定义风格化效果作为一个字幕模板会出现在风格区中。

今后如果需要使用这种风格效果，只需要选中文字对象，然后在风格区中单击这个自定义风格化的模板即可。

如果要删除该效果模板，在风格区选择这个风格效果后，单击"删除风格"按钮即可。

4. 使用字幕

将保存后的字幕文件（素材）直接从"项目"窗口中拖入时间线窗口的视频轨道里释放，即可对节目添加字幕。

如果需要将字幕叠加到视频画面中，只需将该字幕文件拖到对应的视频素材上方轨道上释放即可。将编辑线移到字幕文件（素材）的起始位置，单击节目视窗的"播放"按钮便可观看效果。

系统默认的字幕播放时间长度为 3 秒，用户可以用鼠标指针在轨道上拖拉字幕文件（素材）的左右边缘，改变其长度来修改播放时间长度，还可以按住鼠标左键并移动字幕文件（素材）来修改字幕播放的起始和结束时间位置。

第三节　实例制作

一、滚动字幕的创建

用户可以在"字幕设计"窗口中建立滚动字幕，以产生字幕在屏幕中滚动的效果。并且可以在字幕类型中设置滚动字幕的运动方向，滚屏字幕的滚动速度由该字幕文件的持续时间和滚屏设置中的时间设置决定。

1. 输入文字

要创建滚屏字幕，首先在"字幕设计"窗口的编辑区输入滚屏文字内容。

2. 选择滚屏字幕类型

在"字幕设计"窗口左上方的"滚动 / 游动"选项中选择"滚动"或"游动"选项，在编辑区出现滚动条。

3. 设置滚屏

在"字幕设计"窗口上方鼠标左键单击"滚动 / 游动选项"按钮，弹出"滚动 / 游动选项"对话框。该对话框中有"定时帧"和"爬行方向"两个栏目。

如果需要字幕滚动（上滚），在"定时帧"栏里，可以勾选"开始于屏幕外"或"结束于屏幕外"，表示设置字幕是从屏幕外开始滚动或字幕在结束时完全飞出屏幕。在"预卷""缓入""缓出""过卷"下面的空白处输入适当的帧数，可以分别设置文字滚动前的静止帧数、文字由静止状态加速到正常速度的帧数、文字由正常速度减速到静止状态的帧数、文字滚动结束后的静止帧数。

如果需要字幕游动，爬行方向可以选择"向左游动"或"向右游动"来确定字幕游动的方向。

4. 保存滚屏字幕

设置完成后，单击"确定"按钮，关闭"字幕设计"窗口，制作的字幕就会出现在项目窗口。

二、游动字幕的创建

用户可以在"字幕设计"窗口中建立游动字幕，以产生字幕在屏幕中游动（平移）的效果，并且可以在字幕类型中设置游动字幕的运动方向，字幕的游动速度由该字幕文件的持续时间和定时设置中的时间设置决定。

1. 输入文字

要创建游动字幕，首先在字幕设计窗口的编辑区输入文字内容。

2. 选择字幕类型

在"字幕设计"窗口左上方的"字幕类型"下拉列表框中选择"滚动"或"游动（平移）"选项，在编辑区出现滚动条。

3. 设置游动

在"字幕设计"窗口上方单击"滚动/游动选项"按钮，弹出"滚动/游动选项"对话框。该对话框中有"定时（帧）"和"爬行方向"两个栏目。

如果需要字幕游动（平移），可以选择"向左游动"或"向右游动"来确定字幕游动（平移）的方向。在"定时（帧）"栏里，可以勾选"开始于屏幕外"或"结束于屏幕外"，表示设置字幕是从屏幕外开始游动或字幕在结束时完全飞出屏幕。在"预卷""缓入""缓出""过卷"下面的空白处输入适当的帧数，可以分别设置文字游动前的静止帧数、文字由静止状态加速到正常速度的帧数、文字由正常速度减速到静止状态的帧数、文字游动结束后的静止帧数。

4. 保存游动字幕

设置完成后，单击"确定"按钮，字幕文件自动导入"项目"窗口中。

三、网格文字的制作

操作步骤如下：

（1）新建项目名"网格文字"。

（2）执行"文件"—"导入"—"线框地球"，然后将线框地球插入视频1轨道。

（3）执行"文件"—"新建"—"标题"，输入"中国网"，将文字设置为白色。

（4）将文字导入视频 2 轨道，与线框地球等齐，如图 11-5 所示。

（5）执行"文件"—"新建"—"黑场视频"命令，导入视频 3 轨道。

（6）给黑场视频添加"生成"—"网格"滤镜，在特效控制面板 0 帧设置"边角"为"365，300"，"边框"为"10"，在 5:24 帧添加关键帧，修改"边角为 384，310"，"边框为 4"，如图 11-6 所示。

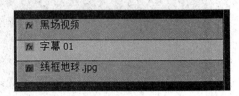

图 11-5 网格文字

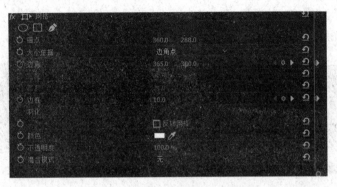

图 11-6 "生成—网格"滤镜

（7）为字幕添加"键控"—"轨道遮罩键"，特效设置如图 11-7 所示。

图 11-7 轨道遮罩键

四、随光芒渐出文字

具体的操作步骤如下：

（1）执行"文件"—"新建"—"标题"命令。

（2）输入"魔兽争霸"，并设置颜色（橘黄色）样式等。

（3）将文字放置在视频 1 轨道。

（4）新建黑场视频，放置在视频 2 轨道，与文字首尾对齐。

（5）为黑场视频添加"生成"—"渐变"特效，在 0 帧添加"渐变起点（-100，0）和渐变终点关键帧（100，0）"在 5:24 帧添加"渐变起点（720，0）和渐变终点关键帧（920，0）"，如图 11-8 所示。

（6）给文字层添加"键控"—"轨道蒙版"特效，设置参数，如图 11-9 所示。就可以看到文字从左向右渐显的效果。

（7）新建"光芒文字"序列，导入游戏壁纸和风雷声素材。游戏壁纸放置在视频 1 轨道，风雷声放置在音频 1 轨道，将序列 01 放置在视频 2 轨道，对齐所有的素材。

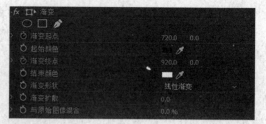

图 11-8 "生成—渐变"特效

（8）给游戏壁纸添加"调整—ProcAmp"开始添加关键帧，取默认参数，在 5:24 添加关键帧，设置"亮度"为"–40.0"，"饱和度"为"50"，如图 11-10 所示。

图 11-9 "键控—轨道蒙版"特效　　　　　图 11-10 "调整"—"ProcAmp"特效

（9）给风雷声添加多次延迟，如图 11-11 所示。最终的效果如图 11-12 所示。

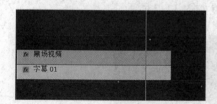

图 11-11 添加延迟　　　　　　　图 11-12 风雷声

第四节　影片输出设置

在影片编辑的过程中，可以通过预演查看节目的效果。

一、预演

预演是指在编辑过程中播放节目的某一部分或全部内容，检查节目的实际效果，使用户能够及时发现影片编辑中存在的问题，以便进行适当的修复和调整。

1. 实时预演

实时预演即平常所说的预览，或者叫作实时预览。在"项目"窗口可以通过播放来实时预演音视频素材；在"源监视器"窗口也可以通过播放或者拖动时间指示器来实时预演音视频素材，并且可以观察音频的波形图；经过编辑的节目也是可以进行实时预演，在"节目监视器"窗口也可以通过播放来实时预览节目的最终效果。

2. 生成预演

与实时预演不同，生成预演不是使用显卡对画面进行实时渲染，而是使用 CPU 对画面进行运算，先生成预演文件，然后播放，所以，生成预演是需要等待的，等待时间的长短取决于 CPU 的运算能力，但是生成预演播放的画面是平滑的，不会产生停顿和跳跃的现象，它所表现出来的画面效果和渲染输出后的效果是完全一致的。先设定预演的范围，再执行"时间线"—"预演工作区"命令。

在完成整个影视项目的编辑操作后，便可以将项目内所用到的各种素材整合在一起输出为一个独立的、可直接播放的视频文件。不过，在进行此类操作之前，还需要对影片输出时的各项参数进行设置。下面便对其设置方法进行介绍。

二、影片输出的基本流程

输出则是在对影片的所有编辑工作完成了之后，将所有的音视频片段包括叠加的各种特效组装后发布为最终作品，而在输出最终作品之前常常要经过多次预演和修整。

完成 Premiere Pro CC 影视项目的各项编辑操作后，在主界面内执行"文件"—"导出"—"媒体"命令，将弹出"导出设置"对话框，如图 11-13 所示。在该对话框中，可以对视频文件的最终尺寸、文件格式和编辑方式等一系列内容进行设置。

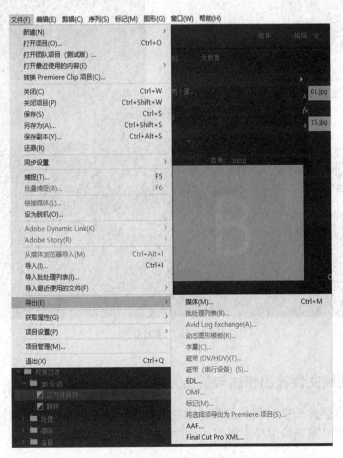

图 11-13　文件—导出

三、调整影片的导出设置选项

在"导出设置"对话框中，各种导出选项的参数决定着影片的最终输出效果。为此，下面将对影片的各种导出设置进行简单介绍，以便用户能够通过更改导出设置来获取符合要求的导出结果。

调整导出影片的持续时间与画面："导出设置"对话框的左半部分为视频预览区域，右半部分为参数设置区域。在左半部分的视频预览区域中，可分别在"源"和"输出"选项卡内看到项目的最终编辑画面和最终输出为视频文件后的画面。在视频预览区域的底部，调整上方的滑块可控制当前画面在整个影片中的位置，而调整滑杆下方的两个"三角"滑块能够控制导出时的入点与出点，从而起到控制导出影片持续时间的作用，效果如图 11-14 所示。

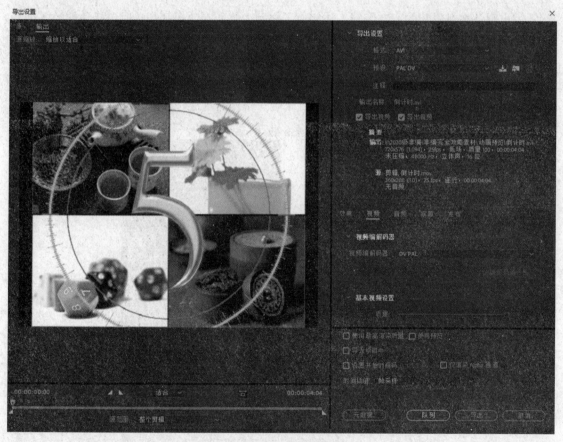

图 11-14　导出设置

四、选择视频文件输出格式与输出方案

在完成对导出影片持续时间和画面范围的设定后，在"导出设置"对话框的右半部分中调整"格式"选项可用于确定导出影片的文件类型，如图 11-15 所示。

1. 输出 AVI 文件

若要将视频编辑项目输出为 AVI 格式的视频文件，则应选择"格式"下拉列表框中的"AVI"选项。

2. 输出 WMV 文件

WMV 是由微软推出的视频文件格式，由于具有支持流媒体的特性，因此也是较为常用的视频文件格式之一。在 Premiere Pro CC 中，若要输出 WMV 格式的视频文件，首先应将"格式"设置为"Windows media"选项。

3. 输出 MPEG 文件

作为业内最为重要的一种视频编码技术，MPEG 为多个领域不同需求的使用者提供了多种样式的编码方式。

4. 输出 MOV 文件

与之前所介绍的 3 种视频文件输出设置相比，QuickTime 视频文件的输出设置较为简单。通常来说，用户只需在选择相应的编解码器后，调整影片尺寸与输出品质，并对帧速率、扫描方式等常规选项进行设置即可。

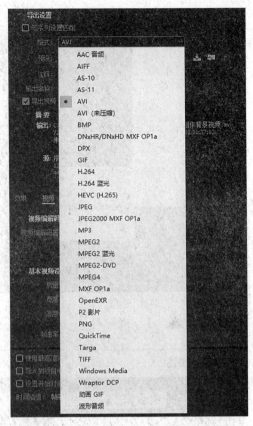

图 11-15　导出格式

四、导出为交换文件

现如今，一档高品质的影视节目往往需要多个软件共同协作后才能完成。为此，Premiere Pro CC 在为用户提供强大的视频编辑功能的同时，还具体给出输出多种交换文件的功能，以便用户能够方便地将 Premiere Pro CC 编辑操作的结果导入其他非线性编辑软件，从而在多款软件协同编辑后获得高质量的影音播放效果。

1. 输出 EDL 文件

EDL（Edit Decision List）是一种广泛应用于视频编辑领域的编辑交换文件，其作用是记录用户对素材的各种编辑操作。这样一来，用户便可在所有支持 EDL 文件的编辑软件内共享编辑项目，或通过替换素材来实现影视节目的快速编辑与输出，如图 11-16 所示。

2. 输出 OMF 文件

OMF（Open Media Framework）最初是由 Avd 推出的一种音频封装格式，能够被多种专业的音频编辑与处理软件所读取。在 Premiere Pro CC 中，执行"文件"—"导出"—"输出为 OMF"命令后，即可打开"OMF 输出设置"对话框，如图 11-17 所示。

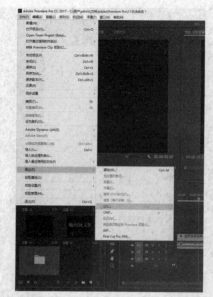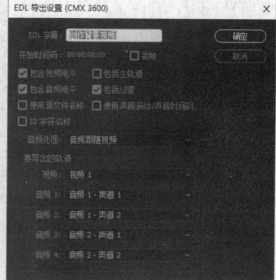

图 11-16　导出—EDL

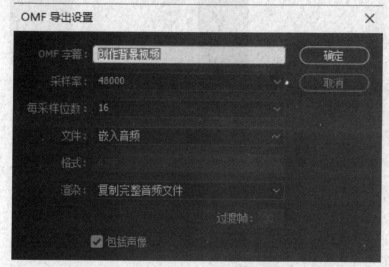

图 11-17　导出 OMF

复习思考题

1. 系统自带的字幕有哪几类？
2. 如何使用系统的模板？
3. 如何制作空心字幕效果？
4. 如何制作滚动和游动字幕？
5. 制作网络视频时需要注意什么问题？

参考文献

［1］秦宴明．非线性编辑［M］．北京：中国民族摄影艺术出版社，2010．

［2］白皓，洪国新．非线性编辑技术及应用［M］．武汉：华中科技大学出版社，2010．

［3］李娜．非线性编辑［M］．北京：北京师范大学出版社，2017．

［4］徐亚非，王勇，岳婧雅．非线性编辑技术高级教程［M］．北京：清华大学出版社，2012．

［5］徐亚非，李季，潘大圣．数字媒体非线性编辑技术［M］．上海：东华大学出版社，2009．

［6］左明章，刘震．非线性编辑原理与技术［M］．北京：清华大学出版社，2008．

［7］任玲玲．影视非线性编辑与创意［M］．上海：上海人民美术出版社，2004．

［8］王华，赵曙光，李艳红．Adobe Audition 3.0 网络音乐编辑入门与提高［M］．北京：清华大学出版社，2009．

［9］［英］马克西姆·亚戈．Adobe Audition CC 经典教程［M］．赵阳光，译．北京：人民邮电出版社，2020．

［10］张晨起．Audition CC 音频处理完全自学一本通［M］．北京：电子工业出版社，2020．

［11］周玉姣．Audition CC 全面精通［M］．北京：清华大学出版社，2019．

［12］赵阳光．Adobe Audition 声音后期处理实战手册［M］．2 版．北京：电子工业出版社，2021．

［13］凤舞，柏松．会声会影 2018 完全自学宝典［M］．北京：电子工业出版社，2019．

［14］龙飞．会声会影 2020 从入门到精通［M］．北京：清华大学出版社，2021．

［15］麓山文化．零基础学会声会影 2018 全视频教学版［M］．北京：人民邮电出版社，2021．

［16］袁诗轩．会声会影 2020 全面精通［M］．北京：清华大学出版社，2021．

［17］麓山文化．会声会影 2019 基础培训教程［M］．北京：人民邮电出版社，2021．

［18］华天印象．会声会影 X8 实用教程［M］．北京：人民邮电出版社，2017．

［19］九州书源．中文版 Premiere Pro CC 影视制作从入门到精通（全彩版）［M］．北京：清华大学出版社，2016．

［20］［英］马克西姆·亚戈．Adobe Premiere Pro CC 2017 经典教程［M］．巩亚萍，译．北京：人民邮电出版社，2017．

［21］［英］马克西姆·亚戈．Adobe Premiere Pro CC 2018 经典教程［M］．巩亚萍，译．北京：人民邮电出版社，2018．

［22］潘明歌.中文版 Premiere Pro CC 艺术设计实践案例教程［M］.北京：中国青年出版社，2016.

［23］数字艺术教育研究室.中文版 Premiere Pro CC 2018 基础培训教程［M］.北京：人民邮电出版社，2020.

［24］杨新波，王天雨，冯婷婷.影视剪辑教程 Premiere Pro CC（2018）［M］.北京：中国传媒大学出版社，2018.

［25］王瀛，尹小港.Premiere Pro CC 影视编辑全实例［M］.北京：海洋出版社，2013.

［26］尹小港.中文版 Premiere Pro CC 入门教程［M］.北京：人民邮电出版社，2020.

［27］赵建，路倩，王志新.Premiere Pro CC 影视编辑剪辑制作实战从入门到精通［M］.北京：人民邮电出版社，2018.

［28］［美］Adobe 公司.Adobe Premiere Pro CC 经典教程［M］.裴强，宋松，译.北京：人民邮电出版社，2015.

［29］新视角文化行.典藏 Premiere Pro CC 视频编辑剪辑制作完美风暴［M］.北京：人民邮电出版社，2014.

［30］高晓虹，刘忠波.电视节目制作技术［M］.北京：中国传媒大学出版社，2020.

［31］董从斌，于援东.影视节目制作技术简明教程［M］.北京：清华大学出版社，2010.

［32］谢毅，张印平.电视节目制作［M］.广州：暨南大学出版社，2018.